U0947050

畿辅哲学研究

（第一辑）

主　编　程志华
副主编　许春华　张燕京

河北大学出版社
·保定·

出 版 人：朱文富
责任编辑：王殊宁
装帧设计：王占梅
责任校对：杜启昌
责任印制：常　凯

JIFU ZHEXUE YANJIU *DIYIJI*

图书在版编目（CIP）数据

畿辅哲学研究．第一辑 / 程志华主编．-- 保定：河北大学出版社，2021.12
ISBN 978-7-5666-1983-9

Ⅰ．①畿… Ⅱ．①程… Ⅲ．①古代哲学－研究－中国
Ⅳ．①B215

中国版本图书馆 CIP 数据核字（2021）第 269488 号

出版发行：河北大学出版社
地址：河北省保定市七一东路2666号　邮编：071000
电话：0312-5073003　0312-5073029
网址：www.hbdxcbs.com
邮箱：hbdxcbs818@163.com
印　　刷：保定市北方胶印有限公司
幅面尺寸：170 mm × 240 mm
字　　数：260千字
印　　张：16.5
版　　次：2021年12月第1版
印　　次：2021年12月第1次印刷
书　　号：ISBN 978-7-5666-1983-9
定　　价：45.00 元

如发现印装质量问题，影响阅读，请与本社联系。
电话：0312-5073023

前言

“畿辅”概念起源于商周时期，指国都附近的地区。例如，《南齐书·王融传》：“汉家轨仪，重临畿辅。”《明史·英宗前本纪》：“庚寅，发禁军三万人，屯田畿辅。”“畿辅”概念由“畿”“辅”两字组成；“畿”意指天子所领的千里之地。如《诗·商颂·玄鸟》：“邦畿千里，维民所止。”《周礼·地官·大司徒》：“制其畿方千里而封树之。”“辅”意指国都附近地区。如明代崔铣《记王忠肃公翱三事》：“公一女，嫁为畿辅某官某妻。”这两个字组合为“畿辅”概念，意义重点落在“辅”字上，指国都附近地区。

就一个国家来讲，国土是由若干部分区域组合而成的。就一种学问或一个学说讲，尤其是历史长久的影响深远的学说，它纵向地讲有发展历程，横向地讲有地域性派别。或者说，这些学说是由地域性派别渐渐发展起来的。例如，先秦时期，儒学本是周朝诸侯国鲁国的一种地域性学说。到两汉时期，儒学已经发展为整个华夏文明的思想主流。至宋明时期，儒学则走出国门，从中华民族文化扩展为整个东亚文明的组成部分。所以，我们今天讲儒学，一般是就整个中国版图甚至就东亚版图来讲，甚至有时还面对整个世界来讲。这个讲法没有错，但亦不可忽视的是，儒学本源于地域性学问，而且儒学发展过程中亦有多个地域性派别。实际上，是这些地域性学问，支撑起整个的儒学；若没有这些地域性学问，便无所谓整个的儒学。

历史地看，今河南省和今北京市为多个朝代国都所在，故今河北省亦长期为“畿辅”。如今更是如此。在“畿辅”之地，历史上记载较早的思想人物是伯夷和叔齐。之所以称二人为“思想人物”，一个方面在于，他们互相辞让商末孤竹国君主位，体现出高尚的个体人格和情操；另一个方面在于，他们的思想对“周文”的形成产生了影响。历史记载，周武王东进伐商纣王，伯夷和叔齐叩马而谏：“父死不葬，爰及干戈，可谓孝乎？以臣弑君，可谓仁乎？”从谏言中可见，“孝”“仁”乃伯夷、叔齐的坚定信念，而这些信念在周武王那里是本没有的。不过，后来“孝”“仁”成为“周文”的核心内容，进而成为孔子儒家的核心思想，不可否认其中有伯夷、叔齐劝谏的影响。

之后，荀子作为当时赵国的思想家，他在继承孔子所奠立的儒学方向后，开拓了不同于孔子的“知性”、不同于孟子的“性恶”两个理路，大大丰富了儒家的思想内容。历史地讲，就是这种开拓，开启了“畿辅”思想家的先河——荀子被视为“畿辅”思想家的始祖。与荀子非常相似的是，汉代的董仲舒奠立了一种“新儒学”形态，这种形态与原始儒学相较体现出明显的理路差异：其一，其将孔子致力的由“神文”向“人文”转化的路向逆转回来，重新由“人文”向“神文”转向。其二，其直接汲取阴阳家和法家思想入儒家，扩充了儒家思想内容。其三，其破除了学术与政治的间隔，将学术政治化，将政治学术化，从而开启了“今文经学”，也间接开启了“古文经学”。这里，之所以说董仲舒与荀子相似，在于二人思想都具有非常强的原创性，也都具有非常强的救世情怀。

唐代“畿辅”的重要思想家是孔颖达，在注疏“五经”的同时，他表现出明显的调和“南学”“北学”两大经学脉络的特点。具体来讲，他的学术贡献主要有两个方面：其一是《五经正义》的编纂，延传了儒家经典；其二是以其注疏深化了儒家经学，推进了儒学普及。时至今日，研究《五经》，孔颖达的注疏都是不可越过的参考。

与汉唐属英雄辈出的时代不同，宋明时期属“圣贤表现”的时代，学术文化尤其是儒学有巨大发展，故而有“新儒学”“新儒家”之谓。与这种大形势一致，“畿辅”涌现出一批大儒，诸如邵雍、刘安世、刘安礼、高伸振、刘因、安熙、窦默、苏天爵、董朴、王恂、王结、宋讷、黄润玉、秦亨、贺钦、刘诚、李天麟、宋学道、杨继盛、赵南星、魏大成、孙承宗、鹿善继、朱冯原、金铉等。总体上讲，这些人物的思想贡献可概括为如下方面：其一，推进了儒学的形上奠基，开启了宋明儒学形上思考的理路。其二，会通儒、道、释，体现出破除门户的学术境界。此为就儒学作为一个整体讲。其三，就儒学内部讲，体现出会通、超越理学、心学争执的理路，“道问学”与“尊德性”之争得到缓解。

清初是儒学转型的一个时代，在这个时代，“畿辅”哲学家们有杰出表现。先是由孙奇逢开创了“北学”，并与当时黄宗羲所代表的“南学”、李颙所代表的“关学”形成三足鼎立之势，为清初儒学规模奠立做出了贡献。然后，颜元、李塨所奠立的“颜李实学”成为清代学术风尚，对于纠正儒学形上学之偏产生重要影响，成为后世“实学”的渊源。

总的讲，中国古代哲学的“书写”有“畿辅”思想家们的贡献，对于这份贡献，以往“畿辅”学界缺乏足够的自觉。当然，中国近现代哲学的“书写”亦是如此，李大钊、张申府、张岱年等人为近现代哲学发展做出了重要贡献。如今，既然我们认识至此，就应该增强对“畿辅”哲学的研究，一个方面可以疏解历史上“畿辅”哲学家的思想，以贡献于学界；另一个方面通过疏解已有的哲学思想，为未来推进、繁荣、创新“畿辅”哲学研究提供借鉴。

河北大学地处如今的“畿辅”，哲学学科创建于1960年，有优良的学术传统和雄厚的研究力量。就学术传统讲，除了众所周知的原因导致短暂几年的中断外，哲学学科的专业教育一直是连续的，而且形成哲学史研究、基础理论研究的优势特色，在区域乃至全国具有一定影响。就研究力量讲，老一辈学者章一之、崔清田、王维庭、卢育三、鲍训吾、雷永生、商聚德、沙青等，为河北大学哲学学科发展奠定了坚实基础；后辈学者李振纲、宫敬才等承继老一辈学者的学术传统，冬寒抱冰，夏热握火，为河北大学哲学学科创建了多个学科平台。此外，一大批中青年学者在中国哲学、马克思主义哲学、逻辑学等领域创获颇多，在全国产生较大影响，成长为河北大学乃至河北省哲学学科的主力军。

河北大学现在有全省最齐全的哲学人才培养体系，从本科生、硕士生、博士生至博士后研究人员培养，层次完备；有全省唯一的哲学本科专业，全省最早的哲学硕士学位点，全省唯一的哲学类重点学科，全省唯一的国家级一流本科专业，全省唯一的国家级特色专业，全省唯一的哲学类一级学科博士点，全省唯一的哲学博士后科研流动站；哲学学科研究生规模超过本科生规模，学科已经成为“研究型学科”。经过几代人的共同努力，河北大学哲学学科已经成为全省哲学学科人才培养基地、科学研究基地和人才聚集高地，为全省哲学类人才培养、科学研究做出了和正在做出巨大贡献。

2021年，河北大学哲学与社会学学院依托“河北大学畿辅哲学研究中心”创办了《畿辅哲学研究》辑刊。取名“畿辅哲学”，用意有二：其一，河北大学现在即处在“畿辅”，研究历史上“畿辅”的哲学家和哲学思想责无旁贷；立足“畿辅”，服务“畿辅”，在哲学研究方面继续领跑，亦是责无旁贷。其二，河北大学虽地处“畿辅”，但视野不能局限于“畿辅”，服务目标也不能局限于“畿辅”，应有服务区域乃至全国的抱负。《史记·孔子世家》有言：“‘高山仰止，景行行止。’虽不能至，然心乡往之。”

本期辑刊为第一辑，之后每年定期出版。本期所刊载的论文均为全国哲学界的名家名作，学科领域以中国哲学为主，兼及西方哲学部分领域；论文均问题意识强，学术观点前沿，学理论证严谨，文献资引翔实。相信它的出版能够给学界带来一些新的思考，带来一些面向未来的启示。欢迎学界就所刊发文章讨论。

程志华

河北大学哲学与社会学学院院长

2021年10月28日

目 录

近现代儒学

经典与诠释

比较哲学

先秦儒学

以工夫进路考察荀子之义理：性恶论之下成圣如何可能？

李瑞全*

（台湾中央大学　哲学研究所，台湾　桃园　320317）

摘要： 荀子虽然主张性恶论，但其学以成圣的工夫论也表现出其儒者本色。荀子论性是在人情上说，且人情具有无限扩充欲求满足的自然性向，故而荀子为性恶论者。人能够成圣在于人所具有的“辨”的能力，以及因“虚一而静”而具有的思虑能力。而圣人则是可以制定作为“道”的礼仪法度之人，这是对人的性情的一种扭转。因此，成圣的工夫在于学道，经由立志、养心、学礼等以达最高的齐明不竭圣人境界，且此圣人境界乃是实践地获得，而非仅仅通过认识达到。荀子的问题在于未能说明圣人的道德根源，这是荀学背离孔子仁学的最大缺失。

关键词： 荀子；性恶论；圣人；工夫

引　言

荀子在儒学的传统中，一方面与孔孟并列为先秦三大儒，一方面却不被列

---

* 李瑞全（1948—），哲学博士，台湾中央大学哲学研究所教授，研究领域为中国哲学、伦理学。

在儒学正统之内，但也可以说是儒学中第一位进行内自我部批评的大儒，其间的不同更以“性恶论”为显著不同于孟子之“性善论”，而在宋明儒被排斥在孔孟正统之外，受到不少批评，也引起不少争议。但荀子在基本义理的取向上，仍然是儒家，主要在“肯定人人皆可以为禹”，守住儒学之保护人人皆有成就最高的道德人格的生命价值，而所重之礼法基本上仍然以圣人为基础的王道政治，尚未陷于法家之沦为帝王之治术。因此，宋明儒和当代新儒学虽以荀子为歧出，但仍不以为乃即是违反儒学的法家之流。荀子在当代新儒家中的地位实有所提升，特别重视荀子讲礼制之客观意义，与发挥心之认知功能上有另类辅助正统的孔孟儒学不足的地方。也有主张荀子虽然主张“性恶”，但也是从心之机能建立礼义法度，无异是“心善”论，与孟子似只是用词不同，与儒家之实义相当。现代也有从政治哲学方面主张荀子继承了孔子所主张和重视的“礼”，可与孟子所继承的“仁”或“仁心”一面相当。西方学术界近年也兴起对荀子的研究，亦多所发扬。但荀子与孟子，以致与孔子在义理上的基本差别何在，尚是一有待分辨的地方。孔子所开创的可说是继承三代以来人文价值的发展，提升人的生命价值而来的“成德之教”①，即以每个人都生而有不可剥夺的本有的成为圣人的最高价值，而人的生命与天道天命之绝对价值相贯通，亦可谓人类的生命价值来自天命天道，由此，即可通过自己的努力成就自己以至每个人的最高的人格价值，即成为圣人，这是儒家所追求的理想，荀子所主张之“人文化成”也是儒家的理想世界的一种表现。

“成德之教”不但肯定“人人皆可以为尧舜”，可以成为圣人，也同时知道成为圣人不是容易之事。数千年来，现实上被共尊为圣人的也只有孔子，而且是以孔子之一生不断实践所至的七十岁自述的“从心所欲不踰矩”为圣人的典范。此中即含有一不断的道德实践工夫在内。因此，儒学乃是一由道德实践工

① “成德之教”可说是儒学之共同宗旨，即为学立教以成为圣人为目标。详论请参见牟宗三先生之《心体与性体》第一册（台北：正中书局，1968 年）。

夫所开展的大教。此即所谓“实践的进路”①。对于工夫实践不但是先秦三大儒所重视，也是宋明儒者所开创的新的发展，但此乃“调适上遂”的发展，当代新儒家的重要贡献之“返本开新”的基础也正是发挥此一“实践进路”以解读和发扬中国哲学的基础所在。本文即以荀子之工夫进路以展示荀子哲学的义理结构和核心结构，以见荀子之不同于孔子与孟子之处②。

一、儒家工夫论要义：成圣之条件与人类之禀赋

儒家肯定“人人皆可以为尧舜”，是意指圣人是人人皆可以成就的，不是一个在存在上是永远达不到的理想。尧、舜、孔子等圣人与我们在生而为人方面并无差别，因此，尧、舜或禹之为圣人不是生而有的，而是由于人之不断努力进行道德工夫而可以达到的境界。有谓阳明后学说“满街都是圣人”好像是说人人都是圣人，是心学家的无限夸大。但稍明此语之意即知这只是说街道上的一般人都是“人人皆有成为圣人的资具”，但要成为圣人自是要进行认真坚毅的道德实践工夫，而且要不断地修行经一定的进程方可达到。孔子之自述即是从十五岁立志开始，五十多年的努力才达到“圣人”的境界。一方面是必须在现实生活中真正实践道德，因而必有一累积的过程。资质好的固然可以加快，但却也不一定能成功。以孔子之天赋与立志之早，仍然要到七十岁才足以称为“圣人”。另一方面，在此长期的工夫历程中，生命的人格自有不停的进展，孔子所自述只大略地以十年为一阶，但其中必有进阶的表现，才能使人从凡人进到圣贤的境界，不可能一蹴即至。这正是从工夫讲证悟与从思辨讲了解的不同。孔子也常以不同名称指谓不同的道德人格的成就，如圣、贤、仁人、君子、士

---

① 儒释道三教都是实践的进路，只是实践的重点不同，但都以工夫实践成圣、成真人、成佛为目标，由此而展开相关的义理与哲学。相对于中国文化与哲学，西方文化与哲学明显的特色是由认知思辨而立的文化。这是中西方文化与哲学的最基本的区分。在此当代新儒学中已多有所论述。

② 衡定儒学之本质意义，以及佛道二家义理的基本性格，都应由三教的工夫实践来论定，也只有由工夫进路所遵行的工夫实践与西方哲学所重之思辨和认知进路之不同，方能确定三教与中西文化的差异所在，而不致流于表面的器物创造与价值的异同的争论而有种种不中肯的争议。

等，孟子更开列了六个明确的位阶：善、信、美、大、圣、神。荀子也常言圣人、圣王、大儒、雅儒、小儒、俗儒、士等等分别。这种德行成就不同的道德人格价值，是儒者所共认的，也是对儒者最重要的一种人格和事业成就的评语。所谓盖棺才能论定也正是以道德的评价为焦点的一种反映。

由于从实践工夫开始，由自己生命中的道德进阶而肯定人人皆可以为圣人，此中必然反省到所涵盖的人的生命的特质，与此特质如何能使我们成圣。因此，儒家可说是从道德实践中见出人之天生本有的禀赋，此禀赋是成圣的根据。但在实践中自然会感到成就更高的人格并不是容易之事，我们自然会感知到我们的生命中也有许多其他不相干或中性的禀赋，以及有碍我们成就道德人格的各种生理机体的障碍或外在的阻力。工夫即在实践中发挥成圣的禀赋以克服各种阻力，累积成圣的行动力以冲破种种障碍。每一重大的突破即成就我们更高的人格境界。而由生命境界的提升，我们领悟到人类生命中不同的面相，和宇宙中不同层面的实相，此即常表现在有不同道德成就境界的人所表现的行动、了解的高度和广度、语言判断的深度等等，即所谓有不同的“生命的智慧”表现。因此，成德之教必然会反省我们天生而有的禀赋，即使我们可以成圣的禀赋。而成为圣人既是我们由工夫实践可以去达成的生命境界的最高点，即表示我们的生命有高于自然的禀赋的现实情状。它必具有超越生命的生理机体的有限性。由此超越的境界，圣贤的生命也实证和开显出在自然现象之内所含的超乎自然界的实相，即具有超越而更无其上的价值与境界。此能突破生理机体的有限性的禀赋即是“人之为人”的价值所在，而且它的价值也是客观而绝对的。所谓“绝对”即是在生命价值中没有更高或相对更高的价值或境界。因此，此内在于我们生命的禀赋如果能成功，它可以达成的必是超越于一切世间价值之上的最高价值。此必与内在于人类与一切生命价值根源的“天命”“天道”相贯通。因此，天道、天命、天理、性命等“形而上的存有”的实相和意义，都是由工夫实践所见证，方能成立。此即所谓由实践的进路所证立的形而上学。宋明儒者所成就的形上学即是牟宗三先生所述的“道德的形上学”①。

① 参见《心体与性体》第一册。

实践不是玄思，而是出自当前的生命的活动之中，是生命活动中的具体而真实的内容。因此，实践的进路不是以玄思开始的，反之，实践所见之生命的实相是玄思所依之而发展的基础。实践是心灵所主持的行动，心灵是人类行动的主体，其所含的原则即是心灵之主体性。心之知能判断与行动，即人类之主体的表现，而这些行动所反映和实现的道德价值或原理即是人之道德主体性。孟子以心之官为出发点，故有“尽其心者，知其性也，知其性则知天矣”所谓的“尽心知性知天”之义。尽心正是工夫实践的起点，由此起点一步步可以实际地领悟到心、性、天之内容和通贯性。故若全力发挥既内在于每个人的生命中的主体的“心”，即可通于客观与超越面的“性”与“天”的主体性，如由不忍人之心所发出的仁义礼智等道德原则，即为人之“性”，更由性之内涵即通于天命天道之无限价值。心乃内在于我生命的主体，而天命则为超越于经验世界之上的存有，故由道德实践即见出生命中的超越的价值与意义。所以必有“既超越而内在”的主体性。儒家即肯认在道德实践中的主体所示的主体性同时具备客观性与绝对性，因而有“天人合一”之义，实即把每个人的生命价值提升到一切人间价值之上。孔子以仁指点人之主体性，孟子以“不忍人之心”，宋明儒以“心”“性”指谓之。荀子有成德之义，也自有所指谓。这正是我们以下几节所要申论的课题。

道德行动的主体即泛指我们的生命身体整体，展示行动的道德的主体性是我们的道德意识，此意识发自我们的道德本心。道德实践从来不是“冥行”，是我们的“本心”所发出来的自我决定和自我要求，因此道德实践必有心灵之自觉，此自觉不但觉到当前之境的各种成素，而且同时觉知在我们行动之先，我们的意念之动，即要做什么行动或向什么方向而行之意向性。此意念之动，我们也必知之，此自觉自知的主体就是我们生而有的生命所禀赋的“心”。心是能自觉觉他的主体的能力。故心必从中领悟到我们所面临的价值选取，应不应为的决定与选择。从我们的日常经验的行动中，我们的心灵也知道常常障碍我们心灵抉择的生理机体的欲望与需求。此即含有一工夫历程与开展，即含有一工夫论的反省在内。道德行动中的自我要求和动即呈现而为我们的自我要求的义务。由此，心灵即自知在道德实践中我们有所据的道德理由或原则，与相对反的不道德的欲求和需求。我们也直下判断违反道德要求的欲望等是不应当有的，由欲望所做出来的行动也常令我们觉得羞愧，有贬损我们的人格价值的。此中即显示道德实践常要超出当前的生理机体的欲求和需求之上，道德实践所见之道德原理乃超出我们自私的要求之外而具有客观而普遍的价值，是超乎此情景中的个人的需求欲求之上的，即具有一切道德义务所具有的普遍的道德价值。而由此追寻此超越乎欲望与需求之上的道德的归宿，必有其超越的根据，而此根据对我们的道德本心却有不可抗拒的价值，甚且是本心所自觉自赋的价值，而由此超越的价值，常以天、道、理等词所指之存有相通。而此种种即指向生命存在的存有论的内容，并由此体证其存在。

荀子的著述，开宗明义即是“劝学”，而“学”之基本工夫和意义是“成圣”：

> 学恶乎始？恶乎终？曰：其数则始乎诵经，终乎读礼。其义则始乎为士，终乎为圣人。真积力久则入，学至乎没而后止也。（《荀子·劝学篇》）

由此可见，荀子不但重视学习经典，更重视“学以成圣”之实践意义。而“成圣”是道德人格之发展到最高的境界，是不断累积而成的，此自是一终生实践的历程。这是荀子“成德之教”大纲。荀子自然必对此中种种成德的因素和如何能成德的课题，有所申论。这些论述即在荀子所言之“性与伪”、心之功能、“化性起伪”、“圣人之意义”、人之为人的价值、圣人如何“生礼义”、“成圣如何可能”，等等相关的论述之中。以下试分别论述之。

二、荀子论人生的禀赋：成圣之生理基础

当儒者肯定人类能够成圣，但并不是生而是圣人，而且人人皆可以成圣，则必须指出人类的生命中有哪些足以使人成圣的天生的禀赋，使人得以成就最高的人格理想，发展出生命的最高价值。此一人格价值常被称为“人性”或“人之为人的价值”，而且常是与其他物种不同的禀赋。而成圣的起点即在当下

自觉地发挥此一禀赋，一步步中由工夫实践而成为圣人。荀子更特别重视人生而有的生命禀赋，用以说明成圣如何可能。对于人类所禀有而不同于其他生命存在的特质，荀子有一很著名的观察：

> 水火有气而无生，草木有生而无知，禽兽有知而无义。人有气、有生、有知，亦且有义，故最为天下贵也。力不若牛，走不若马，而牛马为用，何也？曰：人能群，彼不能群也。人何以能群？曰：分。分何以能行？曰：义。故义以分则和，和则一，一则多力，多力则疆，疆则胜物。（《荀子·王制篇》）

荀子在此对宇宙一切生命作了一通贯的简要的描述。荀子指出人类生命所具备的基本能力，是“有气、有生、有知、有义”，比其他物品和生命都超出而不同的是生而有“义”。在此，荀子所谓“义”不是道德用语，仍然只是一种生物功能的描述，即，人具有“分辨”的能力而已，并不直指为“道德意义的禀赋”。此分辨能力即表现为人类知道如何可以适当地分工，由分工而合作，即产生有超乎个体总和的巨大力量，因而能凌驾一切动物之上。此“义”使人类可以分工，同时即能和平合作，“和”也就是“合”，即人类了解如何合作，不会因分工而分散或互相冲突，反而能同心协力，和平合作，把分散的各人之力总合成为一体，把众多各自可能并不太强的力量组合发挥出来，即胜于各种具有巨大能量的动物，而成为世界的主宰。此种“分辨”的能力自是一理性的表现①，不但表现在团结合作之中发挥人类的力量，也可以认知到如何由适当的分辨而组合成最有力量的整体，此即由“分辨”而建立不同职能高下的组织，而这正是“礼”的客观组织所以产生的人类生命本有的禀赋。

荀子之以“辨”之为能“分”，不是由于先入为主的制造各种等级的分别，

---

① 此一分辨能力，在荀子的自然主义式的思维中，亦可以说是人类由最初的原始社会慢慢领悟到的优点，是一种从经验学习得到的知识。此不必是道德意义的了解，而只是效能上的证实。这也显然在人类社群生活中即可见证到的好处。而荀子所强调的人所生而有的“义”“辨”能力即可以合理地发展出这种理解，但仍然是工具性的运用，不是道德的规范。

而是能因就人之天生禀赋不同，可以分别而加以最恰当之利用。客观地来说，根据各人天生的才性知能上的分别而有各种相应程度或等级的结合，由此而得到相应的资源分配，即是一种公平的结合，即是公义。这种分工与等级可以暗含道德上的合理性。这即近乎现代社会所谓因就各人之不同赋而加以区分和适当的发挥，即是公义的意涵，即“相同的予以同等对待，不同的予以不同等对待，即是公义（justice）”① 之义。由此而形成的差等，不但相应于各人的不相同之禀赋，因而能够发挥群体的最高效能，而且因为分辨正确，彼此自然心悦诚服而认同。因而社群中人得以和合成为一整体，而不是各自为政，互相干扰。而此种分工分职，即是后来所形成的礼制，故礼制即可以做出分别而又能结合社会为一体，因而战胜禽兽与征服大自然。

因此，只须依人人生而有之“辨”之能力，加以适当运用，可以使人类发挥生命的力量，而得以战胜外力，成立一礼义的人文化成的世界。此一“辨”的能力，显然是人类心灵之“思辨”能力的表现。但荀子不以此思辨能力自身即是价值根源所在，但却是发现价值和加以利用的主体的机能。此发用在实践中，亦可谓是实践理性或道德理性的表现。但荀子不把价值直接归于心灵的“思辨”“分别”能力本身，而是以此说明人类何以能由此而发挥出正面和积极的创造。此一分辨能力要得到良好的发展，必须使心灵处于一种可以辨认“道”的状态中。荀子认为这种分辨作用能发挥的心灵状态即是在处于“虚一而静”的状态中，才能发挥“分辨”的能力，认知“道”，由是可道，以拒非道。此义下文引文献再详论。先说明“辨”与“礼”的关系。

依荀子的观察，人类生命所成就最有价值之贡献，即礼义法度，实始于“辨”之能力。此能力固如上文所说，是能使人能在社群中见出分辨和区分，但同时结合为一体，发挥群体之巨大力量，因而能征服自然世界，而且，“辨”更是人类所能创造的最高的人文价值的根源，即礼之根源。此所以荀子把“人之为人”的价值定位在人之有“辨”之上：

---

① 西方文化中此一“公义”（justice）的观念，一般归为出自亚里士多德的伦理学。请参见 Tom L. Beauchamp and James F. Childress, *Principles of Biomedical Ethics*（Oxford：Oxford University Press，2009）6th edition，pp. 241-243.

人之所以为人者何已也？曰：以其有辨也。饥而欲食，寒而欲暖，劳而欲息，好利而恶害，是人之所生而有也，是无待而然者也，是禹桀之所同也。然则人之所以为人者，非特以二足而无毛也，以其有辨也。今夫狌狌形〔笑〕亦二足而无毛也，然而君子啜其羹，食其胾。故人之所以为人者，非特以其二足而无毛也，以其有辨也。夫禽兽有父子，而无父子之亲；有牝牡，而无男女之别。故人道莫不有辨。辨莫大于分，分莫大于礼，礼莫大于圣王。（《荀子·非相篇》）

荀子认为人之为人的特殊价值或表现在于人之有对事物区别的能力上。因为有此能力，由累积的分工合作的经验，人类社会制度即慢慢形成。圣人因而可以依之而建立社会的合理的分位高低与职能分别。此即表现为人类的伦理价值与政治等级。此合理区分即成为社会的客观体制所表现的礼。但由“辨”而有人为之“伪”，至圣人之“生礼义”，尚须说明荀子之“性”与“伪”的分别，以及人类如何通过心之功能创造“礼义”，特别在没有圣王之先，如何能创造最原初的礼义。由于“辨”出于心，因此我们必须说明在荀子的学理中，“心”之各种功能为如何，方能说明，如何能在“性恶”的自然禀赋之下，而能有“善”的伪的出现，以及由伪而成就圣人之“生礼义”。并由此以理解圣人之意义和如何由工夫可以达至圣人的境界。

三、性恶论之极成与伪之根源

以下首先说明荀子说性与伪之关系。依荀子之说，性乃指一切生而有的禀赋。以下两段是著名的陈述，由此可以见出荀子对于“性”与相对的“伪”的基本分辨：

凡性者，天之就也，不可学，不可事。礼义者，圣人之所生也，人之所学而能，所事而成者也。不可学不可事而在人者，谓之性。可学而能，

可事而成之在人者，谓之伪。是性伪之分也。（《荀子·性恶篇》）

性者，本始材朴也。伪者，文理隆盛也。无性则伪无所加；无伪则性不能自美。（《荀子·礼论篇》）

引文明显可见荀子对于“性”，即人所生而有的人性，所具有的特性，即是生而有各种天生的能力和情状，这种禀赋是不可学而且也不需要学即具有的，也不可从事去做任何改变的。而与性相反的则是人为的成果，荀子名之为“伪”①。“伪”是人为地所成的成果，因此是我们可以学，可以改变的东西。但伪是我们加在生而有的性和身体上的成果，因此，两者虽然截然不同，但两者却在存在上是一体的。性没有文化价值，只有材质义，故是素朴无华的自然产物，而伪则是加于此材质禀赋之上的创造，使质朴的生命得以提升，展现人文的价值。由于伪之加工在性之上，即出现性之转化，伪即有化性的功效，由此而使人类生命有礼文的表现，即成为人文化成的价值。故荀子之说，归宗而言，可谓“天生人成”。

但以上所说只是就性与伪的形式的说明，说明两者如何生起和具有的特性，仍未说及其实质的内容。以下是荀子的进一步说明：

① 梁涛认为荀子的主张实不只是“性恶”，而是“性恶伪善”。请参阅梁涛《荀子人性论辨正——论荀子的性恶、心善说》(《中国哲学》第5期，2015年)，页71—80。此一提点很有意义，但认为传统对荀子之有误解是由于在原来含有“心”义的“伪”字变成只见“人为”之义，因而忽略了荀子这一面的重点，此恐不完全是对荀子的误解的原因。因为荀子明说“伪”的产生是“心虑而能为之动谓之伪”，稍熟荀子学理都知道荀子所说之善的“伪”是出于心或与心有不可分的关系，不用看到如梁涛所引的简书中的原字字形，亦不会误解荀子所说之“善”与心有关系。而且，不少论者也早有此种荀子是“性恶、心善”的主张，如唐端正先生即持此说。此亦正好表示，当荀子肯定性恶，而又有道德极至之“礼”，则必引出此正面的价值何来的反思，基本上，若不认为荀子必以“心善”为据，即无从说明“礼”如何能产生出来。以圣人“生礼义”而不追究其生起之合理说法，亦等于说荀子没有真正的交代或只是不合理的权威主义式的说法，此显然都不能响应荀子如此理性和重视说理的一位儒者的义理。本文实有意为此而做一依荀子文献与合理考查的答辩。

生之所以然者谓之性；性之和所生，精合感应，不事而自然谓之性。性之好、恶、喜、怒、哀、乐谓之情。（《荀子·正名篇》）

若夫目好色，耳好声，口好味，心好利，骨体肤理好愉佚，是皆生于人之情性者也；感而自然，不待事而后生者也。（《荀子·性恶篇》）

此两段引文义理相当丰富，也引起重要的争议，因为涉及了荀学中几个重要的用词，“性”“情”“心”“伪”等。第一段引文所指的是人性的内容，即，性所包含的都是人之生理机体所自然而有的各种能力与情状的表现，此如好恶喜怒哀乐之情，和五官之好色声香味触等愉悦的官能与感受等。在第一段引文，荀子似乎有意把“性”与“生”说为然与所以然之关系，容易使人以性为情之超越根据或形而上的根据，或有两层不同存有的想法。但按下文所说，此“所以然”实只是综合生命之各种现实的情状而为言之词，只是“所以如是名之”为“性”而已，即，只是就生而有的各种情状之通称而已，并不指一更高一层位的存有，更不是以性为生成各种生命情状的“创生的原理”。“性之和所生之”一语中之“性”若依下文之“精合感应，不事而自然谓之性”之解而言，此“性之和”只是指综合而言之生的自然情状，由此而有的一切实只是“精合感应”所见的各种生理的情状，故此处所言之性并不指在一般情状之上的一个具有根源或本体意义的“存有”，而只是一综合的名词，如“狗”之为类名，只是指所有的狗而为言，并不具有一独立存有意义的“狗的典型”的独立存有。此是一唯名论的用法。一只只的狗并不是由“狗类”所生，“狗类”是通指所有的狗而言，并不另具独立存在之“狗类”（普遍存有 universals）。故“性之和所生”只综就一切生理情状而言的唯名论式的用词，而泛言由此而有各种特殊的情状。因此，性与情都同是生命经验中现象，没有超越意义之“性体”，没有如孟子或后之宋明儒者所常说之具有超越意义的“性”之义。此可见荀子对于生命采取的基本上是一种自然主义的观点。

作为有限躯体和能力的生命，人类自然也像其他物种一样有各种求生存所必须的情欲要求。由此种自然主义式的人性的表现而言，则应只是中性义的人性，但荀子却坚持人性是恶的。以下是荀子许多论证的中一个明确的表示：

> 人之性恶，其善者伪也。今人之性，生而有好利焉，顺是，故争夺生而辞让亡焉；生而有疾恶焉，顺是，故残贼生而忠信亡焉；生而有耳目之欲，有好声色焉，顺是，故淫乱生而礼义文理亡焉。然则从人之性，顺人之情，必出于争夺，合于犯分乱理，而归于暴。故必将有师法之化，礼义之道，然后出于辞让，合于文理，而归于治。用此观之，人之性恶明矣，其善者伪也。（《荀子·性恶篇》）

荀子的论证似乎并不直接由自然主义之性断定“性恶”，而是加了一个条件，即“顺是而无节制”才会产生“恶”的后果。如此，即让读者有一个难解的地方，因为“顺性而为”与“性本身”应是两回事。这似乎可区分为“性”本身只是中性，而不能说为“恶”，恶只是由于顺性中的自然欲望而追求无限的满足的后果才产生。如是，性只能说是“中性”的，没有理由直接主张“性恶”。以荀子如此慎于用词与析理分明的表现，此实令读者不解①。此中的唯一可能性即在荀子所所谓“人性”的实质内容上，不止是有不良欲求的特性，而且人性之自然禀赋中同时即具有无限扩充此欲求之无限满足的自然的性向。因此，人性不止是有各种欲求，而这些欲求即禀有无限的满足的需求，即必发为占有和争夺有限的维持生命的资源，此必引生各种人与人之互相戕害的出现。此方可藉性之禀赋而有的特性而称之为恶。此正是荀子所谓“性恶”之意，这由下文即可见出：

> 夫人之情，目欲綦色，耳欲綦声，口欲綦味，鼻欲綦臭，心欲綦佚。此五綦者，人情之所必不免。（《荀子·王霸篇》）

---

① 由此而衍生许多学者的讨论，因而有种种否定荀子所主的性恶论，或是批评荀子所说之“性”实只是中性义，不能直说为“性恶”，详论请参考何淑静著《孟荀道德实践理论之研究》（台北：文津出版社，1988 年）。最新的发展可参考杨儒宾《因性恶以成圣——荀子“神固”的圣人观》。此文在 2021 年 4 月 27 日宣读于中正大学中文系主办之论坛。

“綦”，极也，即人之官能之欲望无不自然地追求无限的满足，不会自动停止。“人情之所必不免”即是人生而有的感官的极尽情欲满足之要求，是不需学习即有的能力或欲求，也是不可改变的生而有的情性，是不可学不可事的生而有的禀赋①。故荀子即指出圣人之大禹与其后代之暴君桀，虽然在“伪”的表现上完全相反，但在生而有的性上则相同。大禹虽是圣人，其性实与暴君并无不同。换言之，荀子所意想的人之耳目口鼻身心之欲求本身即同时具有无穷的追逐和无限满足之要求在内。此是官能之自然表现，因此，人性之自然而无待加工即有的官能都是极端地要求满足的情欲。而此即是恶性。此表示荀子所谓性恶乃是因为人类为恶之事只是一任人性之自然而产生，没有任何后天加工，乃是人性之自然而然即表现为违逆道德的行为。就人性之生而为有、自然素朴且为人所独有而言②，人性之就其本然即是以取得无穷的满足为性，此即涵其自身乃是违逆礼义法度者，不必因为顺从放纵不节制才产生恶之行为。此即是性与恶为必然的结合。因此，荀子认为人性恶是无可置疑的③。换言之，荀子论性之实是落在人之情上说的。故荀子常以情性并言，如“故顺情性则不辞让矣，辞让则悖于情性矣”（《荀子·性恶篇》等。换言之，人之性之实义即是人之情，而人之情是不会自我节制的，一定是要穷尽所能去取得无限的满足而后止，而这一

---

① 对于荀子所谓人性中之“生而有不可学不可事”的意思，请参阅何淑静著《荀子再探》（台北：学生书局，2014年）第一章之“论荀子对‘性善说’的看法”。何淑静在此文详尽地分析出荀子对于“性”一词的严格意义，如“目明耳聪”之义，而此正说明了为何荀子主张人性所具有的欲望必定是“无所节制而必要求无限满足的”。这不是后天学来的人为的情欲要求，故人性所生而具有的情欲本身即是无限的情欲要求，必有伤人害人之举。因此，此种种之情性本身即是恶。此即是“性恶”。此文中所谓“顺之”，并不是在性之禀赋之外再加一在性之外的条件，而就是顺性之本义它即是无节制地恶。实无所谓外加一“顺之”的条件才为恶。此亦可以借西哲康德之说而称之为一义的人性的“根本恶”，因为，这种情欲要求完全不理会合理的区分和应有荀子所谓“礼”与“礼义法度”的道德要求。

② 荀子论性恶亦常被视为与动物之性无异。故人性之恶是否是人所独有，不无商榷之余地。但以古文“人性”所常含有“人所独有之义”，则人性之恶虽似与动物同类，但人之为恶却绝对大于和超于动物之为恶。动物多只是为生存之欲而杀戮，人之为恶则有故意违反和颠倒道德者，如康德所谓根本恶之类。

③ 荀子在《性恶篇》反复申论性恶的理据，有多种论述的方式，其核心意义只在指出这种生而有和不可学不可事的性恶论，本文在此不详。

表现实是恶。因此，荀子主张人性恶。

若天生的天人性是恶的来源，善的成立必须另有途径。而由上文引出对治性情之暴乱，是由师法之化，礼义之道，此皆是善的来源，而此种种对治恶的善，来源是伪，即人为的结果。而伪是心依性情之表现而以心之能力改变情而产生的。荀子继前一引文有如下的说法：

> 情然而心为之择谓之虑。心虑而能为之动谓之伪。虑积焉，能习焉，而后成谓之伪。（《荀子·正名篇》）

性情由天生而有如是之自然情欲的表现，但心却有能力为此性情的表现而加以思虑和做出选择，而且能够改变性情之自然要求而产生人为的结果，即伪。依荀子之观察，心除了如其他性能也有“思”即“思虑”的能力。由于对事物有“辨”，有认知到各种分别的能力，因此，心之官在各种分别之中，可以在经验到其间所产生的差别，思虑其所产生的后果和如何加以运用，会产生最好的成果。由是，心经由思虑而为性情的行动做出选择。但此种选择必须能达到可取的后果才能成功为有价值的安排，即能使人类的生命与生活得到提升和发展。依荀子之用词，即由伪而产生礼，由礼而成就礼义法度。但由于荀子仍然平视心官与其他五官的生而有的禀赋，并不以心为道德主体或道德价值根源所在，因此，真正能发挥心之功能而最后得成礼义法度的并不是一般人，而能成功此事业的是圣人。荀子之言曰：

> 圣人化性而起伪，伪起而生礼义，礼义生而制法度；然则礼义法度者，是圣人之所生也。故圣人之所以同于众，其不异于众者，性也；所以异而过众者，伪也。（《荀子·性恶篇》）

圣人之所以能生礼义，也要经过两重的发展。首先是“化性起伪”。“化性起伪”即上文所指由心之“思虑”而为性情做出选择，由此改变性情之本能的取向，即成功人为的结果的“伪”。这是人人皆可以由心之发挥本有的功能即可以成就的事。荀子并不直接由此而说此为礼义，更不足以说之为“礼义法度”。荀子实专以“生礼义”为圣人之所能为之事，是圣人的贡献，也是真正完成“人文化成”大业的人。因此，荀子必须说明，圣人如何能发挥心之进一步的能力，提升人为之“伪”而为礼义，进而制成法度，成为最终的“礼义法度”。若只有圣人方能创制礼义法度，但圣人又与一般人在性上无分别，是否只有特殊才能禀赋的人才能成为圣人①，才能创造礼义法度？此即成一荀子一个明显的人性理论的严重课题。因此，荀子还需要说明，何以心不是道德价值的根源，而能成成功具足最高的道德或伦理价值之礼义法度？而且，圣人也不是天生的，如何由一个普通人而可成就为一圣人，以至是否人人皆可以成为圣人，等等。凡此皆有待荀子说明心之进一步的能力，以及第一位圣人如何能产生，为何人人皆可以为禹，方可以说明荀子之成圣之道和相关的工夫。

四、心之自然功能与礼义的根源：圣人如何生礼义

上一节的论述，开始进入到成圣和“圣人生礼义”的课题，是解开荀子如何由自然之人性而可生出有道德价值的礼义法度的问题。荀子主张性恶，要说明善的价值何来，以及性恶的人如可能做成圣之功夫，得以成圣，实是一难度极高的说明。但荀子极重视圣人的实践，也主张人人皆可以为禹，即可以成圣，所以，荀子亦必有所论立。荀子立论的重点明显在心之各种天赋的能力上。以下依荀子之文献作一综述和评论其得失。

依荀子之观察，心作为人性本有的一种能力，自然有负面的表现，如“好利”“好逸恶劳”和具有种种伤人害人的罪恶的表现。荀子对于心与其他五官除了都是性之外，也做出以下不同的分别，赋予心一特殊的功能和地位，此即心之主控其他官能的能力：

---

① 牟宗三先生即认为圣人须特殊的才能，即无异把其他人排除在创造礼义的道德行为之外，即对人之为人的价值极大伤害。杨儒宾也有此中是否有儒家式的“一阐提”的说法。分别参见牟宗三著《名家与荀子》（台北：学生书局，1979 年），及上引杨儒宾之《因性恶以成圣——荀子“神固”的圣人观》一文。

> 耳目鼻口形能各有接而不相能也，夫是之谓天官。心居中虚，以治五官，夫是之谓天君。（《荀子·天论篇》）

荀子在此以心与耳目鼻口形能为具有不同的天职，负担不同的功能。即心与五官都是“性”的一员。但心的地位则高于其他五官，是“治五官”，即主宰五官之“天君”①。荀子一律都冠以“天”为名，而天实只是自然义，显见六者都是生而自然有的官能，而其表现也是自然而有的能力。但荀子在此有一重要的观察，即心具可以影响和控制五官表现的能力，是可以指挥五官的主体。荀子说明心之为天君还有以下很重要的功能：

> 心者，形之君也，而神明之主也，出令而无所受令。自禁也，自使也，自夺也，自取也，自行也。故口可劫而使墨云，形可劫而使诎申，心不可劫而使易意，是之则受，非之则辞。（《荀子·解蔽篇》）

荀子观察到心具有自由自主的能力，可以不受外力的控制，其选择与思辨的能动性超乎其他官能的表现。但荀子并未赋心以自由自立道德的功能，故心不是人类的道德主体性，就其作为性的一员，心自身仍然是恶的。此自然会产生心如何能由恶而产生出伪来？诚如荀子所表示的，心之虑也是心自由自主地发出的一种活动，且能影响其他官能，也包括它自己的好逸恶劳的性能，但由于心自身并不创造价值或规范，故心具有这种自主性仍不足以成为道德价值根源所在。但荀子看出心有一种能力可以推动五官的能力而行。由心所主宰五官而改变五官原初的欲望需求，即产生“伪”，即不是顺性而行的表现。

荀子指出，在观察人在生死之际，有欲死而不欲生的情况，但终于没有成

---

① 关于心是性与心不是性的争论，与天之为自然义等论题，非本文之主题，详请参考何淑静著《孟荀道德实践理论之研究》第二章第二节之精辟的论述；亦请参考本人之《荀子论性与论人之为人》一文，我在该文基本上认为心是性，而“心不是性”的说法在荀子的系统中是自相矛盾的。说见《当代新儒学之哲学开拓》（台北：文津出版社，1993年），页180—205。

功死去，因为心不欲死，因而可以阻止此欲死的欲望得以成功：

> 故欲过之而动不及，心止之也。心之所可中理，则欲虽多，奚伤于治？欲不及而动过之，心使之也。心之所可失理，则欲虽寡，奚止于乱？故治乱在于心之所可，亡于情之所欲。（《荀子·正名篇》）

荀子以生死之大欲以喻治乱，指出关键在于心的能动性的发挥。当心所可中理，即心处于知道、可道、守道、禁非道时，则欲求虽多，心仍可止之而从道。但若心所可的不是道或失理，则情欲即成为主要动力，而情欲必求极端的满足，因而必争，由争而乱。换言之，荀子认为心可道时即能止欲，即使本性之能力受到改变，而表现为伪为礼。但心首先得"知道"，而所知之"道"又为何物？道从哪里来，也涉及圣人之为圣人的特质，以及我们如何能通过工夫实践得以成圣。

先说明心如何能产生"伪"的问题。如依上一节所引的"伪"的产生的说明，荀子实是以两种方式说明"伪"是如何生起的。首是"情然而心为之择谓之虑"。这表示心可对官能之要求加以选择，而此选择即是心之虑，即心之思虑反省的决定。因此，心不但有之前所提之"辨"的能力，而此辨别亦可以提供给五官之各种欲望需求提供选择。这种选择即可以使五官之性能受到心之影响，因而产生变化（即化性）①。由此变化即产生心之有意为之的改变。此即"心虑

① 上引杨儒宾一文申论先秦诸子中对"化"的种种论述，其中固有沿自古代神巫与诗人的说法或体验，但此恐非荀子说"化性起伪"的要点所在。荀子只是说明人性之性能如何改变方向，由性而化为伪，由伪进而成礼，但仍然只是"性"本身之变化而已。

而能为之动谓之伪”[①]。这是心与五官之间的互动所产生的结果，此即是“伪”的产生地和基本的产生的方式。这是人人都可以有的主体能动性。此时之“伪”还不是“礼”，因为，“心之虑”所提供的不一定是基于“道”而来的选择。要能成为有道德意义之“伪”则要待心知“道”之后才能成功的。至于“伪”的另一种生起的方式是“虑积焉，能习焉，而后成谓之伪”。此是进一步表明，伪的成功是经由心之不断的积思虑，不断的由心引导官能之改变，经过不断的学习与实践，使我们的官能习以为常，由此所成功的行动的基本模式，才算是“伪”。即伪是心之深思熟虑与不断化性的结果，而且使我们天生的情欲要求不断受到影响而改变，以至成为种有一惯性的响应，成为一个定式，方真算是“伪”。此时“伪”是相当于一客观的有规律的行动的表现，具有客观性，而不只是行动主体之主观方面的随意的反应。但若“伪”是由圣王所达至的，则它即具足道德意义，方是荀子所谓“礼”，即圣王所生之礼也是以“虑积焉，能习焉，而后成谓之伪”的方式，所生成的“伪”。这是圣王根据所分辨出来的“道”而成，所以它即是具有道德价值的“礼”或统指的“礼义法度”。如是，荀子需要进一步说明心如何能知道以使道德意义的“伪”得以成功。此即心之知道的方式。

在我们的日常经验中，我们的心之思辨能力会有良好清明的表现，但也有昏沉迷茫的时候。因此，荀子以心比喻为一盘带有泥沙的水，如果被搅动则会混浊不堪，自然不能照物。但如果在澄清不动时，则事物之各种情状都可以被清晰地反映出来，则心可以掌握到其中的细微分别。荀子指这种分辨表现是心

---

① 对于荀子引进“伪”的两种说法，本文以为第一种说法，即“心虑而能为之动谓之伪”是陈述“伪”之基本的产生的方式，而“累积然、能习然而后成谓之伪”则是指经过心之虑的不断使性情为心所动之后所成的累积的积习。冯耀明则认为此两者分别为潜能之伪与实能之伪。此说和下文视“伪”为心之能力本身等义，请参阅冯耀明《荀子人性论新诠：附“荣辱”篇 23 字衍之纠谬》一文，此文刊于《政治大学学报》（2005 年）第 14 期。若就“伪”而言，此实指由心虑而能为之动时所产生的事，即已见诸行动中的事实，更不能以此初步的“伪”为心之能力，此则大谬。此实混同“心有产生伪的能力”与“心所成就的伪”两者。前者自是心之性能，后者正是人为所产生的结果。前者作为心之能生起伪的功能，即写在“心虑而能为之动”此词组中，而“伪”是心所成就的结果，更准确地说是心在性（情）上所起的作用的结果。把伪视为心能本身自是有违荀子之说。

在“虚一而静”的情况：

> 人何以知道？曰：心。心何以知？曰：虚壹而静。心未尝不臧也，然而有所谓虚；心未尝不两也，然而有所谓壹；心未尝不动也，然而有所谓静。人生而有知，知而有志；志也者，臧也；然而有所谓虚，不以所已臧害所将受谓之虚。心生而有知，知而有异；异也者，同时兼知之；同时兼知之，两也；然而有所谓一；不以夫一害此一谓之壹。心卧则梦，偷则自行，使之则谋；故心未尝不动也；然而有所谓静；不以梦剧乱知谓之静。未得道而求道者谓之虚壹而静。……虚壹而静，谓之大清明。万物莫形而不见，莫见而不论，莫论而失位。（《荀子·解蔽篇》）

这是荀子明确说明心之知的能力和功用①。心在“虚一而静”的“大清明”的状况之下，即能达到知“万物莫形而不见，莫见而不论，莫论而失位”的真实区分以别的情状。由此分办而成就的“伪”即具有价值意义的区分，以此区分作为组织行事的依据和安排，则所成就的即是客观制度的“礼”。至此，荀子之圣人“生礼义”之说庶几乎成立了。荀子更指出心的另一重要的特性：

> 心不可以不知道：心不知道则不可道，而可非道。……心知道，然后可道，可道然后守道以禁非道。（《荀子·解蔽篇》）

依荀子之分析，就心本身，即只是天生的性能而言，它本身没有“道”，故若顺心之本性而为即会认可非道，即有性之诸恶性的表现。但心也本具有知道、可道、守道、禁非道的自然性向和能力。荀子所守谓的“道”即是由区分是非而成的礼义法度。因此，当圣王积思虑而发挥此心之能力时，即可创制礼义法度。

---

① 本文主要是指出荀子赋予心之功能在成圣的工夫上，在此不备述心之“虚一而静”的说明，请参阅李瑞全《荀子论性与论人之为人》一文，此文现收于李瑞全《当代新儒学之哲学开拓》（台北：文津出版社，1993 年），页 180—205，和李瑞全《儒家道德规范根源论》（台北：鹅湖出版社，2013 年）第六章“荀子之礼义法度外在论”，特别是页 255—259。

至此，可说是完满地说明了如何由“性恶”之性而生出善的“礼义法度”。综言之，荀子所见之生而有不可学不可事的“心”只是“性”，自然具有以上所述的各种生而有的能力。故心是性，也有好逸恶劳的惰性，不是道德价值的根源，不是自由意志，只具有通过“虚一而静”加以辨别事物的客观区别而有合理的使用而知道、可道的能力等等，由此而人人可发挥“心”之指挥和发动“官能”朝向合乎所辨识的道之“伪”的活动，由此成功人为的“伪”的表现，再经由累积心所认可的道之分别下具有道价值的“伪”的行为，而成为“礼”，客观化而为“礼义法度”，用以治理国家，不但成就“人文化成”的世界，而且是后人可据以学习以成为一道德人格的表现，最后达到圣人或圣王的境界。此中，“心”没有超越地位，没有超越的“天人合一”即“天人合德”的表现，但所成的圣人即是人的生命智慧，是人文宇宙的最高价值的存有。但我们仍然要进一步探究心所知的“道”是什么意义的道，为何会带出道德意义的“礼”和圣人如何由此而“生礼义”“起法度”，以完成荀子对道德价值和礼义法度的说明。

伪既出自心之思虑，所知的也不过是各种事事物物的区别。道似乎就在其中。但心之所以能知道并不是什么怪异之事，只是事之理与物之理而有的自然表现：

> 凡以知，人之性也；可以知，物之理也。以可以知人之性，求可以知物之理，而无所疑止之，则没世穷年不能徧也。（《荀子·解蔽篇》）

又曰：

> 君子之所谓知者，非能徧知人之所知之谓也，有所止矣。（《荀子·儒效篇》）

人心自然具有知物和知物之理的能力，这是经验上可见的心的表现。但荀子认为当我们发挥心之能知之用时，亦不宜无穷地去知，否则变成求知物理之无穷的追逐。荀子认为君子不应如是去知，而应有所止。盖君子所必须知而用以为治的是“道”。而“道”乃是君子之所道：

> 先王之道，仁之隆也，比中而行之。曷谓中？曰：礼义是也。道者，非天之道，非地之道，人之所以道也，君子之所道也。（《荀子·儒效篇》）

荀子在此明说所谓“道”只是人之所以由之而行的规范，即先王所行之“仁道”。此仁道乃是中道，即无所徧倚的行为，而中道的表现即为礼义。换言之，道乃是指由圣人所创制的礼义法度。仁即在其中。故荀子更明确指出：

> 道者何也？曰：君道也。君者何道？曰：能群也。能群也者，何也？曰：善生养人者也，善班治人者也，善显设人者也，善藩饰人者也。（《荀子·君道篇》）

如上所述，君子认为人之特殊禀赋是在心之能辨，由辨而做出合理的分别与统合，此即能群，能组合社群中人而成为一共同体。“能群”即能依人之各种能力而加以分工合作而组成社会的职能。而能群之所以成功是因为在组合之中，人民得到生养、设官分治、量才授职、各有等级分别贵贱等好处①，此种种使人们能齐心合力，结成一人文化成的社会的制度安排，即是礼，故荀子曰：

> 礼者，人道之极也。然而不法礼，不足礼，谓之无方之民；法礼足礼，谓之有方之士。礼之中焉而能思索，谓之能虑；礼之中焉能勿易，谓之能固。能虑能固，加好者焉，斯圣人矣。故天者，高之极也；地者，下之极也；无穷者，广之极也；圣人者，人道之极也。故学者，固学为圣人也，非特学无方之民也。（《荀子·礼论篇》）

---

① 此为李涤生之批注，请参阅李涤生著《荀子集释》（台北：学生书局，1979年），页274，注3。

按：此“中”乃是得其中，不走极端，即得礼之中道之义，而能虑能固，而能一以贯之，故为圣人。至于圣人的表现或境界，下文再详述。

由此可见，荀子之“道”之产生，实只是由心之分别能力所见出之生命的各种区别，而善加以利用，由心之思虑为性能做出选择，不是顺从人性的自然欲望需求，因人之性只会而产生争夺分裂互相戕害，心之思虑扭转人之情性的需求，使人群能分而和合。圣人即就此种种分辨所成之“伪”，进一步制订为礼义法度，此即荀子所谓“道”。此即是人道之最高价值所在。此中并无若何的神秘性或不可解的神化表现，而且是人人可由身体力行而至。故荀子不需设立一超越根据的道，即可以解说人间社会所依以而行，而且行之有效的人间之“道”。而就此道而“能虑能固，加好者焉，斯圣人矣”，而“圣人者，人道之极也”，故圣人即是能体现人道之人。而此道即是圣人所生之“礼义”，所形成的礼义法度。故荀子由礼义法度之创造和表现以定位圣人，和成圣之实践工夫。

由此，我们可以进而申论如何可以依荀子之工夫论，以成就我们的道德人格，如何由“学以成圣”创造礼义法度，成为高的道德人格的表现，亦庶几为具有无限价值的道德人格的成就。

五、荀子之成圣工夫之内容与形态

荀子的工夫论实即他所标举的“学以成圣”的说法之中。荀子的工夫论除了由以上有关性、心、伪的说法之外，还需要进一步说明荀子所构想的圣人的标准，如何进行相应的工夫以成圣，以及各种道德人格的位阶的分判。以显出圣人之为圣人的特色。荀子著书，开宗明义第一章即名为“劝学”。在先秦语言中，“学”一词即是“效”，基本上是指“效法前贤”的实践，而非只是现代所特重的认知或知识式的学习。荀子对学的开展和学习的内容有如下的说明：

> 学恶乎始？恶乎终？曰：其数则始乎诵经，终乎读礼。其义则始乎为士，终乎为圣人。真积力久则入，学至乎没而后止也。故学数有终，若其义则不可须臾舍也。为之人也，舍之禽兽也。故书者，政事之纪也；诗者，

中声之所止也；礼者法之大分，类之网纪也；故学至乎礼而止矣。夫是之谓道德之极。（《荀子·劝学篇》）

荀子在此即开宗明义指出，为学的终始问题。“学”之本义，特别是在先秦，是“效”，即“效法先贤”，是从实践上立言的。虽然荀子在说明终始的进程上是指“始乎诵经，终乎读礼”，诵经自是开始时学习经典的内容的一般方法，而最后之“读礼”似乎也是以“诵读”的方式作结束，似乎都只是一种读书的行为。但其实不只是“读书”，因荀子固然强调对经典的学习，特别是记载历代圣人或圣王的言行的经典，因为都是圣王所成之伪和礼，但荀子之“学”显然并不是只限于“诵读”的学习，而毋宁是身体力行古圣先贤的为人处事的表现。正如已有论者指出，若只是纯然诵读经书，则经书中已包括了“礼”在内，如下文所特举之《书》《诗》《礼》《乐》《春秋》等，何须再提？因此，如果“读礼”也只是诵读经典而已，“终乎读礼”即成衍文。如果再与下文所谓学的“义”或意义而言，即，则开始时立志为仿效圣贤之“士”开始，而最终是以成为“圣人”为目的，圣人是生命所能达到的最高境界的实现和实践，所以，“读礼”应是通解了经典而见诸行动的“成圣”的实践。所以“读”是以生命去解读“礼”所含的圣王的道德的创造，依此而去实践和转化我们生命原初的“性”，而全尽礼义。而所以学之为学是终乎“读礼”是因为“礼”是“道德之极”的圣王的创造。荀子不认为成圣是一蹴即就可以成功的人格表现，而是认为古圣先贤的道德人格的表现是长期的工夫实践的成果，因此，成圣的实践和所建立的客观制度，是每个人必须终生学习的。荀子认为我们要认真用功和持续实践才可以进入成圣之道，因此，实践是一长期的累积，才可以在自己的生命中生根，才真正使自己的生命有德。此实是上文所谓“累积焉而后成的”的“伪”，圣人再在长期累积的“伪”之上，而创制出“礼”。这种建立自己的道德人格是生命所不能停的，是终生的工夫和实践。最终是成就依长期累积的“伪”，而为能建立国家社会的礼制的圣人或圣王。因此，荀子认为我们的实践工夫乃是终生的努力的工作。而我们之学能坚持到死去方能终止，否则就只能顺自然性能去为恶，只是禽兽，而不足以称为“人”。因此，荀子认为学必须善学才真能成为有道德价值的人：

> 百发失一，不足谓善射；千里蹞步不至，不足谓善御；伦类不通，仁义不一，不足谓善学。学也者，固学一之也。一出焉，一入焉，涂巷之人也；其善者少，不善者多，桀纣盗跖也；全之尽之，然后学者也。（《荀子·劝学篇》）

善学不是思辨地知即可，而是在实践上使自己的生命在“通伦类，一仁义”上，做到全尽地表现在实践中。有一不当的表现，即是尚未真能善学。此一在内在的德性和响应生命各种事物上的精纯的要求可谓极严格，此亦反映荀子所要求的圣人是真能达至一以贯之而无错失的人格表现。此方是一圣人的生命。

对于如何成就如此的圣人境界，荀子有一总的描述如下：

> 君子知乎不全不粹之不足以为美也，故诵数以贯之，思索以通之，为其人以处之，除其害者以持养之。使目非是无欲见也，使口非是无欲言也，使心非是无欲虑也。及至其致好之也，目好之五色，耳好之五声，口好之五味，心利之有天下。是故权利不能倾也，群众不能移也，天下不能荡也。生乎由是，死乎由是，夫是之谓德操。德操然后能定，能定然后能应。能定能应，夫是之谓成人。天见其明，地见其光，君子贵其全也。（《荀子·劝学篇》）

此一总述，第一部分是为学以及为学的进阶；第二部分是遵行克己复礼之非礼勿视听言动之工夫，以至到成功而情性已由心之思虑而归于伪的表现；此一实践到最高境界时，则是独立自主自足的人格表现，是一个人可以贯通生死之德操。此德操具足定与应的表现：具有不为时势利害动移的定力，更能一一回应世情而无不当的应变能力，此即是成人之德操。在此所说的成人即圣人。以下再分别说明其中的工夫实践的方法与历程、圣人之境界和圣人之圣功。

（一）圣人之境界与齐明而不竭之生命

由于荀子没有超越义之天道、心体性体之说，一切均依自然之生理情状而建立人间社会的价值。而礼义法度是人间社会所能有的最高的价值，因此，荀子的圣人与礼义法度，和人间的治乱有不可分的关系，而荀子描述的圣人境界也必以圣人体现礼义法度与圣人以礼义法度回应万事万变，以见圣人之情状，是以荀子极少以超越玄远的情状来描述圣人。

我们先就圣人与各个层级的人格表现相对校而明荀子之意：

> 法后王，一制度，隆礼义而杀诗书，其言已有大法矣，然而不能齐法教之所不及，闻见之所未至，则知不能类也……以是尊贤畏法而不敢怠傲，是雅儒者也。法先王①，统礼义，一制度；以浅持博，以古持今，以一持万；苟仁义之类也，虽在鸟兽之中，若别黑白；倚物怪变，所未尝闻也，所未尝见也，卒然起一方，则举统类而应之，无所拟作，张法而度之，则晻然若合符节，是大儒者也。（《荀子·儒效篇》）

荀子在此段引文之前曾论俗人与俗儒之行，皆评为不是儒者之行。而此引文进而申论雅儒与大儒之别。大儒即圣人，由此以见圣人之特质。雅儒与大儒之别在于雅儒已能一制度、隆礼义而杀诗书，但不能由已有的法教而类推及法教所未有所及之事，即不能知统类，通礼义，以回应新的事物，因而人格生命尚未完备，故仍未能为大儒。大儒则不但可进而统礼义，一法度，以化性起伪，更能知通统类，以回应万事万变，不用事先拟议，大儒即能以完全符合礼义之法度去响应各种突然生起的事，而毫无差错。这是大儒，即是圣人之通贯礼法之意义而在行事应事的表现。此可见能“知”，能“明”礼义法度，能在实践中表现出“知通统类”，正是圣人的标准。

圣人在人格气度的表现，也不同于一般士人君子：

> 好法而行，士也；笃志而体，君子也；齐明而不竭，圣人也。人无法，则伥伥然；有法而无志其义，则渠渠然；依乎法，而又深乎其类，然后温

① 此“法先王”当是“法后王”之误。

温然。（《荀子·修身篇》）

要免于俗人与俗儒之诟病，必须先从纵情性之行为而进到依圣人之礼义法度而行。能如是好法而行，即为士。此是入圣之道的第一阶。进而能立志行礼义而真能体现在自己生命之中的人，则是君子。君子约略如同上文之雅儒，只是未能统贯礼义法度而已。至于圣人则是能表现为“齐明而不竭”的人格表现。齐明是通明于一切事理，即礼义法度之内容与意义，以至基本的贯通之理；而在回应事事物物时，可依礼法之义而应无不对当。此亦是“知通统类”而足以应对得当的表现。而在气度上，无法之人，不知行为法度，容貌上会显现为不知所措的慌张态度；虽知有法而守法的君子，但由于不知法之意义，或只知法之文字，而不能依法度之通贯的意义而有一贯的响应行事的表现，因而言行常无定当而不一贯。圣人则依乎法而行，而又能深明其统类，因而行事为人从容大度，温温然而有润泽之色。荀子更有长文描述圣人之行事与容貌：

> 古者先王审礼以方皇周浃于天下，动无不当。故君子恭而不难，敬而不巩，贫穷而不约，富贵而不骄，并遇变态而不穷，审之礼也。故君子之于礼，敬而安之；其于事也，径而不失；其于人也，寡怨宽裕而无阿；其〔所〕为身也，谨修饰而不危；其应变故也，齐给便捷而不惑，其于天地万物也，不务说其所以然，而致善用其材；其于百官之事伎艺之人也，不与之争能，而致善用其功；其待上也，忠顺而不懈；其使下也，均徧而不偏；其交游也，缘义而有类①；其居乡里也，容而不乱。是故穷则必有名，达则必有功，仁厚兼覆天下而不闵，明达用天地理万变而不疑，血气和平，志意广大，行义塞于天地之间，仁智之极也。夫是之谓圣人；审之礼也。（《荀子·君道篇》）

① 李涤生引另二刻均为“缘类而有义”，以为义长，故据改云云，参见《荀子集释》页270，注18。但若知荀子之“义”有“辨”之义，则此句不改更能符合荀子因辨而分类之义，实不必改。

君子之行事如此动无不当，皆出于“审之礼”，即以礼为尺度来审视君子即圣人的表现，而均无不合。而君子待人接物之道，又出于礼，故能安身立命而不忧不惧，表现为仁且智，是天地间表现出仁智之极的圣人。由此可见荀子用“礼”一词，实含有仁与智在内，故以圣人之生礼义与创立礼义法度为目标，实乃发挥孔门之仁且智的圣人之义。而圣人之待人行事，皆可由礼义以审查考察之，即知圣人之行无不合乎礼。

就实践以成圣人之工夫亦无他焉，只是就心而能为之动所成之“伪”，化性起伪，不懈地实践累积即可以成德成圣：

> 又，故厚者，礼之积也；大者，礼之广也；高者，礼之隆也；明者，礼之尽也。（《荀子·礼论篇》）

李涤生之校注认为“厚者”应为“圣人”，因此文所及，原是指圣人而言。此即明圣人即是礼之积累而至。而最终所成的是“明”礼之义。此“明”对礼之义的通明。通明中自然有知，并非思辨或认知之“知”，而是在实践中所成之“知”。这实由工夫实践而得以明礼之真实意义，犹如孔子对弟子问仁，并不给以定义，而是由指导实践的方式，以明“仁”之真实意义。若能尽得礼之义，则亦即是心之明之通澈，而此即是圣人。故荀子曰：

> 积善成德，而神明自得，圣心备焉。……锲而不舍，金石可镂。……目不能两视而明，耳不能两听而聪。……故君子结于一也。（《荀子·劝学篇》）

积善日厚，即成圣人之德，表现为圣心之神明。此神明乃是圣人通明于礼之义，达到一心之运用以应万事万物而无不对当，玄妙难知，故谓之神。而此一心之运用，亦由专一而来，可谓圣人之心已到极至的“虚一而静”的境地，故能如是神应。荀子谓之为“结于一”，即能“知通统类”，一贯而无二。故荀子曰：

> 故隆礼，虽未明，法士也。不隆礼，虽察辨，散儒也。（《荀子·劝

学篇》）

法士散儒皆未能“通一无二”，故未能“知通统类”“以一持万”。圣人之神明乃由师法之教而隆积所至：

> 人无师法，则隆性矣；有师法则隆积矣。而师法者，所得乎〔情〕积，非所受乎性。性不足以独立而治。性也者，吾所不能为也，然而可化也。〔情〕积也者，非吾所有也，然而可为也。注错习俗，所以化性也；并一而不二，所以成积也。习俗移志，安久移质。并一而不二，则通于神明，参于天地矣。（《荀子·儒效篇》）

> 积善而不息，则通于神明，参于天地矣。（《荀子·性恶篇》）

师、法皆是隆积的结果，因此，人能效法于师与法，则自会隆积而成圣，否则所积习的只是性之放纵，自是只成俗人而已。而礼义之积必须专心致志，日积月累而成，由此得以移风变俗，日久即改变性恶之本质，由化性而成圣。故“并一而不二，则通于神明，参于天地”，成为圣人。故“神明”乃是指心之高度的清明纯一的表现，此表现之为神，实由圣心之无应不当，与天地同其无限，圆融无碍。故曰“神明”。故荀子曰：

> 积善而全尽谓之圣人。（《荀子·儒效篇》）

此种种神明之效，实都是由积善而来。积善即是心之发用，而必至全之尽之，此方是圣人。全之尽之自是在实践之行中的清明而明确的圆融表现。此行中即有明，也即是圣心之明。故荀子也直以“行之，明也；明之，为圣人”：

> 不闻不若闻之，闻之不若见之，见之不若知之，知之不若行之。学至于行之而止矣。行之，明也；明之，为圣人。圣人也者，本仁义，当是非，

齐言行，不失毫厘，无他道焉，已乎行之矣。故闻之而不见，虽博必谬；见之而不知，虽识必妄；知之而不行，虽敦必困。不闻不见，则虽当，非仁也。其道百举而百陷也。（《荀子·儒效篇》）

李涤生认为“闻之”“见之”“知之”“行之”这四个“之”皆指所学言，亦即有关礼义的知识。但此解有不相应之处。因学之实义为学圣人之道，故此闻见知行所学的实是圣人之表现。闻见知都是就圣人之礼义而言，此不可专言为知识，实是圣人之道的具体表现。此中之“知”亦非主客对立之下的“知识”，而是实践的具体的条理和人格的表现。因而最后必归于仿效圣人之“行”为止。能达到此“行圣人之所行”，即是尽明“圣人之道”，即是圣人。其他无此得闻见“圣人之明”，虽或偶然得当，由于不出于“仁”，即不是礼之具体表现，则所为亦必不能真成礼义之道，自亦不足以成圣。此引文即足以明荀子之“圣人”自是以行、以明为标准。

总而言之，虽然荀子予人重视“知”的表现，而“知通统类”又常是荀子说的圣人所必具的表现，似有以“知”为圣人的标准①。但儒者的义理自是以“成圣”为目标，而“成圣”自是由实践而见，非是由感知思辨而得。圣人之圣心自是有分辨明确、知通统类之神用，但非由认知而来，实由实践而有之知之明，故圣人之为圣人乃是“行之，明也；明之，为圣人”，此乃由工夫实践而显的荀子言圣人之义。

（二）人人可以成圣之义

儒学既是成德之学，故必肯定人是可以成圣的。而且必主张人人皆可以成为仁者、圣人，故荀子亦主张“涂之人可以为禹”：

涂之人可以为禹，曷谓也？曰：凡禹之所以为禹者，以其为仁义法正也。然则仁义法正有可知可能之理。然而涂之人也，皆有可知仁义法正之

---

① 参见淑静《荀子再探》第二章“由‘成圣’看荀子的‘为学步骤’”，特别是页44—5。本文的结论与此章相同，但分析和文献之申论则不同。请参看。

> 质，皆有可以能仁义法正之具，然则其可以为禹明矣。……今涂之人者，皆内可以知父子之义，外可以知君臣之正，然则其可以知之质，可以能之具，其在涂之人明矣。今使涂之人者，以其可以知之质，可以能之具，本夫仁义之可知之理，可能之具，然则其可以为禹明矣。今使涂之人伏术为学，专心一志，思索孰察，加日县久，积善而不息，则通于神明，参于天地矣。故圣人者，人之所积而致矣。（《荀子·性恶篇》）

荀子认为圣人与涂之人在生而有之性方面无异，只在圣人所具之伪方面不同。禹之为圣人所具有的圣人之成就乃是后天的，禹经实践仁义法正而成圣。而人人皆具有可以知仁义法正之质，即心之知道之能力，而且具有可以行仁义法政的生命，即可以经化性起伪而生起仁义法正，因此，人人皆可以为禹，即成为圣人。荀子认为一般人只要专心一志，认真为学修道，用心去思索反省化性起伪之行动，长年累月勤奋实践，不断累积所成之伪，即礼义法度，必渐渐能达到通于神明，使自己能明通统类，应接对当而无毫厘之差，而所行可以与天地参，与天地同样广大博厚，此即是圣人。因此，荀子认为就每个人所具有的天生的禀赋都有可以行仁义法正之具，可以知仁义法正之质，因此，都可以成为圣人。

但是，荀子也知道现实上能成为圣人的人实在不多。因此，产生为何人人可以由累积德行而成圣，却不真能累积成圣的问题。荀子对此问题的说明如下：

> 曰："圣可积而致，然而皆不可积，何也？"曰：可以而不可使也。故小人可以为君子，而不肯为君子；君子可以为小人，而不肯为小人。小人君子者，未尝不可以相为也，然而不相为者，可以而不可使也。故涂之人可以为禹则然，涂之人能为禹则未必然也。虽不能为禹，无害可以为禹。足可以徧行天下，然而未尝有徧行天下者也。夫工匠农贾，未尝不可以相为事也，然而未尝能相为事也。用此观之，然则可以为，未必能也；虽不能，无害可以为。然则能不能之与可不可，其不同远矣。其不可以相为明矣。（《荀子·性恶篇》）

荀子对于为什么人人皆可以实践累积德行成圣，而却鲜有真正能成为圣人的现象，用了三组譬喻。此三个譬喻的意义实不尽相同。首先，以君子小人之不相为为喻，则是由于彼此“不肯为”之故。不肯为圣人，自然就不会成为圣人。此实即是说一个人不肯落实去实践成圣之道，自然不会成为圣人。至于其人可以为圣人，但不可以“使之”去实践成圣，固然是由于其心之所自定的方向的因素。此因心乃是有自主而不受外物外力决定的自由选取的能力，故虽有如圣人礼法之化，但小人不愿去遵行，则亦无法可以使他为圣人。此亦是心之自愿自决的结果。因为这只是当事人的自愿与自选的结果，因而不能成圣，所以不违反人人皆可以有成圣之质与成圣之具而实可以成圣。其次，以“足可以偏行天下，而实未尝有一人之足可以偏行天下”之喻。此实可以从“可能性”与“现实性”两面来申明。从“可能性”来说，足有可以行遍所想行的特定范围，但天下近乎无限大，是足所实质上无法全部行遍的。因此足可以在形式上具有行遍天下之能力，但人之生命有限，而天下之面积无限，实质上一人之足实不可能行遍天下。这种不能是真实上或现实上不可能的事。此则不符合“人人皆可以成圣人”之本义。因为成为圣人是有前例的，即有圣人存在，而一般人与圣人具有同样的资具，不是能力上有不足之处。因此，此譬喻并无助于荀子之说明。至于以“工匠农贾”可以相能为事，而不真能相为事，可以含有之前的两个譬喻的意义。工匠农贾自然是可以相为的，但由于不愿改变自己之工作或事业，因此，不愿相为，这是意愿的选取问题。再由人之生命有限，虽然可以相为，但实质上也不可能相为，以成为他者之职业。因此，一般人不能成为圣人，不是不可以成为圣人，只是一方面不愿意放弃自己的选择，因而不会去实践成圣的工夫。另一方面，也因为人的生命的有限性，不愿意转变自己去实践成为圣人，而成为圣人之实践也是要不断努力，长期实践才有可能成功的事，因而虽可以，但却不一定可以成功。此种能不能主要是成为圣人并不是一朝一夕之事，其实也含有才能在内，因此，虽然理论上人人皆可以由积以成圣，但成圣的历程长久，而成圣的标准极高，不能专心致志，也可能不成功。此中的关键自然有二重因素，即有没有意愿去成圣，若只图目前的肆意欲望与需求的满足，或纵有成圣的意愿，但却由于需全力以赴，而且在统贯礼义法度，以达到“一仁义、知统类”的工夫，也实极为艰难之事，则可以成圣并不真能成圣。此实在是人人皆可以为禹而终不能成圣的主要因素。

严格来说，此“可以而不能”的议题，并不构成对荀子之“成圣之道”的挑战，更不能证明荀子成圣工夫的不足，即荀子的工夫论不能真正依之实践以成为圣人。以下进一步申论荀子工夫论的理论和内容。

（三）工夫之实践之阶段：成圣止于明与行。

对于实践工夫的起动和进阶，在本节开始第一段引文，荀子已列出成圣之道有四个主要的阶段，兹再引述如下：

> 君子知乎不全不粹之不足以为美也，故诵数以贯之，思索以通之，为其人以处之，除其害者以持养之。使目非是无欲见也，使口非是无欲言也，使心非是无欲虑也。及至其致好之也，目好之五色，耳好之五声，口好之五味，心利之有天下。是故权利不能倾也，群众不能移也，天下不能荡也。生乎由是，死乎由是，夫是之谓德操。德操然后能定，能定然后能应。能定能应，夫是之谓成人。天见其明，地见其光，君子贵其全也。（《荀子·劝学篇》）

荀子提出为学要达到全而粹，需要不断地学习，而此中有四个主要的阶段或进程，即“诵数以贯之，思索以通之，为其人以处之，除其害者以持养之”。诵数是学习古圣先贤所遗留下来的经典，此自是指《诗》《书》《礼》《乐》《春秋》。但荀子不但要求诵数经文，而且要能“贯”之；贯即是贯通，即要能贯通这些经书之义理。思索是发挥心之思虑分辨之能力，亦是要能通过思虑而达到贯通经书中圣人所成就之礼义法度。由诵读与思索以达到“通伦类、一仁义”。此即“知通礼义”之能统能类的具体表现。而此“知礼义之统”更要进一步由实践而发挥为行事，即见诸自己的生命和生活，才有下文所谓神明的表现。严格来说，此三者实是同时并进的实践。在诵读学习经典中必同时思索其礼义之义，贯而通之，且必须在实践上得以知之明之。而在领受前人的创制之后，也得把可能因时地之改易，或尚未臻完善，而需进一步加以调整。而由于人性本恶，自有许多欲望需求的障碍，使我们不能顺利完成“化性起伪”的实践，因而必须发挥心之“可道、守道、以禁非道”的思虑分辨能力，方可能形成新的礼义法度的创造，也把负面或消极的因素去除，以使化性起伪的工夫实践得以顺利开展，得以全尽其精粹，累积德行以成圣。由此形成圣人之德操，达到所应无不对当之神妙，使自己的道德人格的光辉，照耀于天地之间。荀子也说：

> 君子博学而日参省乎己，则知明而行无过矣。（《荀子·劝学篇》）

博学而一日三省吾身，自是由博学而反省自己之实践，以达到神明的境界，此自是行而无过，即是圣人的境界。而此一实践更可由两方面得到支助：

> 礼者，所以正身也，师者，所以正礼也。无礼何以正身？无师吾安知礼之为是也？礼然而然，则是情安礼也；师云而云，则是知若师也。情安礼，知若师，则是圣人也。……故学也者，礼法也。夫师，以身为正仪，而贵自安者也。诗云：“不识不知，顺帝之则。”此之谓也。（《荀子·修身篇》）

> 人无师法，则隆性矣；有师法则隆积矣。而师法者，所得乎〔情〕积，非所受乎性。性不足以独立而治。性也者，吾所不能为也，然而可化也。〔情〕积也者，非吾所有也，然而可为也。注错习俗，所以化性也；并一而不二，所以成积也。习俗移志，安久移质。并一而不二，则通于神明，参于天地矣。（《荀子·儒效篇》）

> 故学者以圣王为师，……法其法以求其统类，以务象效其人。（《荀子·解蔽篇》）

荀子认为成圣的实践可以通过师与礼之助而成功。礼是正身之规范。因礼乃前之圣王所创制，是人道之极的表现，故能强化我们的心之知道可道守道以禁非道的表现。师则是以身为礼仪之正的表现，且能自然而安于礼义法度之圣人，是明于行之圣人，是学者所以为仿效的对象。师是能以身教而示知礼之如何应对事物和由实践以成礼义法度。因此，若我们遵行礼义法度，使生命能安于礼而行，而所解读通贯的礼义与师之体证相若，则是达到与师同样的“知统类，一仁义”的境地，如此，即成为圣人。

（四）工夫以成圣之实现

我们可以综合以上所述，而展示荀子之工夫论的基本内容。

1. 立志成圣

人人虽具备成为圣人之资质，但必须有意愿去实践才可以成圣。因此，必先有立志使心集中意志去进行化性起伪之工夫，才有望得以成圣。故荀子常强调专心致志，并一而无二，方可望得以成圣。否则或只是无意于成圣，或是不能持久，终必失败。不立定志向，也不能坚持不息地进行成圣的实践。此自是与圣无缘。但成圣并不能止于立志而已：

> 积善而不息，则通于神明，参于天地矣。（《荀子·性恶篇》）

立志是道德实践的第一步。否则纵使所作判断与行动，偶合于礼义法度，亦不是仁道的表现，不能引导人得以成圣。立志之后必须继之以学，以学圣人之“并一而不二”的专心致志的实践，经长时间的累积，方得以通神明而成圣。

2. 对治性恶之患

荀子主性恶，自是有见于人性有障碍我们成圣的祸害，因此，荀子提出治气养心之术。治气即对治生而有的性之欲望需求；心亦是性之一部，因而也有违逆礼义的天生的性能，心之好逸恶劳之病，也是要对治的。而在荀子的工夫论中，心更是化性起伪的起点，因此，荀子对心之涵养极为重视，因而特别提出治气养心之术：

> 治气养心之术：血气刚强，则柔之以调和；知虑渐深，则一之以易良；勇胆猛戾，则辅之以道顺；齐给便利，则节之以动止；狭隘褊小，则廓之

以广大；卑湿重迟贪利，则抗之以高志；庸众驽散，则劫之以师友；怠慢僄弃，则照之以祸灾；愚款端悫，则合之以礼乐，通之以思索。凡治气养心之术，莫径由礼，莫要得师，莫神一好。夫是之谓治气养心之术也。（《荀子·修身篇》）

对心性所本有的情欲而有的违离礼义法度的偏差，以至心之不能虚一而静的状态，荀子提出了一一对治之道。而治气养心即是由师、礼以转化此种种性情之障碍。而且点出重点是以“一好”，即使心能专心而好于礼义，祈能扭转人类生命的各种障碍。虽然这只是消极的工夫，尚不能即说为成圣的化性起伪的工夫实践，但由扫除此种种负面因素，亦实有助积极的成圣工夫的开展和推进。

3. 学习圣人之礼义法度以化性起伪

如前所述，积极的成圣工夫自是以化性起伪的工夫为主。此中最重要的是由心之功能开展。首先必须展开心之知道之功能，即使心能虚一而静，发挥心之思虑分辨的作用，以照见礼义之道。而由心之自发的知道可道，以至守道以禁非道，则工夫实践即可转化性情之放纵无节的表现，由是而成就由知道而来的“伪”，此即是初步的礼义之化。但此礼义之化必须日积月累，以至成为官能所习以为常法的行动，成为具备道德价值的礼义。在此发挥心之专心致志的表现，通过不断学习礼义法度，转化性情之恣睢放肆，遵守法度。由俗人而成劲士，由治气养心之对治心之患，以免成为俗儒，则渐进于雅儒。再由此而进于“知伦类、一仁义”“习俗移志，安久移质”，使心志与礼义之道能达到并一而不二，由是使心能通于神明而不竭，行明而无所不当，即成圣人。

荀子下文综言对由工夫以成圣之义，曰：

涂之人百姓，积善而全尽，谓之圣人。彼求之而后得，为之而后成，积之而后高，尽之而后圣，故圣人也者，人之所积也。（《荀子·性恶篇》）

由此可明荀子之成圣工夫之义，而人人实皆可以由此工夫实践至尽而成圣。

4. 圣人所终成的境界与成德之容貌

荀子对圣之操与待人处事的和人格的表现，颇有推高而神化之言如下：

> 井井兮其有理也，严严兮其能敬己也，分分兮其有终始也，猒猒兮其能长久也。乐乐兮其执道不殆也，炤炤兮其用知之明也，修修兮其用统类之行也，绥绥兮其有文章也，熙熙兮其乐人之臧也，隐隐兮其恐人之不当也；如是，则可谓圣人矣。此其道出乎一。曷谓一？曰：执神而固。曷谓神？尽善挟治之谓神，万物莫足以倾之谓固。神固之谓圣人。（《荀子·儒效篇》）

荀子在此用了极尽华丽的辞藻来形容圣人之行事与容貌。圣人之待人接物，平易和善而有条理，庄重而严于律己，谨敬从事而有始有终，心地宽和而能长久，乐道不殆而坚贞不二，明通事理，能知统类而行，德形于身而有光辉，乐人有成而忧人有不当理之行。凡此皆是圣人之德的表现。而圣人之道乃出于始终如一不二地以成就礼义之道，即能“执神而固”地操持先王之道，始终如一的崇高伟岸的形象。所谓神即是善尽理国家，无一事不尽善，所谓固即不受外物所影响而动移礼义之道。此即圣人立身处世之道之最高的表现。①

结　语

综而言之，荀子之工夫论，纯然依于人的生命所禀有的各种情状与能力，似是一确实可行的工夫方法，足以使人成圣。而荀子之圣人虽有神明之能力，亦只是依圣人之能彻尽人之生命中的由工夫实践而可到的人格的最高境界的成

① 杨儒宾在其大作《因性恶以成圣——荀子“神固”的圣人观》一文中，深探荀子“化性起伪”所成就圣人之“化”的丰富含义，以表扬荀子对圣人之高度尊崇与评价，实不下于孟子与庄子，更有“冥契人”（mystical man）之义，很让人玄想。但本文基本上认为若从工夫论上去看，荀子的圣人固然有近乎高不可及的神明的光彩，但仍然是一位光明伟岸而坦荡荡的一个道德人格，没有什么神秘主义的色彩。

就，以及圣人之应变万事万物的无不对当而自然流行的表现。此一神明之境，固然有许多超乎凡响的表现，但仍然只是一最高的德性人格的表现，并未成为神人、仙人之类的超乎一般人的神圣表现。由于荀子之天无超越义，也无道德涵义，因而荀子不言“天人合一”或“天人合德”之义。圣人能成就的是人道之极，而人道之极即礼义之极，此即荀子之质实性格的表现。荀子由工夫之只在化性起伪，所发挥的是心之能力，而由此以见“道”实即是礼义之道，即落实在人间社会之人文化成之道，虽与孔孟之言外王所成之世界无异，但并无天人之间的契合形式。唯由此所成之圣人，亦只是依心之所辨之各种等差分别，顺此而制定礼义法度，固然可以转化人之恶性，使人类的生命与所成的人间世界，为一以礼义法度为骨干的人文化成的世界，使人向往。但荀子把能创制礼义法度的权力只限于圣人，则一般人之生命价值即只能依附于圣王之礼义法度之下而行，竟成与最高的道德创造无缘，而且直与真正的道德行动无缘。此于人义实有所伤，这是荀学背离孔子之仁学之最大的缺失①。

荀子之言说实相当严谨，并不泛滥。此如高度肯定礼义法度的价值，但却从不以为心是道德价值之根源，或道德主体。而其论述心之种种能力，亦严格限于自然义的认知和分辨的表现。荀子虽然认可礼义是价值的极致，但也不神化礼之意涵与地位。荀子明确地认为圣人才是创生礼义的源头，但也只认为圣人才有创造礼义法度之能力。虽说一般人也可成圣，成圣之后也可以创造礼义法度，但此究非人人可以达到的道德人格的地位。此实有减损人之为人的价值，减杀一般人之人格价值，在伦理和政治上的负面影响不能小看。因为，这使到每个人的真正的道德实践无法落实，无法使人人皆可以为真正道德的主体和做出真正的道德行为，而必须依附在圣人所创造的礼义法度之上。此是真正的儒者所不能认可的论断。

至于荀子所指认的心之能知道、可道、守道、以禁非道之能力，也有让人质疑之处。故由此荀子有“心善”之说，或以为荀子也有“道德智虑心”② 的肯

① 此评可参阅牟宗三先生之《名家与荀子》一书荀子的部分。

② 说见上引梁涛《荀子人性论辨正——论荀子的性恶、心善说》一文。

定。此固然因为荀子之心之“可道”“守道”“禁非道”的似乎有强烈的道德意义的表现。但我认为这实是一种误会。因为，荀子在论述心之此种分辨能力时并不直以为是心之道德分判能力的表现，而仍然只是自然主义式的自然的知觉到事物的差别相的分别。荀子的主张是只有圣人之神明之心才能创制出可以转化性情而成功具有道德意义之礼与礼义法度。荀子书中许多引述实常是指圣人之心的表现——我们必须留意荀子行文的语脉，不可随便混同为指一般人的心的生而有的能力。创制礼义的圣心所作的分判自然是道德的。因此，荀子真正的哲学问题是圣人如何能从心之非道德意义之分辨而创造出道德意义的分辨。圣人之道德根源如何得以合理说明，荀子实未提供。而这是荀子的工夫论所揭示而未能得到真正合理解答的问题，也由此可以见出荀子与孔孟在义理上的差距。

A Research on Xunzi's Thought From the Path of *Gongfu*: How to Be a Saint Under the Theory of Evil Nature?

LI Ruiquan

(School of Philosophy, Taiwan Central University, Taoyuan, 320317, China)

Abstract: Although Xunzi advocated the theory of *xing'e*, his theory of *gongfu* also showed his qualities as a Confucian. Xunzi's theory of *xing* is based on human feeling, and human feeling has a natural disposition that infinitely expands the desire for satisfaction, so Xunzi's theory is *xing'e*. The possibility to be a Saint lies in human's ability of "discriminating" and his ability of thinking due to "emptiness and tranquility". The saint is the person who can formulate the ritual "Tao", which is a kind of reversal of the human nature. Therefore, the possibility to be a Saint lies in learning Dao, and achieve the highest sage state through determination, cultivation of the heart and learning rituals, etc. And this sage state is obtained in practice, not only through knowledge. The problem of Xunzi is that he failed to explain the moral roots of the saints. This is the biggest flaw in Xunzi's deviation from Confucian benevolence.

Key words: Xunzi; the theory of *xing'e*; saint; *gongfu*

孟荀整合与中国社会现代化问题*

黄玉顺**

（山东大学　儒学高等研究院，山东　济南　250100）

摘要：今天应当怎样对待孟荀？这是儒学复兴的一个重大课题。孟荀思想本身具有复杂性乃至矛盾性；并且它们向来就是随着生活方式的演变和社会形态的转换而不断地被重新诠释、塑造和利用的，其影响力也随之而消长。在中国社会从王权封建转向皇权专制之际，荀学兴盛，这表明荀学中确实存在着法家专制主义因素。皇权帝国时代“独尊儒术”，于是有法家之嫌的荀学衰退，而作为儒学正宗的孟学兴起；但荀学却仍以隐蔽的形式发挥着重大甚至根本的作用，这就是专制权力的“阳儒阴法”政治路线。而在中国社会走向现代性之际，荀学复兴，这表明荀学中存在着有助于现代性启蒙的思想资源。但荀学的现代复兴乃是伴随着儒学的现代复兴而来的，所以孟学并未因此而衰退，这就意味着必须整合孟荀，而整合的前提是根据现代价值来分别对孟荀思想加以“损益”。

关键词：孟子；荀子；整合；中国社会现代化

今天应当怎样对待孟子和荀子？是肯定还是否定？是将两者对立起来还是

---

* 原载《文史哲》（英文版）第 6 卷第 1 期，2020 年 12 月版，第 21—42 页（Integrating the Thought of Mencius and Xunzi and the Problem of Modernizing Chinese Society，Translated by Casey Lee，Journal of Chinese Humanities 6［2020］21-42）。

** 黄玉顺（1957—），哲学博士，教授，博士生导师，山东大学儒学高等研究院副院长，主要研究领域为儒家哲学。

整合起来？对于这些问题，即便持有相同的现代价值立场的学者（非此立场的观点不在本文讨论范围之内）也都充满争论，而且看起来不会有结果，因为双方都能从孟荀的言论中找到自己的证据。这说明孟荀思想本身就存在着复杂性甚至矛盾性，从而表明现有的研究思路是行不通的，必须另辟蹊径。本文将从观察“中国社会形态的转换”与“孟荀思想影响的消长”之间的关联来加以分析，以确定我们今天对孟子与荀子所应有的态度。

何以如此？我曾说过：现有的儒学史、中国哲学史的叙述，“往往脱离了儒学的历史时代性质，成为一种纯粹的概念游戏，遮蔽了儒学的时代特征真相”；儒学“被叙述为某种无关乎现实、无关乎生活的自娱自乐的东西”，“标识为一个单一的纯粹的学术形态，掩盖或遮蔽了其中所存在的重大的时代转换问题”①。但事实上，任何思想都是时代的产物，其对当世和后世的影响力也随社会形态的转换而变化消长；中国传统思想学术与现实政治的关系尤其密切，即诸子百家都是“务为治者”②。孟荀思想亦然，其实都是在不同时代“被诠释的孟荀”甚至“被利用的孟荀”；这种诠释与利用会凸显、放大、甚至改造其思想中的某些方面，换言之，孟荀思想本身就是被不断地重塑的。因此，本文关注的问题是：对于走向现代性的中国来说，孟荀思想应当怎样被重塑并整合起来？

一、荀孟消长与专制帝国的兴起

纵观过去两千多年的中国思想史，孟学与荀学的影响力呈现出此消彼长的态势：从战国末期到西汉前期，荀学势强而孟学势弱；西汉后期以来，孟学渐盛，而荀学虽渐衰却暗中一直保持着实质性作用；然而明清之际以来，尤其是近年来，荀学逐渐复兴，而孟学仍保持其固有之势。要理解这种消长现象，仅从孟荀之学本身是无法找到答案的，必须明了中国社会发展及其社会形态转换

① 黄玉顺：《论“重写儒学史”与“儒学现代化版本”问题》，《现代哲学》2015 年第 3 期，第 97—103 页。

② 司马谈：《论六家要旨》，见司马迁《史记·太史公自序》，北京：中华书局 1959 年，第 3288—3289 页。

的历史。我已多次对此进行了如下勾画：

（1）宗族王权列国时代：商周。

（2）第一次社会大转型：春秋战国。

（3）家族皇权帝国时代：自秦朝至清朝。

（4）第二次社会大转型：近代以来。

（5）个体人权民国时代。

孟荀之影响力的消长，正是在这样的社会历史背景之下发生的。

（一）荀学的兴盛与第一次社会大转型

称儒学为“孔孟之道”是一种很晚近的说法①。梁玉绳说“孟荀齐号，起自汉儒”②，言过其实。实际情况如徐复观所说，“就西汉初期思想的大势说，荀子的影响，实大于孟子”③。其实不仅是汉初，在整个汉代甚至更长时期，荀子的影响要大得多。

何以如此？学者往往归因于秦火之后的儒家文献传承关系。如汪中说：“汉诸儒未兴，中更战国、暴秦之乱，六艺之传赖以不绝者，荀卿也。”④ 梁启超说：“自汉以后，名虽为昌明孔学，实则所传者，仅荀学一派而已。”⑤ 更有学者认为：“汉世儒者，非仅浮丘伯、伏生、申公一辈博士经生，大部出自荀卿之学。即其卓称诸子，自陆贾以下，如扬雄、王符、仲长统及荀悦之伦，亦莫非荀卿之传也。盖两汉学术……其列于儒家者，大抵为荀卿之儒也。”⑥ 这类说法固然没错，但都只是表面的观察。

荀学的兴盛乃是在中国社会第一次大转型之际，即从王权封建转向皇权专

---

① “孔孟之道”出自元末明初的小说《三国演义》第六十回，北京：人民文学出版社 1973 年，第 514 页。

② 梁玉绳：《史记志疑》卷三十六，北京：中华书局 1981 年，第 1481 页。

③ 徐复观：《两汉思想史》第二卷，上海：华东师范大学出版社 2001 年，第 310 页。

④ 汪中：《述学·荀卿子通论》，见《述学校笺》，李金松校笺，北京：中华书局 2014 年，第 453 页。

⑤ 梁启超：《中国学术思想变迁之大势》，见《饮冰室合集》文集之七，北京：中华书局 1989 年，第 49 页。

⑥ 徐平章：《荀子与两汉儒学》，台北：文津出版社 1988 年，第 179 页。

制的时代，这绝非偶然。荀子顺应了当时中国社会形态转换的趋势，该趋势在思想上的体现即是法家思想。荀学实质上是儒家思想与法家思想的一种融合，诚如梁启超所说："荀子生战国末，时法家已成立，思想之互为影响者不少，故荀子所谓礼，与当时法家所谓法者，其性质实极相逼近。"①

确实，荀子不仅培养了两个最得意的法家弟子，即作为暴秦最大理论家的韩非和最大政治家的李斯，而且其学说本身就包含着专制主义的因素。谭嗣同有一句名言："二千年来之政，秦政也，皆大盗也；二千年来之学，荀学也，皆乡愿也。"② 此话虽不无偏激，但不难理解：谭嗣同所抨击的乃是皇权专制以来的那种"阳儒阴法"的帝制儒学。梁启超也说："二千年所行，实秦制也，此为荀子政治之派。"③ 有学者称"荀子才是秦以后两千余年中国君主专制政治体制的真正'教父'"④；有些学者甚至认为，荀子主张服事暴君⑤。可见荀学兴盛的根本原因是它本身所蕴含的某些有利于皇权专制的思想因素，这一点在今天的荀学复兴中是特别需要警惕的。

（二）孟学的兴起与皇权专制时代

饶有趣味的是，进入帝国时代以后，看起来非常适合于皇权专制的荀学反而衰落了。当然，这种衰落并不意味着皇权真正抛弃了荀学、法家，这是学界的共识：汉代皇家乃至整个帝国时代的皇家都是采取的"阳儒阴法"的路数。汉宣帝的名言"汉家自有制度，本以霸、王道杂之"⑥，可谓说出了历代皇帝的

---

① 梁启超：《先秦政治思想史》，天津：天津古籍出版社 2003 年，第 117—118 页。

② 谭嗣同：《仁学》二十九，见《谭嗣同全集》（下册），北京：中华书局 1981 年，第 337 页。

③ 梁启超：《论支那宗教改革》，见《饮冰室合集》文集之三，北京：中华书局 1989 年，第 57 页。

④ 赵法生：《荀子的政制设计与学派归属》，《哲学研究》2016 年第 5 期，第 68—77 页。

⑤ 参见常大群：《荀子与中国君主专制政体》，《枣庄师专学报》1992 年第 1 期，第 88—92 页；方尔加：《荀子新论》，北京：中国和平出版社 1993 年，第 46—50 页；方尔加：《荀子：孔孟儒家的千古罪人》，《管子学刊》1994 年第 4 期，第 20—24 页；萨孟武：《中国政治思想史》，北京：东方出版社 2008 年，第 29—30 页；王玲：《先秦儒家的"君臣之分"探赜》，《河北师范大学学报》（哲学社会科学版）2012 年第 2 期，第 26—30 页。

⑥ 班固：《汉书·元帝纪》，北京：中华书局 1962 年，第 277 页。

心声。所谓“王道”指儒家思想，所谓“霸道”指法家思想。一个典型的例子，牟宗三、李泽厚都将朱熹和荀子归为一类，尽管前者批评朱熹“以荀子之心态讲孔子之仁”[①]，后者赞赏朱熹“举孟旗，行荀学”[②]。[③] 在我看来，整个帝国儒学确实都存在着荀学的因素，即都是不同程度的“儒法合一”，从而都是与皇家“阳儒阴法”相配合的。

但无论如何，至少在名义上，荀学衰落了。其间，唐代杨倞作《荀子注》虽然影响深远，亦未能扭转这种趋势。杨倞曾为韩愈的下属（杨倞序中称“韩侍郎”）[④]，而“昔荀卿、扬雄二书尚有韩愈、柳宗元删定”[⑤]；然而韩愈正是宋明理学扬孟抑荀的先驱，认为对于儒家道统，“荀与扬（扬雄）也，择焉而不精，语焉而不详”[⑥]，予以贬抑。

那么，荀学究竟为什么会衰落？皇权为什么会在选择儒家的同时却又与作为儒学的荀学保持距离？其原因仍然需要从皇权的“阳儒阴法”中去寻找：

一方面是“阳儒”，即打着儒家的旗号，标榜“王道”“仁政”。我们知道，“汉承秦制”乃是皇权帝国制度从产生到稳定的时期，这种政治上的“大一统”需要思想上的“大一统”，即所谓“罢黜百家，独尊儒术”，如董仲舒建议的“诸不在六艺之科、孔子之术者，皆绝其道，勿使并进”[⑦]。实际上，汉代皇朝的尊儒政策并非始于董仲舒，而是一个集体思想转变的过程：“自武帝初立，魏其、武安侯为相而隆儒矣”[⑧]；“及窦太后崩，武安侯田蚡为丞相，绌黄老、刑

---

① 牟宗三：《心体与性体》（上），长春：吉林出版集团有限公司 2013 年，第 41 页。

② 李泽厚：《伦理学补注》，《探索与争鸣》2016 年第 9 期，第 4—13 页。

③ 朱锋刚：《“统合孟荀”与重建道统的现代思考——从“朱熹是荀学”说起》，《天府新论》2019 年第 3 期，第 31—36 页。

④ 霍生玉：《韩愈注释过〈荀子〉吗——唐代杨倞〈荀子注〉中“韩侍郎”考》，《古籍研究》2013 年第 2 期，第 20—25 页。

⑤ 阮逸：《中说序》，见《中说》，阮逸注，《四部丛刊初编》本，第 338 册，第 3 页。

⑥ 韩愈：《原道》，见《韩昌黎文集校注》，马其昶校注，上海：上海古籍出版社 1987 年，第 18 页。

⑦ 班固：《汉书·董仲舒传》，第 2523 页。

⑧ 班固：《汉书·董仲舒传》，第 2525 页。

名、百家之言，延文学儒者数百人……天下之学士靡然乡（向）风矣”①。这也表明传统儒学之中确实存在着符合皇权专制需要的因素，而不限于荀子思想，这一点也是今天复兴儒学时需要警惕的。

另一方面则是“阴法”，即实质上的法家专制主义，却不能放到台面上，否则即有“暴政”之名。荀学虽属儒学，却有法家之嫌，而法家总是令人与“暴秦”联系起来，这在标榜“仁义道德”“以孝治天下”的皇权来说是不可取的。因此，荀学只能“后台操作”。

伴随着“独尊儒术”，孟学开始兴起，因为唯有孟子才是足以与荀子相颉颃的大儒。东汉末年赵岐作《孟子》的最早注本《孟子章句》，这是一个标志性事件；正式鲜明地扬孟抑荀，始于韩愈《原道》的道统之论；然后就是宋学的兴起，极端地推崇孟子。

但我们也应当注意：唐宋以来兴起的孟学，其实并非本来的孟学，而主要是经过程朱理学诠释改造的孟学；而且即便这样的孟学，也未必都受到皇家的欢迎，例如明朝皇帝朱元璋就对孟学很不以为然。清代皇家倡导的程朱理学的孟学也是“被诠释的孟子”“被利用的孟子”，因为孟子本人其实最少专制主义色彩，反倒极具批判权力的倾向。

二、荀学复兴与中国社会的现代转型

荀学的近代复兴可追溯到明清之际，如傅山、费密等。这里的“近代”概念是指的中国社会的“内源性现代性”的发生，可追溯到“唐宋变革”②，而在明清之际尤为显著。③ 入清以后，乾嘉学派公然复兴荀学，其中仅学术名家就有卢文弨、谢墉、钱大昕、汪中、凌廷堪、郝懿行等，进而至于近代俞樾、王先

① 司马迁：《史记·儒林列传》，顾颉刚编审，北京：中华书局 1959 年，第 3118 页。

② 内藤湖南：《概括的唐宋时代观》，原载《历史与地理》第 9 卷第 5 号，1910 年；见《日本学者研究中国史论著选译》第一卷，刘俊文主编，北京：中华书局 1992 年，第 10—18 页。

③ 参见黄玉顺：《论“重写儒学史”与“儒学现代化版本”问题》，《现代哲学》2015 年第 3 期，第 97—103 页；《论儒学的现代性》，《社会科学研究》2016 年第 6 期，第 125—135 页。

谦、孙诒让等。

人们通常将当时荀学复兴的缘由归因于乾嘉学派整理古代文献而导致的诸子学的复兴。这其实也只是表面现象，事实上，清代“汉学”的兴起“乃由与宋学对峙而来”①，而这里的“宋学”指作为清朝皇权专制意识形态的程朱理学。所以，乾嘉学派复兴荀学乃是一种隐形的对抗皇权的政治思想斗争。

乾嘉学派在两个方面具有“近代”性质：一方面是其方法上的现代性，即其“实事求是”的方法，梁启超说“乾嘉间学者，实自成一种学风，和近世科学的研究法极相近，我们可以给他一个特别名称，叫做‘科学的古典学派’”②，胡适也说“这是一种实证主义的精神与方法，他的要点只是‘拿证据来’”③；另一方面是其思想上的现代性，即其思想观念的启蒙性质，戴震的《孟子字义疏证》尤为典型，既尊孟子，而实质上接受了荀子的一些思想，章太炎称“极震所议，与孙卿若合符”④，钱穆谓之“虽依孟子道性善，而其言时近荀卿”⑤。这就是说，孟荀思想一起成为反抗皇权专制主义的思想资源，这也反证了孟荀思想中存在着某些可以用来反对专制主义的因素。

荀学近代复兴的进一步表现是晚清学界出现的今文经学派（夏曾佑、谭嗣同、梁启超等）“排荀”与古文经学派（俞樾、章炳麟等）“尊荀”之争。“排荀”运动大致发生在1895年甲午战争失败至1898年戊戌变法失败之间，其所针对的其实也是秦汉以来的专制制度。夏曾佑认为，荀子“法后王”而导致“专制之法”⑥。谭嗣同说，荀子“乃乘间冒孔之名以败孔之道，曰法后王，尊君统，以倾孔学也；曰有治人，无治法，阴防后人之变其法也；又喜言礼乐政刑

① 周予同：《周予同经学史论著选集》，朱维铮编，上海：上海人民出版社1996年，第323页。

② 梁启超：《中国近三百年学术史》，见《饮冰室合集》第10册，北京：中华书局1989年影印本，第22页。

③ 胡适：《胡适遗稿及秘藏书信》第7册《清代思想史》，合肥：黄山书社1994年，第49页。

④ 章太炎：《章太炎全集》第四集，上海：上海人民出版社1985年，第24页。

⑤ 钱穆：《中国近三百年学术史》，石家庄：河北教育出版社1999年，第311页。

⑥ 朱维铮：《神州长夜谁之咎——析夏曾佑与宋恕的通信》，见《音调未定的传统》，杭州：浙江大学出版社2011年，第146—148页。

之属，惟恐钳制束缚之具之不繁也”①。梁启超“通过对于荀子的非议，所要表达的是，既要反对政治上的专制，又要反对学术上的专制”②。同时与之针锋相对的则是“尊荀”运动。章太炎作《訄书》，开篇就是“尊荀第一”③。当然，章太炎有法家倾向，例如他为法家辩护：“以法家之鸷，终使民生；以法家之刻，终使民膏泽。”④ 这种思想倾向的背景是当时“革命”的需要，但“革命”导致的威权主义“专政”毕竟是一种现代性的政治现象，这样的荀子颇似西方的马基雅维利。⑤

这或许会令人产生疑惑：曾在汉初襄助帝制的荀学，何以会在推翻帝制的历史潮流之中复兴？唯一可能的答案：荀学之中显然存在着某些可资解构帝制的思想资源。其中最突出的一点，应该就是荀子“性恶”“化性起伪”思想与近代启蒙运动的“自然状态”学说的某种契合，学界对此已有许多探讨。

三、孟荀整合与儒家哲学的现代转化

荀学的现代复兴并未导致孟学的衰落，即孟荀之间不再是消长关系，而呈现出黑格尔式的“合题”。这就可以解释为什么近年会出现“整合孟荀”学术思潮的问题。

（一）整合孟荀的学术潮流

在近年的整合孟荀思潮中，李泽厚 2017 年提出的“兼祧孟荀”颇具影响，

---

① 谭嗣同：《仁学》，北京：华夏出版社 2002 年，第 95 页。

② 孙大坤：《晚清语境中的荀学解释》，载《经典与解释》第 49 辑，北京：华夏出版社 2018 年，第 211—231 页。

③ 章太炎：《訄书初刻本·尊荀第一》，见《章太炎全集（三）》，上海：上海人民出版社 1984 年。

④ 章太炎：《訄书初刻本·商鞅第三十五》，见《章太炎全集（三）》，第 79—82 页。

⑤ 黄玉顺：《儒家自由主义对“新儒教”的批判》，《东岳论丛》2017 年第 6 期，第 39—44 页；《大陆新儒家政治哲学的现状与前景》，《衡水学院学报》2017 年第 2 期，第 69—71 页；《儒学之当前态势与未来瞩望》，《孔子研究》2018 年第 4 期，第 17—21 页；《儒学的现状、教训与经验——政治哲学层面的观察与思考》，载《生活儒学与现代性问题》，成都：四川人民出版社 2019 年，第 251—256 页。

他倡导“举孟旗，行荀学”，“即以情本体的宇宙观和宗教性道德来范导和适当构建公共理性的现代社会性道德”，“后者乃现代荀学，前者为现代孟旗”，“是一种儒学内部的‘儒法互用’”①。他所说的“孟旗”指道德的情感维度；而他所说的“荀学”指道德的意志维度。然而这种“荀学”的法家倾向是显而易见的，在我看来也是很危险的，因为它是“以外在的、先验的理，主宰并融解为内在道德心性，而完成道德行为”，即“把‘事事物物’实际是人的各种行为都纳入这个规范中，制定出各种等差顺次秩序规则的系统，成为可实践施行而非常庞大细密的道德观念和伦理准则，来有效地统治人们的身心”，其结果就是“谭嗣同所说‘二千年之学，荀学也’，荀—董—朱便成为统治中国两千年的伦理学”②。由此可见，李泽厚所谓“举孟旗，行荀学”对于皇权专制的“阳儒阴法”路线来说是可以成立的，但对于今天来说则实在是不可取的，蕴涵着威权主义的倾向。

早在 2007 年，我就提出了“整合孟荀”的问题③。我曾谈到，“关于儒家思想资源，我的总的想法就是：出入乎孟荀，折衷于孔子”④；例如“利益原则是西方启蒙思想所竭力张扬的，在荀子那里也可以找到依据；仁爱、时宜原则，则在孟子那里可以找到依据”⑤；“对于我们来说，要做的工作乃在：一方面，以荀学的资源去接管西方启蒙思想的精神维度；而另一方面，以孟学的资源去接管西方新教的精神维度，并且使孟荀整合于孔子。这样，我们就可以重建‘中国正义论’”⑥。

这就是说，我当时提出“整合孟荀”主要是为了我这些年来所建构的“中

---

① 李泽厚：《举孟旗，行荀学——为〈伦理学纲要〉一辩》，《探索与争鸣》2017 年第 4 期，第 58—62 页。

② 李泽厚：《举孟旗，行荀学——为〈伦理学纲要〉一辩》，《探索与争鸣》2017 年第 4 期，第 58—62 页。

③ 黄玉顺：《哲学断想：“生活儒学”信札》，成都：四川人民出版社 2019 年（下同），第 257、260、263、293、296 页。

④ 黄玉顺：《哲学断想：“生活儒学”信札》，第 296 页。

⑤ 黄玉顺：《哲学断想：“生活儒学”信札》，第 257 页。

⑥ 黄玉顺：《哲学断想：“生活儒学”信札》，第 263 页。

国正义论”（the Chinese Theory of Justice）①。从2008年开始，我在一系列公开发表的文章里都谈及“整合孟荀”的问题②。事实上，“中国正义论”可以说就是整合孟荀的一种实际成果，即把孟子和荀子的思想整合于儒家的正义理论体系之中。我所采取的方法类似冯友兰的“抽象继承法”③，即严格区分孟荀思想中的针对社会历史现实问题的层面和超越历史的层面。后者乃是一套儒学原理，例如“中国正义论”，既可演绎出前现代的制度建构，也可演绎出现代性的制度建构，这体现为中国正义论的两条正义原则，即“正当性原则”和“适宜性原则”。

近期较早提出“统合孟荀”的是梁涛，他在2008年出版的“《郭店竹简与思孟学派》一书中专门增加了‘结语’一章，提出统合孟荀，重建道统”④。此后，尤其最近几年，一些学者陆续发表了相关文章，形成了“统合孟荀”的热潮。最近的一次学界讨论，见于《文史哲》2020年第2期刊发的三篇文章。一是梁涛的《超越尊孟抑荀，回归同尊孟荀》，主张将孟子由道德而政治的“为政以德”与荀子由政治而道德的“为国以礼”统合起来。这里所涉及的道德与政治的关系问题是可以商榷的⑤。二是刘悦笛的《孟荀“天—性—情—心”统合论——从“心统情性”新视角兼祧孟荀》，以经过重新诠释的“心统情性”来发展李泽厚的“兼祧孟荀”“孟荀互补”之说。三是郭沂的《受之以荀，纠之以孟——现代化背景下的儒学重建》，着眼于“回应西方文化的挑战”：一方面

① 关于“中国正义论”，参见黄玉顺：《中国正义论的重建——儒家制度伦理学的当代阐释》（文集），合肥：安徽人民出版社2013年；《中国正义论的形成——周孔孟荀的制度伦理学传统》（专著），北京：东方出版社2015年。

② 黄玉顺：《儒学当代复兴的思想视域问题——“儒学三期”新论》，《周易研究》2008年第1期，第51—58页；《孟子正义论新解》，《人文杂志》2009年第5期，第9—22页；《中国“大一统”的“三时一贯”论》，《学海》2009年第1期，第5—10页；《生活儒学的正义理论》，载《当代儒学》第1辑，桂林：广西师范大学出版社2011年，第1—16页。

③ 冯友兰：《中国哲学遗产底继承问题》，《光明日报》1957年1月8日；《再论中国哲学遗产底继承问题》，《哲学研究》1957年第5期，第73—81页。

④ 梁涛：《孟荀之间》，《中华读书报》2017年10月25日。

⑤ 黄玉顺：《孔子怎样解构道德——儒家道德哲学纲要》，《学术界》2015年第11期，第104—115页。

“受之以荀”，因为现代性的“儒家民主思想和知识论的种子主要存在于荀子所代表的传统中”；另一方面“纠之以孟”，因为关于后现代性的“纠正、修复现代化的缺陷”“孟子所代表的传统已经为我们准备好了良药”。郭文对儒学现代转化问题的关注是值得充分肯定的，但这里所涉及的先秦儒学与现代性的关系、现代性与后现代性的关系等问题都是可以商榷的[①]。

（二）整合孟荀的思想路径

迄今为止，主张整合孟荀的学者在这个基本问题上尚无清晰的结论：究竟怎样整合？在我看来，既然孟荀思想本身存在着矛盾性，那么，简单的“举孟旗，行荀学”口号其实没有什么意义：要举的孟旗究竟是其君臣伦理方面还是其批判专制方面？要行的荀学究竟是其专制资源方面还是其启蒙资源方面？显然，我们应当意识到，孟荀整合需要对孟荀双方的思想都加以“损益”（这是孔子的观念[②]，“损”是去掉一些旧的东西，“益”是增加一些新的东西）：

1. 孟荀思想的契合性损益

孟荀思想之间存在着相互契合之处，因为他们毕竟都是儒家。例如，孟子讲“人皆可以为尧舜”[③]，荀子讲“涂之人可以为禹”[④]，他们共享着天性平等观念，这种观念是儒学现代转化的宝贵思想资源；又如，孟子尽管不是专制主义者，但和荀子一样是君主主义者，他们共享着“君君臣臣”的君臣伦理，这种观念显然是儒学现代转化的障碍。但孟荀思想之间也确实存在着不能契合、互相冲突的因素，因此，如果不分别对双方思想加以损益，其整合就绝无可能，只会产生“排异反应”（rejection）。

这种契合性损益又可以分为两种情况：一种是肯定一方而否定另一方，例

---

① 参见黄玉顺：《论儒学的现代性》，《社会科学研究》2016 年第 6 期，第 125—135 页；《论“儒家启蒙主义”》，载《战略与管理》2017 年第 1 期，北京：中国发展出版社 2017 年，第 221—250 页。

② 《论语・为政》，见《十三经注疏・论语注疏》，北京：中华书局 1980 年影印版，第 2463 页。

③ 《孟子・告子下》，见《十三经注疏・孟子注疏》，北京：中华书局 1980 年影印版，第 2755 页。

④ 《荀子・性恶》，见王先谦《荀子集解》，北京：中华书局 1988 年，第 442 页。

如肯定孟子的“民贵君轻”思想而否定荀子的君主专制思想。另一种则是孟荀双方的思想都是不可取的，最显著的例子就是孟子讲“性善”而荀子讲“性恶”，这种先验人性论或先天人性论其实已经过时了，这种人性的存在既无法证伪也无法证实；我本人更赞同王夫之的人性观“性者，生也，日生而日成之也”①，即人性并非一成不变的，而是在生活中生成和发展着的。

2. 孟荀思想的时代性损益

对孟荀思想的损益，更重要的维度是时代性：损益的价值标准无疑应当是人类社会的现代文明价值，否则就会变成原教旨主义。

（1）损：对孟荀思想中非现代性因素的摒弃。孟荀思想中还有一些因素，在当时是可以理解的，而在今天则是必须抛弃的，因为它们不符合现代性的文明价值。且以所谓核心价值观所列的专属现代人类文明的这些价值而论：孟荀思想之中，凡不符合自由观念的思想必须摒弃，凡不符合平等观念的思想必须摒弃，凡不符合公正观念的思想必须摒弃，凡不符合民主观念的思想必须摒弃，凡不符合法治观念的思想必须摒弃。

（2）益：对孟荀思想的创造性发展。对于现代社会生活的需要来说，孟荀的思想远非什么完备的东西，有必要加以发展、完善和补充。这里尤其需要警惕学界存在的某种否定文明进步的复古主义倾向。

此外，这里还涉及中西融通的问题。章太炎这番话值得咀嚼：“今将为荀子之徒欤，西学具在，请就而学焉；将为孟子之徒欤……要自三代以上之礼乐文章，七十子后汉唐学者之绪言，而我朝二百四十年来所孜孜焉讲求者也。”② 他简单地将荀子归于西学，而将孟子归于传统，这是可以商榷的；但他把“整合孟荀”与“整合中西”联系起来，这是值得肯定的。而我在这里特别想强调指出：这其实并不是“中西”问题，而是“古今”问题，即前现代文明与现代性文明的关系问题。我曾多次指出：要警惕学界存在的一种倾向，即以“中西之异”来掩盖和偷换“古今之变”问题，以此拒绝现代文明。

---

① 王夫之：《尚书引义·太甲二》，见《船山全书》第二册，长沙：岳麓书社 1996 年，第 300 页。

② 章太炎：《訄书初刻本·尊荀第一》，见《章太炎全集（三）》，第 7 页。

综上所述，孟荀思想本身具有复杂性乃至矛盾性；并且它们向来就是随着生活方式的演变和社会形态的转换而不断地被重新诠释、塑造和利用的，其影响力也随之而消长。在中国社会从王权封建转向皇权专制之际，荀学兴盛，这表明荀学中确实存在着法家专制主义因素。皇权帝国时代"独尊儒术"，于是有法家之嫌的荀学衰退，而作为儒学正宗的孟学兴起；但荀学却仍以隐蔽的形式发挥着重大甚至根本的作用，这就是专制权力的"阳儒阴法"政治路线。而在中国社会走向现代性之际，荀学复兴，这表明荀学中存在着有助于现代性启蒙的思想资源。但荀学的现代复兴乃是伴随着儒学的现代复兴而来的，所以孟学并未因此而衰退，这就意味着必须整合孟荀，而整合的前提是根据现代价值来分别对孟荀思想加以"损益"。

Integration of Mencius and Xunzi and Issues of Social Modernization in China

HUANG Yushun

(Institute for Advanced Study of Confucianism, Shandong University, Jinan, 250100, China)

Abstract: How should we treat Mencius and Xunzi today? This is a major issue for the revival of Confucianism. Mencius' and Xunzi's thoughts are complex and even contradictory. Their thoughts have always been interpreted, shaped, and utilized with the evolution of lifestyles and the transformation of social patterns, and their influence has also increased and decreased accordingly. At the time when Chinese society shifted from royal feudalism to imperial autocracy, Xunzi's thoughts flourished, which showed that there were indeed elements of legalist autocracy in Xunzi's thoughts. In the days of imperial empire, Confucianism was exclusively respected. So Xunzi's thoughts as a Legalism had been neglected, while Mencius' thoughts as an authentic Confucianism had been popular at that time. However, Xunzi's thoughts still played an important and even fundamental role in a hidden form. This is the political strategy of the authoritarian power, which takes Legalism in the name of Confucianism. At the time when Chinese society have been moving towards modernity, Xunzi's thoughts has been revived and are flourishing, which shows that there are ideological resources that contribute to the enlightenment of modernity in Xunzi's thoughts. However, the modern revival of Xunzi's thoughts has been accompanied by the modern revival of Confucianism. Mencius' thoughts have not declined due to this reason. This means that it is necessary to integrate Mencius and Xunzi, and the prerequisite for integration is to add and delete Mencius' and Xunzi's thoughts according to modern values.

Key words: Mencius; Xunzi; Integration; Social Modernization in China

早期儒家性论的两条线索*

——以《论语》和《中庸》为中心

曹　峰**

（中国人民大学　哲学院，北京　100872）

摘要：通过《论语》可以看出，性论在当时有两种方向，一种是为民众教化服务的，这种性论不超出一般属性的范围。将人性划分成不同的等级，和人性的多元性、复杂性、特殊性有关，在儒家这里，就自然而然地突出了教化的重要性。孔子开辟了因为人性不同而因材施教、因为人性相同而全面教化、人性会因为教化而迁移改变成长的思想路线，这条把“性”与“教”结合起来的路线，是先秦儒家性论最为显著、最为普遍的路线，是一条外在的、大众的路线。另一种则是局限于少数人掌握的幽明精微的超验工夫论或者境界论，这种“性”有超越性的特征，但也不属于独立的、排他的根本属性。后世为了论证孟子有关于性善的本体论思维，就必须把孔子性论的第二条路线显性化，并将《中庸》《易传》《性自命出》纳入到这条路线中。《中庸》认为“性”是自上而下的、自内而外的，“教”是自下而上的、自外而内的。“性”和“教”两条路

---

* 之所以使用“性论”，而不是人性论，是因为中国古代的性论涵盖面很广，不仅仅包括人性论，还包括物性论，因此仅仅使用人性论，不足以做出全面的表达。

** 曹峰，（1965—）哲学博士，博士生导师，中国人民大学哲学院教授，教育部长江学者特聘教授，主要研究领域为先秦秦汉哲学、道家哲学、出土文献。

线都要开发，但有先后之分。这是把《论语》所见两条性论路线给综合起来了，但位置发生了改变，原来孔子不言的东西现在成了重点。即便孔子性论的第二条路线在《中庸》中显性化了，但依然不等于就是性善论。《中庸》并没有在任何一个地方提到性善，所有和性善论的关联其实都是后人赋予的。

关键词：性；教；《论语》；《中庸》

在《先秦儒道性论研究的两重框架》一文中，笔者提出，中国古代性论的研究呈现出极其复杂的面貌，这既和中国古代性论本身的复杂性有关，也和当代学者所秉持立场、使用方法的复杂性有关。而笔者希望，以一种更为简单也更为有效的框架去总结和概括中国古代的性论，那就是使用“一般属性”和“根本属性”的框架。笔者以为，研究儒家性论，使用一般属性、根本属性的框架更易凸显儒家性论的主要特征以及发展脉络。一般属性基本上都是自然属性，一些今天看来具有社会属性、道德属性的内容，在古人看来也可以属于自然属性。一般属性可以是多样的、并行的，但在各种一般属性并重的前提下，不可能产生出本性善或者本性恶这样的唯一选项。但根本属性则不同，一旦确立，就具有了主导的地位，具有排他性，必然走向形而上的维度。孟子性善论和荀子性恶论都是出于理论的需要，不顾一般属性，有意选择某种特殊属性为根本属性，并将其放大为整体的结果。而研究道家性论，则最好使用差异性、统一性的框架。道家尊重万物差异性，因为这是道生万物的必然结果。道家认为对于差异性的认识是把握事物的最佳入口。在黄老道家的政治理论中，对于差异性的利用更是处理问题、解决矛盾的关键抓手。对于“性”发生的源头；“性”的至高地位；“性”的神秘性、先验性、内在性、必然性；“性”的圆满、自足、美好；“性”的价值；“性”的强大作用力，等等，这些统一性意义上“性”的内涵，道家的论述最为丰富、最为系统①。

这里，尝试使用这一新的框架，来分析儒家两个重要的文献，那就是《论

① 曹峰：《先秦儒道性论研究的两重框架》（未刊稿）。相关论述也可参曹峰：《先秦儒道性论的多维视野》，《中华孔子学会 2020 年年会暨“孔子和儒家学说及其地域性展开”学术研讨会论文集》，成都，2020 年 9 月。

语》和《中庸》。本文虽然不以道家文献为研究对象，但在比较的过程中仍然会有所涉及。因此，有必要提前交代如上所述的儒道性论两重框架。

一、《论语》所见的两个“性”

如果以《论语》作为反映孔子思想的可靠资料，那么可以发现，《论语》中，只有两处提到了“性”。一处就是《阳货》篇的“性相近，习相远”，另一处就是《公冶长》篇：“子贡曰：‘夫子之文章，可得而闻也；夫子之言性与天道，不可得而闻也。’”

在讨论这两处之前，有必要先说明孔子对于一般属性的认识。虽然没有大量使用“性”字，但《论语》关于一般属性的认识是很丰富的，尤其因为孔子重视教育，从善于因材施教来看，孔子特别重视人性的多元性、差异性。最有名的故事就是《论语·先进》记载，对于应该做的事情，孔子让子路征求父兄意见之后再行动，而让冉有马上行动，就是因为这两人的性格一个过急、一个过缓。所以孔子会有“中人”之说，即把人分等分类，区别对待。“子曰：‘中人以上，可以语上也；中人以下，不可以语上也。’”（《雍也》）这实际上已经把人分成上中下三等。孔子还有“上知（智）”“下愚”之说，见《阳货》，这是反过来说，这两种人不用施教或很难施教。当然这种划分主要是按照学习能力、理解能力和教学需要来分的，和人的本性是否善恶无关。

老子也一样，对于是否有能力闻道，《老子》四十一章分了上士、中士、下士三种人，说上士闻道“勤而行之”，中士闻道“若存若亡”，学一点丢一点，下士呢，只会哈哈大笑，说明啥也没听懂。《庄子·徐无鬼》说狗有上之质、中之质、下之质之分，这是按品相来分。《庄子·盗跖》说人有上德、中德、下德之分，这总结了人的才知、相貌、勇力等等。后来《贾谊新书》[①]《淮南子》[②]《春秋繁露》《论衡》都有类似性三品的说法，尤其《春秋繁露》《论衡》在内容上跟善恶开始直接挂钩，但也不是说谁生来就性善、生来就性恶，而是说在可上可下、可善可恶上，人性是有区别的。按照董仲舒的“圣人之性”“中民之性”“斗筲之性”的三分法，最多的就是可上可下、可善可恶的“中民”，正因为有中民的存在，才体现出王教的重要性，这实际上继承了孔子“中人”的说法。

所以将人性划分成不同的等级，和人性的多元性、复杂性、特殊性有关，在儒家这里，就自然而然地突出了教化的重要性，孔子的思想价值、历史地位正是由此奠定的。同时，教化预示着人可以通过后天的外在的学习、教养改变自己，从而最终改变命运，这也就暗含了人性可化的意思[③]。孔子已经开启了这种思想的先河，后来荀子主张的“化性起伪”、董仲舒主张“中人之性”是王教的对象，可以说都是在孔子教化思想的延长线上。

那么“性相近，习相远”的意义何在呢？笔者以为，这和孔子对于一般属性中普遍性特征的关注有关。孔子强调人性的多元性、复杂性、特殊性，和因材施教有关，即人性的不同，导致了教化方式方法的不同，这就形成了人性论基础上的教育思想。而“性相近，习相远”正和教化有关。人性的相同相近，说明了人与人之间区别不管有多大，都可以成为教化对象。人类是具有普遍性特征的，这种普遍性特征，构成了儒家通过教化来推行柔性管理的哲学基础，由此形成了人性论基础上的政治思想。当然，正因为“习相远”，所以“习”的内容和方式格外重要。这些内容和方式，构成了儒家理论的重要组成部分。

---

① 《连语》云：“有上主者，有中主者，有下主者。上主者，可引而上，不可引而下；下主者，可以引而下，不可引而上；中主者，可引而上，可引而下。”

② 《修务》说尧、舜、文王不须教，丹朱、商均不可教，中人之性可以教化。“且夫身正性善，发愤而成仁，帽凭而为义，性命可说，不待学问而合于道者，尧、舜、文王也；沉湎耽荒，不可教以道，不可喻以德，严父弗能正，贤师不能化者，丹朱、商均也。”“欲弃学而循性，是谓犹释船而欲蹍水也。”

③ 进入战国时期，命运可变成为一种思潮，这和心论发展有密切关系，参见曹峰：《清华简〈心是谓中〉的心论与命论》，《中国哲学史》2019 年第 3 期。

郭店简《性自命出》说“四海之内，其性一也”，同样是着眼于人性中的普遍性特征，而所谓“其用心各异，教使然也”也正是“习相远”之意，郭店简中《性自命出》《尊德义》《成之闻之》这几篇内容相近，其中心话题都是“教”，“教”的重要性、“教”的内涵和方法，都是承续人性的特殊性和普遍性而来。值得注意的是，《成之闻之》说“圣人之性与中人之性，其生而未有非之”，这就是“性相近”之意，即在先天的能力上没有什么高下之分，“节（即）于而（儒）也，则犹是也。唯其于善道也，亦非有译（泽）娄（薮）以多也”①，这应该说的是外在条件，即便就学于儒师，大家也差不多。所以在通往“善道”的可能性上，圣人与中人区别不大。但是“及其博长而厚大也，则圣人不可由与墒（上）之，此以民皆有性而圣人不可莫（侔）也”②。但是等到圣人的道德博大以后，圣人就不是一般人可以仿效的了。这是典型的因为外在的“教”而使内在的“性”得以改变的观点。荀子虽然持性恶论的观点，但在“化性”的理念上与此完全一致。董仲舒虽然持性可善可不善的观点，但在“化性”的理念上也完全一致。而孟子则完全不是“化性”的思路，从这一点上看，至少在人性论上孟子并非直接继承孔子。郭店简问世之初，因为里面有《鲁穆公问子思》《五行》等篇，《性自命出》中有“性自命出，命自天降”之语，而《性自命出》又和《尊德义》《成之闻之》《六德》竹简形制一致，所以不少研究者，都竭力将这几篇和子思孟子挂起钩来，认为是思孟学派之作，至少从能否“化

---

① “节”读为“即”“而”读为“儒”，采用的是李学勤的观点，参见李学勤：《试说郭店简〈成之闻之〉两章》，《烟台大学学报》2000年第4期。“译”读为“泽”“娄”读为“薮”，采用的是周凤五的观点，参见周凤五：《郭店楚简识字札记》，收入《张以仁先生七秩寿庆论文集》，台北：学生书局1999年。但是“唯其于善道也，亦非有译（泽）娄（薮）以多也”依据的解释上，笔者从广濑薰雄，解释为“人本来拥有的才能是一样的，但圣人通过自己的努力才能有很大的成就”。参见广濑薰雄：《郭店楚简〈尊德义〉和〈成之闻之〉的简背文字补论》，简帛网2008年2月19日。

② 此举的解读，从单育辰的观点：“等到圣人道德博长厚大的时候，则圣人的道德不可被须臾赶上。所以民众都有心性而不能与圣人等齐啊。”参见单育辰：《郭店〈尊德义〉〈成之闻之〉〈六德〉三篇解读》，北京：科学出版社2015年，第193页。

性”的角度看，就很难令人赞同①。

总之，孔子开辟了因为人性不同而因材施教、因为人性相同而全面教化、人性会因为教化而迁移改变成长的思想路线，这条把“性”与“教”结合起来的路线，是先秦儒家性论最为显著、最为普遍的路线，是一条外在的、大众的路线。“化性”是先秦性论的大传统，甚至部分道家也接受这样的观点，如《淮南子·修务》甚至挑战、批评道家传统的观点：

> “人性各有所修短，若鱼之跃，若鹊之驳，此自然者，不可损益。”吾以为不然。……故其形之为马，马不可化；其可驾御，教之所为也。马，聋虫也，而可以通气志，犹待教而成，又况人乎！

那么，与“化性”相对的是什么呢？是不要破坏固有的性，并且刻意地“顺性”“养性”，这是孟子和道家常常持有的观点。既然“善”是生而有之者的根本属性，那就完全没有化的余地了。而这点是荀子最反对的，如果人性已善，那就没有学习和教化的必要了。《性恶》针对孟子提出的“性善”，指出“是不然。是不及知人之性，而不察乎人之性伪之分者也。凡性者，天之就也，不可学，不可事。礼义者，圣人之所生也，人之所学而能，所事而成者也。不可学，不可事，而在人者，谓之性；可学而能，可事而成之在人者，谓之伪。是性伪之分也。”从而强调后天人为即“伪”的重要性。而孟子则认为一切外在的工夫在于对本性的保护、顺应和开发，所以他提出“存其心，养其性，所以事天”，即通过“存心”“养性”的工夫来维护天所赋予的东西。《离娄下》有这么一段话：

> 孟子曰：“天下之言性也，则故而已矣。故者以利为本。所恶于智者，为其凿也。如智者若禹之行水也，则无恶于智矣。禹之行水也，行其所无事也。如智者亦行其所无事，则智亦大矣。天之高也，星辰之远也，苟求

① 郭店简问世之后，将其中儒家典籍视为思孟学派作品，曾一度成为热潮，但其中问题不少，近年对此表示怀疑的观点越来越多。

> 其故，千岁之日至，可坐而致也。”

这就是著名的“天下之言性”章，关于这段话，学界争论得非常激烈，有肯定论和否定论两种①。在我看来，“天下之言性”确实是当时社会上广为流传的观点，但对此孟子是赞同的，什么叫“故而已”，不容易明白，但从对于“故者”要“以利为本”，以及“若禹之行水”的行为方式来看，“故”就是本然的状态，“以利为本”就是顺其自然，“所恶于智者，为其凿也”就是反对穿凿附会的智，是一种无为的姿态。这样看来，孟子和道家的观点是何其相似啊。

《管子·形势》篇有这样一段话：“羿之道，非射也；造父之术，非驭也；奚仲之巧，非斫削也。召远者使无为焉，亲近者言无事焉，唯夜行者独有也。”在李学勤先生看来，《管子·形势》显然深受《老子》的影响。李学勤曾经论证过《老子》与《形势》篇的先后关系：

《管子·形势》的思想源于《老子》，是显然的，篇中很多地方连词语文气都很像《老子》，故赵俪生先生说：“读之宛如读老子《道德经》。”因此，《老子》一书又早于《形势》，也是必然的推论。②

对于《形势》篇上述这段话，《管子·形势解》的解释是：

> 民，利之则来，害之则去。民之从利也，如水之走下，于四方无择也。故欲来民者，先起其利，虽不召而民自至。设其所恶，虽召之而民不来也。故曰：召远者，使无为焉。

通过《管子》的《形势》《形势解》来看“天下之言性”章，就非常容易理解了。两者都以最高明的巧匠为例，如《形势》举的是“羿”“造父”和“奚仲”，而孟子举的是“大禹”，他们都达到了常人无法企及的程度，但其成功不在于技巧本身，而在于“无为”“无事”。如果能够“无为”“无事”，就能达致“夜

---

① 丁四新对自古以来的学界争论做了非常好的梳理，见丁四新《〈孟子〉“天下之言性也”章研究与检讨——从朱陆异解到〈性自命出〉“实性者故也”》，《现代哲学》2020年第3期。

② 李学勤：《论先秦道家的“夜行”》，《史学集刊》2004年第1期。

行”，即在幽冥之中也如履平地，或者“千岁之日至，可坐而致也”的神奇程度。《形势解》和《离娄下》还进一步解释怎样才能做到“无为”“无事”，那就是“欲来民者，先起其利”，或者“以利为本”，而不使用那些穿凿的牵强的智。

将《管子》的《形势》《形势解》与《孟子》的《离娄下》一对照，即可发现，孟子很有可能读过《形势》《形势解》，并赞同其观点，因此他说的“故”的原则，就是无为，就是因循，就像顺应水之物性，统治者必须顺应人性。因此，所谓“天下之言性”，应该指的就是道家所言的“性”。

道家提倡循性、养性、缮性、全性、足性、适性，反对害性、失性、损性、攖性，这方面的理论实在太多了。在道家看来，人的天性是完美无缺的，从这个角度看，也可以说道家持人性善的观点，不需要加以改造，只不过，这个善不是伦理意义上、价值取向上的善，而是圆满、美好。

再来看《论语》所见第二种“性”，即“夫子之言性与天道，不可得而闻也”中的“性”究竟何意呢？很多人认为这也是人性①。但如果这里的人性指的是天赋的气质和能力，如性格的不同、能力的不同，孔子说了很多，不必讳言啊，为什么要不说呢？可见这个“性”显然另有所指，在孔子的时代已经有所流传，但孔子不愿意谈。基于这里“性”和“天道”连言，很多人认为这就是《易传》中的“性”和《中庸》中的“性”，因为这两个文献中都将“性”和“天”连接起来，而孟子继承的正是这条天命性善的思想路线②。《论语》之所以不谈，是因为这种“性”很神秘，中人以下听不懂，只能讲给中人以上像子贡这样的人听。那么既然孔子讲了，子贡又参与了孔子语录的整理编辑，不应该在《论语》中只留下这么一句语焉不详的话，对于这么重要的话题，《论语》应该有更多的透露才是。所以，我倾向于这样的观点，即《论语》所见第二种“性”确实有可能是难以言传的、类似神秘体验的“性”，或者是超出人范围之外的“性”，《易传》中的“性”和《中庸》中的“性”或许可以当之。但孔子对于这样的“性”是不愿意多谈的。

---

① 如李泽厚：《论语今读》，北京：生活·读书·新知三联出版社 2004 年，第 143 页。李零：《丧家狗：我读〈论语〉》，太原：山西人民出版社 2007 年，第 121 页。

② 这在新儒家那里，已经成为不能质疑的前提。

在传世文献中，将“性”与天道联系起来的地方主要是《易传》和《中庸》，后世尤其宋明理学、心学就这个问题大做文章，但这种观点是否反映思想史原貌呢？在此先引用《史记》中的话，看看与孔子时代接近的古人，是如何理解“性与天道”的。《史记·孔子世家》引用了上述子贡这段话，何晏注曰：“性者，人之所受以生也。天道者，元亨日新之道。深微，故不可得而闻之。”如果是“人之所受以生”的“性”，即天赋的性格、能力等，孔子没有什么不可谈，如前所言，与“教”相结合，孔子谈了很多。何晏说“天道”是“元亨日新之道”，那就是周易之道。确实在《系辞上传》中有“一阴一阳之谓道。继之者善也，成之者性也。”① 此外在《说卦传》中也有“昔者圣人作易也，……穷理尽性以至于命。”这种与易道以及阴阳学说相关的性、命，虽然也是“人之所受以生”，但不仅仅限于人，而且包括宇宙万物，如《周易·乾·彖》云：“云行雨施，品物流形。大明始终，六位时成，时乘六龙以御天。乾道变化，各正性命，保合大和，乃利贞。”《说卦》云：“昔者圣人之作《易》也，将以顺性命之理，是以立天之道曰阴与阳，立地之道曰柔与刚，立人之道曰仁与义。”可见，这样的性命虽然包括了一部分“仁与义”的内容，但总体上，是包涵天地人在内宇宙万物的生生原理、精微之道，很难说清，所以孔子采取避而远之的态度。《史记·外戚世家》中还有这样一段话：

> 夫乐调而四时和，阴阳之变，万物之统也。可不慎与？人能弘道，无如命何。甚哉，妃匹之爱，君不能得之于臣，父不能得之于子，况卑下乎！即欢合矣，或不能成子姓；能成子姓矣，或不能要终。岂非命也哉？孔子罕称命，盖难言之也。非通幽明，恶能识乎性命哉？

这说的是，夫妇之道乃人道大伦，所以“《易》基《乾》《坤》，《诗》始《关

① 从阴阳的角度说性，在中国古代可能出现很早，如《逸周书·官人》就说“民生则有阴有阳”，这个“民生”就是人性。《逸周书·官人》还从“气”的角度讨论了阴阳之气的表现方式：“喜气内蓄，虽欲隐之，阳喜必见。怒气内蓄，虽欲隱之，阳怒必见。欲气、惧气、忧悲之气，皆隐之，阳气必见。五气诚于中，发形于外，民情不可隐也。”

雎》”男女夫妇的关系就是阴阳的关系。这种阴阳的关系和万物的生成有关，属于“命”的范畴，实际上是一种不确定的东西，不是“弘道”就能解决的问题。由阴阳关系体现的“妃匹之爱”幽明精微，只能体认，不能言传，所以“君不能得之于臣，父不能得之于子”，如果不能通晓幽明精微，就无法懂得性命之道。这里明确指出，对于这种幽明精微的东西，孔子是不说的。《论语》里面，也确实没有这类东西。

通过《史记·孔子世家》和《史记·外戚世家》，我们可以大体了解孔子所不说的与“天道”相关的“性”，基本上是和易道及阴阳学说以及“命”论相关的、宇宙论意义上的学说，因为幽明精微，难以言传，只能体味，所以作为“弘道”者的孔子，会避而远之，也就完全可以理解了。《中庸》的“性”应该也具有幽明精微的性质，在“天命之谓性”那三句教之后，很快就讲“不睹”“不闻”“隐”“微”“慎独”以及“中和”的问题，“不睹”“不闻”“隐”“微”“慎独”就是不能言说的精神境界。“中和”就是阴阳之间的调和。《中庸》又说“唯天下至诚，为能尽其性。……可以赞天地之化育，则可以与天地参矣。”这种可以参赞天地的“性”，必须要靠“至诚”的工夫才能打通“性”与“天地”之间的关系。“诚”，朱熹解释为“真实无妄”，实际上就是一种不能用普通的知识和语言描述的感通能力，如《吕氏春秋·具备》就说：“故诚有诚乃合于情，精有精乃通于天。乃通于天，水木石之性，皆可动也，又况于有血气者乎。”关于“诚”与感通的关系，佐藤将之有很多研究，可以参考①。所以这是一条内在的、感通的、秘密的路线，只能走个人实现的道路，无法运用于大众，也无法推行王教。

然而，这样一个《论语》中孔子不说的“性与天道”，后世各类文献却记载孔子说了一大堆，这究竟怎么回事？目前有很多的研究，大致有两派，一派是说，年轻时孔子不讲性命、天道和易道，到了晚年开始喜欢了，这是因为他晚年的思想发生了变化，《易传》和《史记·孔子世家》都记载孔子晚而喜易的故

---

① 佐藤将之：《战国时代“诚”概念的形成与意义：以〈孟子〉、〈庄子〉、〈吕氏春秋〉为中心》，《清华学报》（新竹）2005 年第 2 期。

事可以为证。但为什么《论语》只记载孔子早年谈话，不记载晚年更为重要的理论，这是没法解释的。一派是说，孔子死后，有些传人喜欢研究“性与天道”，并托孔子之名将其传播开来，并影响到子思、孟子等人，甚至这样的学说有可能兴起于秦汉之后①。基于上述论证，孔子对于难以言传的、需要感通能力才能把握的“性命”，显然是敬而远之的。“性与天道”和孔子的关系，除了今本和帛书《易传》外，秦汉文献中没有更多的印证。把孔子与性命、天道联系起来，也主要是在宋明以后，这和那个时代的儒家更喜欢“性与天道”有很大关系。所以我认为后一种说法更合理一些，但观念的发生可能在战国时期，不会晚至秦汉。

总之，通过《论语》可以看出，性论在当时有两种方向，一种是为民众教化服务的，这种性论不超出一般属性的范围；另一种则是局限于少数人掌握的幽明精微的超验工夫论或者境界论，这种“性”有超越性的特征，但还不属于独立的、排他的根本属性。值得深思的是，先秦秦汉性论，从孔子到《性自命出》到荀子再到董仲舒，“化性”学说是主流，是大传统，而“性与天道”之学是小传统，很可能并非来自孔子。但后世则完全颠倒过来，尤其随着心性论的盛行，“性与天道”学说反而成为道统的象征，成为大传统。本来孔子不言的东西，为什么后来成为最重要的东西？小传统为什么成了大传统？这是儒学史上有趣的现象。这里面的曲折过程非常有趣，不是本文所能覆盖的。

二、《中庸》所见的“性”与“教”

综上所述，《论语》中，孔子谈了人性的多样性、复杂性以及共同性，但没有谈“性”的源头问题，更没有提到“性”之善恶的源头问题。孟子虽然把天和“性”关联起来，提出“尽心知性知天”“存心养性事天”，但这显然不是生成论或本体论的命题，即由天生性，或者通过天是善的，来导出性是善的，这

① 赵法生对上述两派观点都有介绍，但他倾向于前一种观点。参见赵法生：《孔子“晚而喜易”与其晚年思想的变化》，《哲学研究》2012年第2期。

种由“心”到“性”到“天”的论说方式，只是在形式上把内在的心性和外在的天连接了起来，但完全无助于证明性为什么一定是善的。所以孟子在论证性善时，仍然采取的是经验的方式，那就是那个著名的孺子即将落井引发恻隐之心的故事。

郭店简《性自命出》说“性自命出、命自天降”，确实采用生成论的方式证明了“性”来自于“天”，这和上引《易传》一样，叙述的是宇宙万物生成的一般原理。郭店简《性自命出》虽然指出了“性”的多种表达方式、多种可能性，但是并没有明确指明，人性就是善的。所以即便证明孟子受过郭店简《性自命出》影响，那也只能证明，人性中有善的可能性之观点，或许影响了孟子的“四端之心”，无法证明在“天”与“性”的关系上影响了孟子。

《中庸》的“天命之谓性”也是生成论式的表述，但在这个生成过程中，并没有交代作为本性的善是如何生成的，事实上《中庸》里面也没有本性善的概念（有的是“嘉善”“择善”等）①。《中庸》说：“诚者不勉而中，不思而得，从容中道，圣人也。”“至诚之道，可以前知。”如前所述，这是一种感通能力。“唯天下至诚，为能尽其性；能尽其性，则能尽人之性；能尽人之性，则能尽物之性；能尽物之性，则可以赞天地之化育；可以赞天地之化育，则可以与天地参矣。”说的是因为拥有这样的感通能力，所以能够充分把握自己的性、他人的性乃至万物的性，这里的“性”，并没有任何证据可以说指的是善性。从前后文看，自己的“性”可能是一种把握万物的能力，而“人之性”“物之性”指的是对象的本质。

《易传》与“性”相关的记载，前面已经引述。《易传》在阴阳之道的背景下，以生成论的表达方式，阐述了万物性命的发生原理。在“性命之理”中，天之道的阴阳，地之道的柔刚，与人之道的仁义都包括在里面了②。但这里的“仁义”并不等于性善，因为仁义与阴阳、柔刚相对而言，是一种相反相成的东

---

① 关于这个问题，王新水有详细考论。参见王新水：《“天命之谓性”既非本体论亦非价值论命题——兼论〈中庸〉并无哲学本体论的自觉》，《人文杂志》2014 年第 5 期。

② 《新书・修政语上》有“黄帝职道义、经天地、纪人伦、序万物，以信与仁为天下先”。可见伦理秩序、道德意识的发生，在黄老道家的生成论那里同样是必须的选项。

西。如前所言，董仲舒认为天道有阴有阳，所以人性有贪有仁，在思路上更为接近一些。《系辞上传》说："一阴一阳之谓道。继之者善也，成之者性也。"这个"善"可以理解为美好，生生不已（"继之"）的阴阳之理。这种生生不已的阴阳之理、阴阳之道，具体落实到物（"成之"）就成为"性"，因此如前文所引《史记·外戚世家》，通过性命，反过来可以懂得阴阳的奥秘。所以《易传》并没有证成伦理意义上的本性善。

所以，孟子在儒家中显然是个异数，他大胆断言善性为人的根本属性，把善性这种根本属性视为唯一的、排他的、最高的属性。其他的性甚至不能称为"性"，或者有意回避，如同他只见到"善"，而见不到"恶"①。但在性的来源问题上，他并没有新的创意。虽然他把性和天挂起钩来，但这和他周围的人把性看作是"天之就"没有什么两样。只不过他把"天之就"的范围缩小到善性这一个点上②。后世一些学者为了论证孟子有关于性善的本体论思维，就必须把孔子性论的第二条路线显性化，并将《中庸》《易传》纳入到这条路线中，《性自命出》问世之后，又把《性自命出》也纳入其中，试图证明孟子是天命性善演

---

① 孟子眼里只看到"善"。劳悦强曾经统计，在《孟子》中，"善"的概念出现多达 114 次，而"恶"仅出现 4 次。也就是说，孟子选择性地只看到"善"而回避"恶"的问题。参见 Yuet Keung Lo, "The Idea of Evil in Early China," in Laura Torres Zuñiga and Isabel Mª Andrés Cuevas eds., *Constructing Good and Evil* (Oxford, United Kingdom: Inter-Disciplinary Press, 2011), pp. 3-10.

② 如《告子上》在讲良心本心来自于天时，说这是"天之所与我者"。

进路线中的一环①。其实这里想象的成分居多。

《中庸》向来以难读著称，在儒家尤其是宋明理学以来新儒家的长期经营下，《中庸》已然成为为性善论提供形上依据、天道保障的最重要的材料之一②。但如果我们暂且抛开新儒家们通过注解和诠释层层叠叠构筑起来的庞大的中庸学体系，而是回到文本本身，就会发现很多的解释都值得重新考虑。

这里首先提出结论，此文并没有在任何一个地方提到性善，所以，所有和性善论的关联其实都是后人赋予的。此文强调了“性”具有不可思议的作用与能力，但这种作用与能力必须通过至诚的工夫才能加以开发。这种思维方式只有道家最为相似。孟子同样也陶醉于“性”的作用与能力，但他巧妙地把“性”置换成了“善性”，并强调这才是唯一的、根本的性。但孟子未必想要从天那里寻求性善的形上依据，因为他的“性善”主要是通过心善论证出来的。

《中庸》最有名的就是前面三句话，“天命之谓性，率性之谓道，修道之谓教”，因为内容过于抽象，解释过于复杂，因此仅这三句话的解释就可以写一本书了。从字面上看，可以确认这样一些信息。首先，和《性自命出》一样，作者认为，“性”来自于天或者说天命，这是生成论式的交代，但任何一种“性”，

---

① 例如复旦大学哲学系中国哲学教研室编《中国古代哲学史（上）》（上海古籍出版社 2006 年）说：“在孔子之后确实有一个从形上高度解决道德终极根据问题的思潮，《性自命出》、《五行》、《中庸》、《孟子》都是这一思潮的具体体现者。”第 54 页。“将性与命与天联系起来，是儒家解决心性之路的必由之路，虽然真正解决这个问题的是孟子，但在孟子之前还有《性自命出》，还有《五行》，还有《中庸》，孟子只是沿着这个方向不断发展而已。”第 54 页。“在传统的思维方式中，天是最高的力量，在人们还不明白良心本心到底来自何方的情况下，将它的根源上提到天上，就为其找到了一个形上的归属。从《性自命出》，到《五行》，到《中庸》，再到《孟子》，这一思路一脉相承，源远流长，再没有根本性的改变。”第 57—58 页。这里顺便说一下笔者对于《五行》的印象，《五行》拉开了圣凡的距离，说圣人才能把握天之道，把握由天之道赋予的“德”，把握的方式主要还是感通（“慎独”“几而知之”）。而一般的人通过一般的认知方式只能把握“善”。可见，“德”与“善”是有距离的。《五行》也没有天命性善的论说。孟子对于德“形于内”的观点，可能有所继承。但没有接受刻意拉开圣凡的思路。

② 关于学界对于这句话从本体论、价值论角度展开的解释，王新水有过总结。参见王新水：《“天命之谓性”既非本体论亦非价值论命题——兼论〈中庸〉并无哲学本体论的自觉》，《人文杂志》2014 年第 5 期。

无论是一般意义上的“性”，还是特殊意义上的“性”，都来自于“天”，这点古人从无异议。所以仅从这句话看不出什么名堂来。除非这里特别强调天命之性就是善性，那当然就不一样了。接下来，“率性之谓道”，这个“率”字，有人解释为统领，“率性”即“性”需要统率，那是对“性”有种不信任感。但古人的训诂多无这种观点，文中也没有什么照应之处。所以我们还是依照古训，把“率”读为“依循”为好。“率性”就是对“性”加以依循，不做修改，不加破坏，这样一种行为就可以称之为“道”。这样看来，这个“性”有非常高的价值，如果按照后世的解读法，直接将“性”替换为“善性”，那么“善性”来自于“天命”就顺理成章①。对善性加以依循、开发就是人间正道。可惜我们不能这样读，因为《中庸》自身并没有提供内在的依据。最后，“修道之谓教”，意思是如果对于这种不违背“性”的“道”加以修持，就形成了“教”，可见这个“教”不是一般意义上的教化，而是狭义的、有特定内涵的。从文本分析来看，这段话的关键词是“性”，作者认为“性”是如此的重要，只能因循，不能破坏，对“性”的因循构成了“道”，对这种因循之道的修持构成了“教”，因此，“道”是循性之道，“教”是循性之教。

《中庸》这篇文章很奇特。上面这三句突兀的话讲完之后，并没有深入地展开。接下来的内容可以分成上下两段，上半段说了一些平常的、具体的、琐碎的事情，甚至包括如何敬酒、如何设官、如何考功，五花八门，无所不包。但主要和“中庸”有关。“中庸”在我看来就是最佳的工作方法，这些事情和性论是没有关系的。下半段围绕“诚”展开，“性”的话题在下半段再次出现，“诚”和“性”是绑定在一起说的。例如前文引用的“唯天下至诚，为能尽其性；能尽其性，则能尽人之性；能尽人之性，则能尽物之性；能尽物之性，则可以赞天地之化育；可以赞天地之化育，则可以与天地参矣”。这样看来，“诚”是为

---

① 例如郭沂在《郭店楚简与先秦学术思想》（上海教育出版社 2001 年）一书中，就解释“天命之谓性”为天赋予人至善本性，“率性之谓道”是针对圣人所言，是说圣人只须遵循其本性，而“修道之谓教”针对普通人而言，普通人必须教化才能成为至善之人。参见第 594—615 页。

“性”服务的[①]。就是说“性”的开发，需要“至诚”的工夫，一般人做不到。前文已经提到，“诚”是一种感通的工夫。可见，唯有这种掌握感通工夫的人，才能把自己内在的“性”开发出来，一旦内在的“性”开发出来，那么不但可以“尽人之性”，还可以“尽物之性”，甚至最后可以“赞天地之化育”，也就是说，宇宙里的事情都能掌控。这是一套不可思议的神秘工夫，显然靠前面的“中庸”是完成不了的。作者用了很多玄妙的语言来描述这种工夫，如“至诚之道，可以前知”，即有了预见的能力，“善，必先知之；不善，必先知之。故至诚如神”。显然，“诚”是知善知恶的能力，而不是用以专门连通性善的。而且“至诚之道”就是无为之道，“不见而章，不动而变，无为而成”。这和《老子》四十七章“不出户，知天下；不窥牖，见天道；其出弥远，其知弥少。是以圣人不行而知，不见而名，不为而成”如出一辙。可见儒家一般意义上的教化根本不起作用。

作者还把“性”和“教”对应起来，“故君子尊德性而道问学，致广大而尽精微，极高明而道中庸”，这里“德性”和“问学”“精微”和“广大”“高明”和“中庸”都相对而言，前者是内，后者是外。就是说《中庸》既推崇“精微”的、用“至诚”工夫去开发“性”的路线，也推崇用“中庸”手段去教化大众、应对现实的路线。用《中庸》的话来概括就是“自诚明，谓之性；自明诚，谓之教”。“性”是自上而下的、自内而外的，“教”是自下而上的、自外而内的。当然前者的地位、意义和价值要高于后者。总之，“性”和“教”两条路线都要开发，但有先后之分，这是把《论语》所见两条“性”的路线给综合起来了，但位置发生了改变，原来孔子不言的东西现在成了重点。顺便指出，“自明诚，谓之教”的“教”接应于“道问学”意义上的“教”，和前面的“修道之谓教”的“教”应该不是同一样东西。

那么《中庸》和《孟子》究竟什么关系呢？这里还涉及两种文献孰先孰后的问题。假设《中庸》在《孟子》前面，那么，可以发现，在“天”与“性”

---

① 徐复观说“诚即是性”，这是无法赞同的，这两者明显有区别。参见徐复观：《学术与政治之间》，台北：学生书局 1985 年，第 411 页。

的关系问题上，孟子其实并没有直接的继承。如前面论证的那样，“尽心知性知天”“存心养性事天”的思路，并不是由天到性、由上到下、生成论意义上的表达方式。《孟子》并没有天命性善的理路，并没有从天那里寻求性善的形上依据，他的性善主要还是建立在心善的基础之上。那么孟子主要继承了什么呢？孟子继承的是由内而外的思维方式，继承的是对“性”之作用和价值的充分肯定与美好期待，继承的是因循天性的思路（前文讨论的孟子对“天下之言性”表示赞同也是旁证），然后他果断地把“性”直接替换成“善性”，并强调这才是唯一的、根本的性。和《中庸》一样，他特别钟情于“性”所能发挥的强大的作用力，当然，这种强大的作用力，《中庸》是用“诚”，而孟子是用“心”来开发的。在对感通的强调上，不如《中庸》那么强烈了。

假设《中庸》在《孟子》后面，那就是《中庸》无视《孟子》直接规定性善的说法，因为如前所云，孟子在先秦，即便在儒家内部，也是异数，是个少数派。所以《中庸》未予接受，也是有可能的。

总之，《中庸》的“性”究竟何意，我们并不清楚，但就像前面说的，它并没有直接指向性善，而是指向一种强大的能力。从《中庸》的表述看，如果以“至诚”的方式遵循这种性，那将产生不可思议的效果，如“性之德也，和外内之道也”所言，内可以“成己”，外可以“成物”，甚至上下还可以参赞“天地之化育”。

对“性”的能力如此礼赞，如此夸耀，先秦时期有谁可以相比呢？只有道家。这一点在上文中已经有详论，这里结合《中庸》、孟子与《管子》的关系再稍作阐述。在《管子》四篇那里，“道”“德”“气”（包括“精气”）、“性”“心”都是相贯通的概念。《管子·白心》说“形性相葆”，而《内业》则有“正形摄德”（《心术下》作“正形饰德”）的说法，可见“性”“德”是同义的。《内业》说“正形摄德，天仁地义，则淫然而自至。神明之极，照乎知万物，中义守不忒”。《心术下》说“正形饰德，万物毕得。翼然自来，神莫知其极。昭知天下，通于四极”。“摄德”“饰德”都是修持德性的意思，“正形摄德”之后的结果不可思议的，如“万物毕得”“天仁地义，则淫然而自至”“昭知天下，通于四极”，等等，其夸张的描述，和《中庸》以“至诚”方式开发“性”的能力之后达到的效果，没有什么两样。因此，笔者以为《中庸》的性论受到更为系统、更为成熟的《管子》性论的影响，是很有可能的。考虑到孟子身处稷下，他的性论同时受到《中庸》和《管子》的影响也是完全可能的。

道家文献中，也有类似《中庸》的话，如《文子·上礼》中有以下这段话：

> 老子曰：循性而行谓之道，得其天性谓之德，性失然后贵仁义，仁义立而道德废，纯朴散而礼乐饰，是非形而百姓眩，珠玉贵而天下争。

类似的话也见于《淮南子·齐俗》：

> 率性而行谓之道，得其天性谓之德。性失然后贵仁，道失然后贵义。是故仁义立而道德迁矣，礼乐饰则纯朴散矣，是非形则百姓眩矣，珠玉尊则天下争矣。凡此四者，衰世之造也，末世之用也。

其中的《文子·上礼》“循性而行谓之道”在《淮南子·齐俗》中作“率性而行谓之道”，这也证明了“率性”就是“循性”之意。此句和《中庸》的“率性之谓道”几乎吻合。这提示我们“率性”就是“率性而行”的意思。

相比《中庸》三句教在文中的突兀，《文子·上礼》和《淮南子·齐俗》的这两段都非常流畅，而且能够和下文照应起来。如《老子》第三十八章“失道而后德，失德而后仁，失仁而后义，失义而后礼”所示，在道家看来，道生万物的过程也是一个“道”被破坏的过程，所以在道家眼中，人类文明的出现以及展开，不是一个变得越来越美好的过程，而是道被分化以后，离开道越来越远、越来越糟糕的过程。这方面的论述在道家文献中十分多见，《文子·上礼》和《淮南子·齐俗》就是其中的一种而已。那么，在道的瓦解过程中，距离道最近的是什么？不用说就是德和性，而德和性在道家那里往往是一体之两面，德是道之体现，而性是道在万物中的落实。因此“率性而行谓之道”意味着只要“循性而行”就能离道不远，就能够符合道的准则。结合上一句，“得其天性谓之德”意味着人的天性直接来自于道与德，只要能够保有天性，就能够与道与德同在。相反，如果失去了这种最为珍贵、淳朴、完满的性，那么就会一步步走下坡路，并制造出“仁义”“礼乐”等种种人工、人为的道德规范来。

所以，《文子·上礼》和《淮南子·齐俗》这两段话的重点同样在于“性”，既交代了“性”的来源，也阐述了失性之后种种不良的后果。与《中庸》相似的是，两者都看到了“性”的重要性。不同的是，《文子》和《淮南子》为了使“性”不至丧失，要竭力回避社会政治，甚至将两者对立起来；而《中庸》通过神秘的感通的方式，竭力要把“性”的作用开发出来，因为《中庸》认为“性”的能量之大，甚至可以参赞天地化育。到了孟子，直接把“性”置换为善性，一方面竭力保养“性”（包括良心、良知、浩然之气等），不使其丧失，另一方面则力图使其进入到现实的生活与政治中。因此，道家和儒家完全走上了不同的道路。

还值得注意的是《淮南子·缪称》一下这段话：

> 性者，所受于天也；命者，所遭于时也。有其材，不遇其世，天也。太公何力，比干何罪，循性而行指，或害或利。求之有道，得之在命。

这说的是人之性受之于天，而在具体的时运遭际中落实为命。可见“性”和“命”都受制于天，不受人掌控。所以，作者以“姜太公”和“比干”为例，感叹“有其材，不遇其世，天也”“求之有道，得之在命”，表达了德福未必一致即命运无常的感叹。这里面，“性者，所受于天也”类似于“天命之谓性”，而“循性而行指”“求之有道”，类似于“率性之谓道”，也类似于《淮南子·齐俗》的“率性而性谓之道”。这对我们理解《中庸》前二句的本意很有帮助。就是说，《中庸》的前二句很有可能是作者从什么地方搜求而来的，然而再加上了

“修道之谓教”。这几句话本身和“善性”等道德意涵是没有天然关联的①。

考虑到道家对于“性”的源头、“性”的作用以及如何养性，有着更为丰富、系统的论述，而无论《中庸》还是《孟子》对此都语焉不详，尤其《中庸》的三句教，更是与后文难以贯通。因此，在对“性”的认识上，有理由相信，《中庸》《孟子》更多只是接受、利用而已。所以，虽然是推测，但以下的可能性是存在的。《文子·上礼》和《淮南子·齐俗》这两段话的前身以及《淮南子·缪称》这段话的前身有可能影响过《中庸》，《中庸》再加以改造，把话题从循性的同时防止失性，变成了循性的同时对性加以开发②。

与《中庸》三句教类似的话，还见于《汉书》的《董仲舒传》：

> 天令之谓命，命非圣人不行；质朴之谓性，性非教化不成；人欲之谓情，情非度制不节。是故王者上谨于承天意，以顺命也；下务明教化民，以成性也；正法度之宜，别上下之序，以防欲也：修此三者，而大本举矣。人受命于天，固超然异于群生，入有父子兄弟之亲，出有君臣上下之谊，会聚相遇，则有耆老长幼之施；粲然有文以相接，驩然有恩以相爱，此人之所以贵也。生五谷以食之，桑麻以衣之，六畜以养之，服牛乘马，圈豹槛虎，是其得天之灵，贵于物也。故孔子曰：“天地之性人为贵。”明于天性，知自贵于物；知自贵于物，然后知仁谊；知仁谊，然后重礼节；重礼

---

① 《淮南子·缪称》和子思的关系，已经为学者所瞩目，郭沂的《〈淮南子·缪称训〉所见子思〈累德篇〉考》（《孔子研究》2003年第6期）就做了考证，他认为《淮南子·缪称训》除首尾两段为编者所加前言后语外，其他悉为子思书佚文。种种迹象表明，这篇佚文正是《后汉书》李贤注所提到的《累德篇》。该佚篇与子思的其他著作血肉相连。笔者以为，如果子思是《中庸》的作者，也是《缪称》的主要作者，那么上引这段话对于帮助我们理解《中庸》前三句就更有帮助了。也有学者认为不可能是《累德篇》，因为《缪称》的主体是道家，和儒家《子思子》不合，见杨颉慧《〈淮南子·缪称训〉征引子思〈累德篇〉考》（《史学月刊》2007年第5期）。笔者以为不然，因为这恰恰证明了子思和道家可能有着密切的关系。

② “循性”显然是道家多见的用词，如《文子·上德》有“老子曰：‘天下莫易于为善，莫难于为不善。所谓为善者，静而无为，适情辞余，无所诱惑，循性保真，无变于己，故曰为善易也。’”（又见《淮南子·汎论》）

节，然后安处善；安处善，然后乐循理；乐循理，然后谓之君子。故孔子曰“不知命，亡以为君子”，此之谓也。

显然这是模仿《中庸》的写法，但内容完全变了。里面塞入了很多东西。第一，关于性的内涵，说得非常清楚，“质朴之谓性”“人欲之谓情”，因此必须接受圣人的教化和节制，这完全来自《荀子》。第二，性来自于天，不同于禽兽，具有伦理的特征和生产的能力，这是糅合了《中庸》《孟子》和《荀子》。第三，说圣人既是天命的承受者，又是王教的执行者。这是用董仲舒的一贯主题“天意”，去糅合荀子的王教思想和化性思想。可见，董仲舒没有继承《中庸》《孟子》对“性”的作用无限夸大的说法，但也并非一概排斥。

Two Approaches of Nature Theory in Early Confucianism ——An Investigation of *Lunyu* and *Zhongyong*

CAO Feng

Abstract: As can be seen from *Lunyu*, nature theory during that period has two directions. One is morality-oriented education to the public, and it is not beyond the scope of the general attribute. The division of human nature into different grades is related to the diversity, complexity and particularity. Confucianism naturally highlights the importance of morality-oriented education. Confucius has developed three ideological approaches, which is educating students according to their various aptitudes, making comprehensive education based on the sameness of human nature, and human nature will migrate, change and grow because of cultivation. This approach of combining “nature” with “educating” is the most prominent and universal route of Confucian's nature theory in pre-Qin Dynasty, and it is also external and popular. The other is the transcendental gongfu theory or realm theory mastered by a few people, this kind of "nature" has the transcendent characteristics, but it also does not belong to essential attribute which is independent and exclusive. In order to demonstrate that Mencius' ontology of good-nature, later generations have to manifest the second approach of Confucius' theory, and include *Zhongyong*, *Yizhuan*, *Xing-zi-ming-chu* into this route. In *Zhongyong*, "nature" is from top to bottom and from inside to outside, while "educating" is from bottom to top and from outside to inside. *Zhongyong* combines the two approaches of nature theory in *Lunyu*, but changes the position and emphasize the part that Confucius has educated without words. However, even if the second approach of Confucius' nature theory is highlighted in *Zhongyong*, it still can not be regarded as the theory of good-nature. *Zhongyong* does not mention good-nature anywhere, and all the associations to good-nature are actually established by later generations.

Key words: Nature; Educate; *Lunyu*; *Zhongyong*

论荀子哲学对孟庄思想的摄受与扬弃*

李振纲**

（河北大学　哲学与社会学学院，河北　保定　071002）

摘要：战国末期思想文化折中综合的趋势日渐显著，荀学是这一思想文化走向的典型范式。孟子、庄子思想在荀子哲学建构中具有非常独特的影响，此种影响主要表现在，荀子天道观对宗教之天、德性之天的剔除及与道家自然观的纠缠；性善、性真、性恶善伪的观念差异与相互连结；道德反省、审美直觉向认知理性的转向。从观念比较的视角交叉考量孟、庄、荀思想逻辑深层结构上的差异及其相蕴互补性，揭示荀子对孟子、庄子思想的摄受与扬弃，还原荀子哲学的思想史地位。荀子思维方式的一大特点是认知理性转向，认知理性精神由于与中国哲学价值优先的主流传统不相契合而受到抑制，是中国古代科学技术没有走向近代转型的认识论根源。

关键词：荀子哲学；孟子；庄子；摄受与扬弃；观念比较

战国末期思想文化折中综合的趋势日渐显著，荀子是这一思想文化走向的典型代表。受稷下学风影响，荀子究天人之际，通古今之变，非诸子之说，解

---

* 本文系国家社会科学基金重点项目“老子哲学与先秦道论”（编号：20AZX009）阶段性成果。

** 李振纲（1956—），哲学博士，博士生导师，河北大学哲学与社会学学院教授，研究领域为先秦诸子哲学、儒道生命哲学。

百家之蔽，成一家之言。其学以儒学为基础，折中综合道家、墨家、名家、法家、兵家等思想观念，实现了先秦哲学及思想文化的第一次批判整合，成为先秦子学转向两汉经学的重要环节。《史记·孟子荀卿列传》载，荀子曾游学于齐国稷下学宫并“三为祭酒”，是当时领袖群伦的著名学者；晚年在兰陵著书“数万言”“嫉浊世之政，亡国乱君相属，不遂大道而营于巫祝”“推儒、墨、道德之行事兴坏”①。这些信息流露出荀子哲学与先秦儒家、墨家、道家关系的一些线索，对我们了解荀子哲学的学术背景及理论意向十分重要。孟子、庄子思想在荀学建构中具有非常独特的影响。对此议题，清代、民国时期及当今学人已有所论及，但总体看来，以往研究对孟荀关系讨论得比较多，对庄荀关系讨论得还不够充分，从观念比较的视角细微考量孟子、庄子、荀子思想逻辑深层结构上的差异及其相蕴互补性，揭示荀学对孟子庄子思想的摄受与扬弃，尚有继续讨论的空间，本文就此再做探讨。

荀子哲学主要保存在《荀子》中。晚清王先谦的《荀子集解》，以唐人杨倞注为基础，采集清代各家之说，复加按语，断以己见，是清代荀学研究最精详完善的一个注本。本文所论荀子思想，主要依据此文本②。

一、“天行有常”及“知天”与“不求知天”

天与人的关系亦即“天人之辨”是中国先秦哲学所讨论的重要问题，也是整个中国哲学的基本问题。在先秦，道家尊天，坚持自然主义原则，故老、庄以自然天道为价值本原，推证人性与人道的意义。儒家重人，坚持人伦主义原则，故孔、孟以仁爱精神和社会伦理价值设定天道的意义，然后再自上而下，将天道视作人道的形上依托。孔孟与老庄，两者理论旨趣不同，但都在理论思维方法上坚持了天人合一的逻辑理路。荀子则不同，他提出“明于天人之分”的基本立场，坚持天道与人道的划界理论，从自然（天）与人文（人）两个维

① 司马迁：《史记》卷七十四，北京：中华书局（简体字本）1999年，第1842页。

② 王先谦撰：《荀子集解》，沈孝寰、王星贤整理，北京：中华书局2012年，下引《荀子》原文，在文中注明书名及篇名。

度对世界的存在与价值进行了理性的观照。这一思想集中见于《荀子·天论篇》。《天论篇》云：

> 天行有常，不为尧存，不为桀亡。应之以治则吉，应之以乱则凶。强本而节用，则天不能贫；养备而动时，则天不能病；修道而不贰，则天不能祸。故水旱不能使之饥渴，寒暑不能使之疾，祆怪不能使之凶。本荒而用侈，则天不能使之富；养略而动罕，则天不能使之全；倍道而妄行，则天不能使之吉。故水旱未至而饥，寒暑未薄而疾，祆怪未至而凶。受时与治世同，而殃祸与治世异。不可以怨天，其道然也。故明于天人至分，则可谓至人矣。

"天"，自三代至晚周诸子，有主宰之天、命运之天、义理之天和自然之天诸说。荀子从经验主义、自然主义出发，明确坚持了自然之天说，不仅剔除了宗教之天的神秘意义，也剔除了儒家义理之天的价值意义，甚至也不同于老子"天法道，道法自然"、庄子"宗天""以天合天"的自然主义。荀子所说的"天"，既不是幽冥主宰之天，如商周之天、帝观念，墨子的"天志"；也不是孟子所主的作为道德形上根源的至诚至善之性天，如云："诚者，天之道也；思诚者，人之道也。"（《孟子·离娄上》）也不是道家作为人道生命价值本源的"自然"或"天"。老子云："天之道，损有余而补不足。人之道则不然，损不足以奉有余。"（《老子》第七十七章）庄子云："天在内，人在外，德在乎天。"（《庄子·秋水》）强调真人的理想追求是"独成其天"。老子、庄子的"天道"或"自然"，内涵"法自然""应自然""尊自然""法天贵真"的人文价值意涵，所以刘笑敢将其诠释为"人文自然"①。荀子所谓"天"，是整个自然界的代名词，如其言：

---

① 刘笑敢认为，道家的"自然"是一种蕴含着"应然价值"的自然，故称之曰"人文自然"。他说："人文自然的最高层面出于对人生、社会、人类、自然、宇宙的终极关切，是对天地万物之总根源和总根据的内容的探求和描述"，"人文自然的最高目标是人类整体状态的自然和谐，是人类与宇宙的总体关系的和谐。……这种终极关切会对生存个体提供道德上的制约和价值上的引导。"（刘笑敢：《老子古今》，中国社会科学出版社 2006 年，第 83—84 页）。

“列星随旋，日月递照，四时代御，阴阳大化，风雨博施，万物各得其和以生，各得其养以成。不见其事而见其功，夫是之谓神。皆知其所以成，莫知其无形，夫是之谓天。唯圣人为不求知天。”（《荀子·天论篇》）在荀子语境中与“天”相关联的复合词如“天行”“天职”“天功”“天情”“天政”“天妖”“天官”“天君”① 等，个中之“天”均是纯粹客观的自然义。

荀子客观自然的“天”观念，与墨子的宗教之天（“天志”）、孟子的义理之天（诚）容易区分，与道家的“天道”“自然”观念的关系则比较微妙复杂。一方面，荀子的“天”与道家的“天道”“自然”观念具有一定的相似性，两者都强调事物客观、自然、自发的特性，都反对违背自然法则的主观妄为。如老子说：“天地不仁，以万物为刍狗。”（《老子》第五章）“知常曰明，不知常，妄作凶。”（《老子》第十六章）荀子说：“天行有常，不为尧存，不为桀亡。应之以治则吉，应之以乱则凶。”老子说，大巧若拙，大智若愚；荀子说“大巧在所不为，大智在所不虑”（《荀子·天论篇》）云云。这种相似性流露出荀子天道观与道家思想渊源之隐情。另一方面，两者又有实质性的差别，这种实质性差别对于区分荀子思想与道家思想的精神特质十分重要。道家的“天”“道”“自然”，不仅具有宇宙创生、万物存在的根源义、本体义、法则义，而且粘连着浓厚的价值意涵，在老子、庄子语境中，“天”“道”“自然”又是一种最高的“真”“善”和“美”的根源，它是人之为人的价值源泉。荀子的“天”则不是这样，“天”作为在人对面存在并为人所利用、所对治的客观的、物理的自然物及其变化过程，它不具有任何宗教的、道德的、审美的“价值意涵”或“应然的”的情愫，又何谈人道之形上依托或价值源泉。从如上分析，可以说荀子借取道家自然主义消解了墨家主宰之天的宗教意义，其天道观具有朴素的科学精神或理性主义色彩。然而，这种朴素的唯物主义或理性主义，也同时解构了儒家义理之天的道德支撑，这一点成为荀子哲学的致命缺陷，割断了天人上下贯

---

① 《天论篇》云：“天职既立，天功既成，形具而神生，好恶、喜怒、哀乐藏焉，夫是之谓天情。耳目鼻口形能，各有接而相能，夫是之谓天官。心居中虚以治五官，夫是之谓天君。财非其类，以养其类，夫是之谓天养。顺其类者谓之福，逆其类者谓之祸，夫是之谓天政。暗其天君，乱其天官，弃其天养，逆其天政，背其天情，以丧天功，夫是之谓大凶。”

通的内在逻辑及由此赋予的道德性命的圆满性。

荀子天人论对道家的超越突出表现在人的主体地位上。一如上述，被脱去神秘外衣和剥离掉价值意涵的自然之天，与“人”构成一种认识关系和实践关系，成为实践主体的“人”认知、利用的“对象”或“客体”，如其言：“天有其时，地有其才，人有其治，夫是之谓能参。”（《荀子·天论篇》）关于如何处理天人关系，荀子提出一个极重要的思想，即“制天命而用之”。他说：

> 大天而思之，孰与物畜而制之？从天而颂之，孰与制天命而用之？望时而待之，孰与应时而使之？因物而多之，孰与骋能而化之？思物而物之，孰与理物而无失之？愿于物之所以生，孰与有物之所以成？故错人而思天，则失万物之情。（《荀子·天论篇》）

在荀子看来，与其夸大天的作用而思慕它的恩赐，倒不如畜养万物而控制它；与其顺从天意而崇拜赞美它，倒不如掌握自然法则而利用它；与其盼望天时而等待天的福佑，倒不如顺应天时的变化而支配它；与其听任万物自然增长，倒不如发挥人的才能促进万物之发展；与其空想让万物为人所支配，倒不如治理万物使其得到充分的利用；与其仰慕自然万物背后的原因，倒不如促进已经生成的万物更好地成长。一句话，如果放弃人为的努力而一味思慕上天的恩惠，那就失去了万物之实情。因为自然界没有意志，它不会恩赐人类什么东西。这里处处洋溢着对人的主体力量的讴歌，表现了对人的力量、对人类实践能力的自信。

最后要说的一点是，以往研究者所忽略或未加深究的一个问题，即在对待“天”的态度上，荀子观念中“知天”与“不求知天”似是而非的矛盾。如云：“圣人清其天君，正其天官，备其天养，顺其天政，养其天情，以全其天功。如是，则知其所为，知其所不为，则天地官而万物役矣。其行曲治，其养曲适，其生不伤，夫是之谓知天。”（《荀子·天论篇》）可是，荀子又主张“唯圣人为不求知天”，认为人在因天时、用地利而参与天地变化时，“舍其所以参而愿其所参，则惑矣”“错人而思天，则失万物之情”（《荀子·天论篇》）王先谦《集解》引杨倞注云："人能治天时地财而用之，则是参天地。舍人事而欲知天意，斯惑矣。"① 荀子说"知天"又说"不求知天"，以往论者以为这表明荀子的思想杂乱、自相矛盾。

其实，仔细梳理《天论篇》的文本语境，把握荀子思想的整体性而不是表面断章取义，就会知道，荀子说的"知天"与"不求知天"在思想逻辑上是自洽的，并不矛盾。所谓"知天"，就是"明于天人之分"，懂得"天职""天功""天政"的自然性，遵循自然变化的规律，发挥人治、人能的作用，参与辅助天地自然的变化，修明礼仪法度以曲尽其治，合理安排生产生活以曲尽其适，让万物生长畜养繁育而无所伤害，让天地自然更好满足人类的需要。如此便是"知天"。所谓"不求知天"，可从积极的方面与消极的方面两面来说。从积极的一面说，"不求知天"即不"求知遇于天"（不祈求上天的知遇、恩赐）因为自然之天没有感情，没有人格，没有意志，不会给人以知遇之恩。上面所说的"大天而思之""从天而颂之""错人而思天"，放弃人事而妄思天神、天恩，均属于"求知于天"，荀子说这是一种理性的迷惑。这是依据自然常识、生产生活经验对宗教之天的解蔽与祛魅，所以具有积极的意义。从消极的一面说，"不求知天"即不去探求自然的奥秘或研究自然变化的因果关系。如其言："不为而成，不求而得，夫是之谓天职。如是者，虽深，其人不加虑焉；虽大，不加能焉；虽精，不加察焉：夫是之谓不与天争职。"（《荀子・天论篇》）文中的"深""大""精"，带有形而上的意味，是指自然"现象"背后的深层原因、普遍本质和精密数度。王先谦《集解》引杨倞注："其人，至人也。言天道虽深远，至人曾不措意测度焉，以其无益于理。若措其在人者，慕其在天者，是争职也。《庄子》曰'六合之外，圣人存而不论'也。"② 荀子主张对自然现象背后的原因"不加虑""不加能""不加察"，认为这样做等于"与天争职"，超越了人的职分。这种拒斥"形而上原理"的态度，典型表现了荀子经验论的思维方式及其局限性。荀子"不求知天"的经验主义，在《天论篇》的另一段话中更

① 王先谦：《荀子集解》，北京：中华书局 2012 年，第 302 页。

② 王先谦：《荀子集解》，北京：中华书局 2012 年，第 302 页。

为鲜明，如其言：“所志于天者，已其见象之可以期者矣；所志于地者，已其见宜之可以息者矣；所志于四时者，已其见数之可以事者矣；所志于阴阳者，已其见知（王念孙训“知”作“和”）之可以治者矣。”（《荀子·天论篇》）此种仅仅为了表面实用而对待天、地、四时的狭隘的经验主义或实用主义，套用荀子“解蔽”批评墨子“蔽于用而不知文”的话语逻辑，也可以说是“蔽于显而不知微”。

荀子“知天”与“不求知天”是两个层面的问题，“知天”强调“明于天人之分”，在经验或现象世界中处理好“天”与“人”、自然与社会的关系，更好地利用自然为人类造福；“不求知天”，从积极的意义上说是不求“天”的恩赐，从消极的意义说指不研究自然现象背后的原因、根源。毋庸讳言，这种重实用而不重视抽象原理研究的思维方式不利于中国自然科学的发展。值得注意的一个容易被忽略的细节是杨倞注引《庄子·齐物论》“六合之外，圣人存而不论”这句话来解释荀子消极意义上的“不求知天”，一则表明荀子天道自然观念与道家割舍不断的关联，另则表明杨氏对庄子克服“成心”“物论”走向开放心灵和自由天地的“齐物”精神的审美意蕴与荀子朴素经验论思维方式的重大差异，缺乏理论自觉或细微的体会。

二、“人最为天下贵”与“蔽于天而不知人”

荀子“明于天人之分”的基本立场，表现在“天”的一面，强调天行有常，天功自然；表现在“人”的一面，突出“人有其治”（礼义法度）。荀子说：“在天者莫明于日月，在地者莫明于水火，在物者莫明于珠玉，在人者莫明于礼义。故日月不高，则光辉不赫；水火不积，则晖润不博；珠玉不睹于外，则王公不以为宝；礼义不加于国家，则功名不白。故人之命在天，国之命在礼。君人者隆礼尊贤而王，重法爱民而霸，好利多诈而危，权谋、倾覆、幽险而尽亡矣。”（《荀子·天论篇》）荀子很看重人在天地间的主体地位，认为人的生命源于自然，是自然的产物。然而，人又有高于自然的特质，在两千多年前提出了“人最为天下贵”这一光辉的人学命题。依荀子，人高于自然的依据，有下面三个方面：

其一“人有义”，亦即人有道德。荀子之前，孟子曾讲过“人之所以异于禽兽者几希”（《孟子·离娄下》），认为人与动物之间这极细微的区别就在于人具有恻隐、羞恶、辞让、是非等道德意识。荀子在经验论前提下继承了这一思想，认可道德是人与动物最重要、最本质的区别。他说：“水火有气而无生，草木有生而无知，禽兽有知而无义，人有气有生有知亦且有义，故最为天下贵也。”（《荀子·王制篇》）这里揭示了自然界从无生物到植物、动物再到人类的生命演进过程。道德是人类高于自然、贵于万物的优越性。《荀子·非相篇》进一步指出：“人之所以为人者，非特以其二足而无毛也，以其有辨也。夫禽兽有父子而无父子之亲，有牝牡而无男女之别。故人道莫不有辨。”（《荀子·非相篇》）人与动物的区别并不在于人的形体，而在于人有道德，能以道德形成上下、贵贱、长幼、亲疏等伦理秩序。这种道德和伦理关系是人之所以为人且区别于物类的本质特征。

其二“人有其治”，亦即人能认识自然并控制自然为自己服务，官天地而役万物。在天人关系上，老子讲“人法地，地法天，天法道，道法自然”（《老子》第二十五章），庄子讲“无以人灭天，无以故灭命，无以得殉名。谨守而勿失，是谓反其真。”（《庄子·秋水》），均主张崇尚自然，无为而治，在宥天下。荀子批评这种自然主义立场“蔽于天而不知人”（《荀子·解蔽篇》），抹杀了人的主观能动性，将人降低到了物的地位。与老庄自然主义不同，荀子强调说：“天有其时，地有其财，人有其治，夫是之谓能参。”（《荀子·天论篇》）人能够制天命而用之，参与辅助天地的变化，具有与天地并立而三的主体地位。

其三“人能群”，亦即人懂得合群之道，能够结成社会而与天争胜。这是人为贵第二标志的引申。荀子认为“合群”是人类“胜天”的前提。他说：“力不若牛，走不若马，而牛马为用，何也？曰：人能群，彼不能群也。”（《荀子·王制篇》）“故人生不能无群，群而无分则争，争则乱，乱则离，离则弱，弱则不能胜物。”（《荀子·王制篇》）要结成社会组织，就必须制定礼义法度，规定伦理义务。有了礼义法度，人类组织（群）便会和谐有序，形成合力，驾驭自然，官天地而役万物，序四时，裁万物，兼利天下。

据上所言，荀子在《解蔽篇》中以庄子为例，批评道家的自然主义是“蔽于天而不知人”。此种批评，站在儒家立场看不无见地，但从更高的层次，或站在道家“以天合天”的大生命立场看，这种批评就有很大的局限性。倘若站在庄子的立场上，也可以说荀子“弊于人而不知天”，对“礼义法度”的有限性及“文明异化”问题缺少理论照察，“明乎礼义而陋于知人心”（《庄子·田子方》）。况且，庄子哲学语境中的“天”与荀子所谓“天”尽管都有自然的含义，但又有明显的差异。荀子的“天”是在人之外、与人相分的客观的自然界，是人认识、改造或对治的对象物。庄子则不然，“天”与“真”同义，它不仅具有客观自然义，而且具有“应当自然”、回归本真、自然乃真、本真即美的丰富内涵及价值诉求。故其言：“天在内，人在外，德在乎天。”（《庄子·秋水》）“古之真人，以天待人，不以人入天。”（《庄子·徐无鬼》）庄子“宗天”“以天合天”的“采真之游”，是克服人道异化、回归本初自由的审美境界。庄子说“天”，实际上是说人之为人的终极理想之境。在本真、纯一、浑全、大美之“天”的映照下，“人”的社会形态处处显得外在、虚伪、扭曲、渺小，只有超克了此种“人”的异化形态（俗、伪、假），才能回归人的应然价值，亦即“真人”。如此看来，庄子在一定程度上洞察到人类文明途中背离自然、滋生异化的可能性及此异化过程的不可逆转性，因而设想用一种“虚己以游世”的审美方式加以补救或纠正。此种“蔽于天”在庄子思想世界中恰好是“知天”亦“知人”。相比之下，从庄子审美归真的眼光看荀子，把“本始材朴”的自然本真说成“恶”，如此“化性而起伪”乃是一种意义颠倒！其实，道家的“自然”蕴含着深厚的人文意义，儒家的“人文”也离不开天地自然大化流行的生命本根，否则，礼义法度就像墙上芦苇、溪涧浮萍，谈不上“文理隆盛”，如此浮表外在的道德只能成为机械压制人性的工具，又如何用来安顿生命的意义。恰是这一点，埋下后来李斯、韩非走向严刑峻法、刻薄寡恩专制主义的根源。在此意义上也可说荀子“蔽于人而不知天”。

三、“性善”“性真”与“性恶善伪”

人性论是先秦诸子哲学的核心议题之一。孔子提出“性近习远”的议题，人性善恶的价值内涵尚未得以充分展开，尔后这一问题逐步得以显题化。《孟子·告子上》载，公都子曾向孟子提及当时流行人性论的几个观点，一是“性无善无不善”说，一是“性可以为善，可以为不善”（文武兴，则民好善；幽厉兴，则民好暴）说，一是“有性善，有性不善”（以尧为君而有象，以瞽瞍为父而有舜）说。公都子有些迷惑，说“今曰‘性善’，然则彼皆非欤?”于是孟子集中论述了他的性善说。孟子说：“乃若其情，则可以为善矣，乃所谓善也。若夫为不善，非才之罪也。恻隐之心，人皆有之；羞恶之心，人皆有之；恭敬之心，人皆有之；是非之心，人皆有之。恻隐之心，仁也；羞恶之心，义也；恭敬之心，礼也；是非之心，智也。仁义礼智，非由外铄我也，我固有之也，弗思耳矣。故曰，‘求则得之，舍则失之。’或相倍蓰而无算者，不能尽其才者也。《诗》曰：‘天生蒸民，有物有则。民之秉彝，好是懿德。’孔子曰：‘为此诗者，其知道乎！’故有物必则；民之秉彝也，好是懿德。”（《孟子·告子上》）

这是孟子性善论最集中的一段文字，完整表达了孟子性善说的理论要点及逻辑进路。

孟子道性善，大约与孟子同时的庄子则主张浑沌自然的性真说。庄子说：“牛马四足，是谓天；落马首，穿牛鼻，是谓人。故曰，无以人灭天，无以故灭命，无以得殉名。谨守而勿失，是谓反其真。”（《庄子·秋水》）又说：“马，蹄可以践霜雪，毛可以御风寒，龁草饮水，翘足而陆，此马之真性也。”庄子说：“天地一指也，万物一马也。”（《庄子·齐物论》）“马”是生命世界的一个隐喻，庄子借“马之真性”实是说天地万物当然也包括人之为人的本真性情。依庄子，伯乐治马而害马，圣人用仁义而“乱人之性”。“法天贵真”是庄子人性观的显著特色，“真”字在《庄子》中六十六见，庄子语境中有“真宰”“真君”“真人”“真知”“反其真”“极物之真”“采真之游”“能体纯素，谓之真人”“见利而忘其真”“缘而葆真”诸说，“真”，均含有自足、淳粹、朴素、自然、内在的意思，与贪求、污染、巧诈、扭曲、外在相对立。故其言：“且夫失性有五：一曰五色乱目，使目不明：二曰五声乱耳，使耳不聪；三曰五臭薰鼻，困惾中颡；四曰五味浊口，使口厉爽；五曰趣舍滑心，使性飞扬。此五者，皆生之害也。”古之至人，以游逍遥之虚，食于苟简之田，立于不贷之圃。“逍遥，无为也；苟简，易养也；不贷，无出也。古者谓是采真之游。”（《庄子·天运》）庄子憧憬的“真”是情性的恬淡宁静与心神的虚明灵通。（《庄子·天地》）

荀子“明于天人之分”的基本立场贯彻到人性论上便形成他在儒学史上颇受争议的“性伪之分”“性恶善伪”“化性起伪”说。这一议题在《荀子·性恶篇》中得以集中论述。《性恶篇》云：

> 人之性恶，其善者伪也。今人之性，生而有好利焉，顺是，故争夺生而辞让亡焉；生而有疾恶焉，顺是，故残贼生而忠信亡焉；生而有耳目之欲，有好声色焉，顺是，故淫乱生而礼义文理亡焉。然则从人之性，顺人之情，必出于争夺，合于犯分乱礼而归于暴。故必将有师法之化、礼义之道，然后出于辞让，合于文理，而归于治。用此观之，然则人之性恶明矣，其善者伪也。

围绕“性恶”而“善伪”，《性恶论》不厌其烦从不同角度进行了一一辩证，这些论证，不免有些重复，我们不必一一理会。唐杨倞《荀子注》云：“伪，为也，矫也，矫其本性也。凡非天性而人作为之者，皆谓之伪。”王先谦《集解》引郝懿行曰：“性，自然也。伪，人为也。‘伪’与‘为’，古字通。杨氏不了，而训为矫，全书皆然，是其蔽也。”① 王先谦以为“郝说是”。其实，我倒是认为杨倞的注不仅无蔽，且更符合荀说本义，因为训“伪”作“为”并以“矫其本性”训“伪”，突出了“礼义法度”对人性之欲的矫正作用，更符合荀子“化性起伪”的价值意向。在荀子看来，“恶”属人性，“善”系人为。人性即人生而具有的自然本能，此种本能预示了人之非道德性（恶）的先天根源。而礼义法度是后天人为教化的结果。故其言：“凡性者，天之就也，不可学，不可事；礼义者，圣人之所生也，人之所学而能，所事而成者也。”（《荀子·性恶篇》）《荀子·礼论篇》说得更明确：“性者，本始材朴也；伪者，文理隆盛也。无性

① 王先谦：《荀子集解》，北京：中华书局2012年，第420页。

则伪之无所加，无伪则性不能自美。性伪合，然后圣人之名一，天下之功于是就也。”“性”就像一块未经加工的材料，“伪”是对此种材料的加工改造，也就是杨倞所训的“矫其本性”。人通过环境影响、学习、教化，节制自然本能之“欲”，接受“礼义法度”规范，这一后天修为的工夫及结果，谓之“化性起伪”。以“性恶”为前提，荀子继而指出“礼义法度”生于“圣人之伪”。荀子说：“凡礼义者，是生于圣人之伪，非故生于人之性也。……圣人积思虑，习伪故，以生礼义以起法度，然则礼义法度者，是生于圣人之伪，非故生于人之性也。……故圣人之所以同于众，其不异于众者，性也；所以异而过众者，伪也。”（《荀子·性恶篇》）性伪之辨关涉人的自然属性与社会属性的关系。依荀子，人的自然本能属于“性”，人的社会属性属于“伪”，人性并不自发地归顺人文道义，人的社会属性是后天教化的结果。其实，人的自然本能固然不可说是善，但也不可直接说是恶，只是一个客观事实。恶与善一样，均属于对人性或人的行为的价值判断。把“善”与“恶”说成先天的性，都不符合人性的事实。

从“性恶善伪”出发，荀子批判了孟子“性善论”的先验主义。荀子提出两点批评。第一，孟子性善说“是不及知人之性，而不察乎人之性伪之分”（《荀子·性恶篇》）依荀子，礼义法度来自于后天圣人之“伪”，而不是源自本始材朴之性，批评孟子不懂得人性与人道的区别，把人性与人道混为一谈。第二，孟子言性善“无辨合符验”，与实际的人性不相符合，不能成为礼义法度秩序的根据。荀子说：“善言古者必有节于今，善言天者必有征于人。凡论者，贵其有辨合，有符验，故坐而言之，起而可设，张而可施行。今孟子曰‘人之性善’，无辨合符验，坐而言之，起而不可设，张而不可施行，岂不过甚矣哉！故性善则去圣王、息礼义矣；性恶则与圣王、贵礼义矣。”（《荀子·性恶篇》）这是用经验论批评孟子性善论的先验主义。孟荀的人性善恶观，泾渭分明，以往论者也多有辨析。性恶论与性善论又有相同的一面。孟子说“人皆可以为尧舜”（《孟子·告子上》），荀子说“涂之人可以为禹”（《荀子·性恶篇》），都认可成就圣人的可能性与修养工夫的必要性。冯友兰深刻见到了这一点，他说：“在《性恶》篇中，荀子企图证明，人生来就有求利求乐的欲望，但是他也肯定，除了恶端，人同时还有智能，可以使人向善。……可见，孟子说人皆可以为尧舜，是因为人本来是善的；荀子论证涂之人可以为禹，是因为人本来是智的。”① 由此可知，荀子的性恶论并不是“人恶论”。

较之孟荀人性善恶之辨，庄子与孟子、荀子人性论的关系要复杂得多，三者相互纠结缠绕在一起，若即若离，不好割舍清楚。这里有一个逻辑纽结须从细微处加以辨析。孟子、庄子、荀子所说的“性”都带有本初先天性。孟子说“性善”以道德意识为人的先天禀赋，荀子说“性恶”与庄子说“性真”则都指向人的自然属性。庄子与荀子人性内涵的细微差别在于，荀子所指认为“恶”的自然属性特指人的“性之欲”；庄子所指认为“真”的自然属性，既包含人的生理欲望，更指向人淳朴、自然、活泼、自由的“天性”，此种天真烂漫的自然属性又称作“性命之情”。荀子以“性之欲”为恶，所以主张“化性”；孟子以“性之端”为善，所以主张“尽性”；庄子以“性之初”为真，所以主张“复初”“返真”“安其性命之情”（《庄子·在宥》）“任其性命之情”（《庄子·骈拇》）。然而，孟子、庄子、荀子在人性修养工夫论上都强调节制、净化人的欲望。孟子、荀子认为“私欲”是有悖于道德的自然属性，而“心思”（孟）“知能”（荀）是“尽性”“化性”的保障。一般说来，庄子也不否认“私欲”的负面价值，但他不同于孟、荀的特异之处在于尖锐针砭“心智”是导致文明异化、人性扭曲（伪）和“私欲”泛滥的根源。有趣的是，孟子说“诚者天之道”，“善”的形上依据是天道之“诚”；荀子说“性恶善伪”，一个“伪”字，尽管荀子赋予其特定的“人为”之义，但说“人为”属于“伪”，不经意间又流露出道家老子“慧智出，有大伪”、庄子“法天贵真”的某种观念性遗存。

四、“知性”“虚一而静”谓之“大清明”

荀子“化性起伪”的命题只是显示了“性”与“伪”之间的某种思想张力，但“道德何以可能”并没有在理论上得到实质性的解决。依荀子，“人之性恶”，

---

① 冯友兰：《中国哲学简史》，北京：北京大学出版社 1985 年，第 165 页。

圣人同于众人者在先天之“性”，异于众人者在后天之“伪”。这里依旧存在一个性恶论的“死结”，既然人之性恶，一个背着“性恶”原罪的人（包括圣人）如何能够走向“善”呢？易言之，圣人“化性起伪”何以可能？退一步说，即使圣人建立了礼义法度，“性恶”的众人又如何能够接受这种“善”的设计？对此，荀子也有自洽性的逻辑预设。我们可以从两个层面加以疏解：其一，荀子并不是笼统地说“性恶”，而是有明确的限制，“恶”死死限定在“性之欲”上。依荀子，“本始材朴”的“性之欲”并不就是恶，他特意强调“顺是”，也就是“顺人之性”不加节制、任其泛滥则会成为“恶”。其二，也是更重要的一点，人性除了“性之欲”，同时还有“性之知”。“性之知”特指人不学而知、不学而能的认知能力。恰是这一点是解开性恶论“道德何以可能”的一把灵钥。荀子说：“涂之人可以为禹，何谓也？曰：凡禹之所以为禹者，以其为仁义法正也。然则仁义法正有可知可能之理，然而涂之人也，皆有可以知仁义法正之质，皆有可以能仁义法正之具，然则其可以为禹明矣。”（《荀子·性恶篇》）依荀子，人有能知之性，物有可知之理，从可知论出发，得出“涂之人可以为禹”“圣人者，人之所积而致”的结论。人虽“性恶”，但凭其先天的“能知仁义法正之质”“能行仁义法正之具”，便可以“积习”成就人道伦理之善，如此积善不息，终会直达圣域。这里出现一个性恶论的重大转折，直接点明超克“性恶”的依据也来自于“性”，此即人先天而有的“能知”“能行”的资质与才性，这就由“性”（人性论）引发出“知”（认识论）的问题。借助“知”与“性”，亦即认知理性与自然本能的张力，“道德何以可能”不再成为令性恶论尴尬的难题。依荀子，“心”既关联着“性”，也关联着“知”，“心”是“性”与“知”的逻辑枢纽，于是“化性起伪”的工夫论便转换为“心有征知”的认识论问题。

《荀子·解蔽篇》是一篇注重讨论认识论或思维方法的文献。荀子提出一个重要的认识论原则或思维方法论——“解蔽”，亦即克服认识的片面性，以获得完整的真理（道）。《解蔽篇》开宗明义说：“凡人之患，蔽于一曲而暗于大理。……故为蔽：欲为蔽、恶为蔽，始为蔽、终为蔽，远为蔽、近为蔽，博为蔽、浅为蔽，古为蔽、今为蔽。凡万物异则莫不相为蔽，此心术之公患也。”荀子指出，天下事物无不存在着差异，如果只看到一个方面而看不到另一方面，就会造成认识上的片面性。克服此种片面性，以获得完整的真理，即“解蔽”。“道”体常而尽变，一隅不足以举之。诸子不懂得这一点，以一隅代全体，被荀子讥为“曲知之人”。那么如何“解蔽”以把握真全之“道”呢？荀子提出“兼陈万物而中县衡”“虚一而静”的“大清明”说。荀子说：

> 圣人知心术之患，见蔽塞之祸，故无欲无恶，无始无终，无近无远，无博无浅，无古无今，兼陈万物而中县衡焉。是故众异不得相蔽以乱其伦也。何谓衡？曰：道。……人何以知道？曰：心。心何以知？曰：虚一而静。心未尝不臧也，然而有所谓虚；心未尝不两也，然而有所谓一；心未尝不动也，然而有所谓静。人生而有知，知而有志。志也者，臧也，然而有所谓虚，不以所已臧害所将受谓之虚。心生而有知，知而有异，异也者，同时兼知之。同时兼知之，两也，然而有所谓一，不以夫一害此一谓之一。心，卧则梦，偷则自行，使之则谋。故心未尝不动也，然而有所谓静，不以梦剧乱知谓之静。……虚一而静，谓之大清明。（《荀子·解蔽篇》）

这是最能代表荀子认识论或“心知论”特色的一段文字。“衡”即权衡事理的尺度。荀子认为，事物之间的差异会使人们只看到一个方面而看不到另一个方面，造成认识上的片面性。只有兼顾事物的各个方面，以“道”加以衡量，才能获得全真的认识。这反映了荀子认识论中力图克服经验认识有限性的思维辩证法因素。荀子指出，由“一曲之知”进达全真之道，需要特殊的心理条件或逻辑心境，荀子谓之“大清明”，故其言“虚一而静，谓之大清明”。所谓“虚”，指虚心。荀子说“不以所已臧害所将受谓之虚”，即不以已有的认识影响接受新的知识；“一”指专心，荀子说“不以夫一害此一谓之一”，即不以某一种知识妨害接受另一种知识；“静”指静心，荀子说“不以梦剧乱知谓之静”，即保持心灵平静，不胡思乱想干扰对事物的认知。有了这种“大清明”的心理状态，“心知”便可以由个别上升到一般，由“殊相”上升到“共相”，把握事物的普遍本质或全真之道，也就有了权衡是非曲直的根本依据，从而“疏观万物而知其情，参稽治乱而通其度，经纬天地而材官万物，制割大理而宇宙理”（《荀子·解蔽篇》）。

荀子“心”论的特色需要在先秦心性观念演变的链条中加以分析。陈鼓应说：“从文献看，《论语》谈到心只有六处，《老子》谈到心也只有十处。……心在《孟子》中出现一百二十次，在《庄子》中出现一百八十七次，孟、庄的心学在这一概念出现的频率中，展现出前所未有的丰富的思想内涵。”[①] 也就是说，“心”在春秋末期尚未成为表达主体性的哲学范畴，孟子和庄子对于“心”的议题的关注反映了那特定时代如何安顿生命的迫切需求。孟子、庄子的学派归属虽有儒道之分，但其哲学都十分关注心体工夫与境界的开掘。孟子以性善论推论王道正义，庄子以性真说演绎生命自由。孟子“知言”“养气”“集义”“践形”“舍我其谁”的伦理心境，意在凸显道德主体性的诚明及道德实践的庄严崇高，觉解伦理原则的共性并走向“同美”的道德世界；庄子“逍遥”“齐物”“心斋””“坐忘”“淡然无极”的审美心境，意在消解审美活动的主观性，营造一种虚明空灵的开放胸怀，吞吐万象，消融心物，感悟生命之美的个性，走向“大美”的艺术天地。一个唤醒道德自律，一个体验审美自由，儒道互补，美善相蕴，共同推进了战国中期心灵哲学的崛起。战国末期，思想文化折中综合的趋势日渐显著，荀子思想是其典型范式。具体到“心”观念来看，荀子汲取了孟子心学（“心之官则思”）的主体性，剔除了其“反身而诚”道德意向性；转用了庄子心学（“虚”“一”“静”“明”）的心体涵养形式，悬置了其直觉、隐喻、玄冥、灵动的审美特性，注入了经验、理性、归纳、征知、权衡等认识论内容。由此，从“上下与天地同流”的道德心、“独与天地精神往来”的审美心转向主观（能知之性）与客观（所知之理）二分的认知心，关乎德性、性情的价值理性演变为一种以“知性”为圭臬的纯工具理性，如此“知性”可以带给人们理智的逻辑的知识，不能引发道德意志和生命情感的安顿。

五、结语：荀学式微的反思

一如上述，荀子哲学体现了中国古代哲学的第一次批判综合。也恰恰是这

---

① 陈鼓应：《庄子的人性论》，北京：中华书局2017年，第1—3页。

一点，使荀子成为经学时代颇受争议的一类人物。荀子是战国末期诸子哲学的集大成者，在两汉至初唐儒学史上的地位与孟子不分伯仲。中唐韩愈倡导儒家道统说，把荀子与扬雄并论，评说其学术“择焉而不精，语焉而不详”（《原道》）“孟氏醇乎醇者也，荀与扬，大醇而小疵”（《读荀》），荀子的地位始受到质疑而低于孟子。殆至宋明，随着孟子学的升格，程颐、朱熹等理学家对《荀子》书多有诟病，《非十二子》《性恶》两篇尤受指责。故杨倞之后，注《荀子》者后继无人，荀学寂然式微。清中叶朴学兴起，注重经验、理性、富国强兵、节用裕民、王霸并用、经世致用的荀学由冷变热，再度受到时代关注。《荀子》成为文献学的一个热点，谢墉、汪中、郝懿行、卢文弨、王念孙、俞樾等，均对杨倞注本《荀子》做过校勘、诠释，其中晚清王先谦的《荀子集解》堪称清代荀学研究集大成者。可贵的是，王先谦在《荀子集解・序》中为荀学进行了辩诬，其荀学观包括这样三个要点：(1) 宋儒抑荀的“性恶说”是一种成见，荀子并非不知人性有善有恶，性恶说是迫于战国乱世有感而发的权变之论，非荀子本意；(2) 荀子论治道与学术皆以礼为宗，不仅没有背离儒学宗旨，而且抓住了儒学精要，具有更加强烈的现实性；(3) 荀子学术不用于当时且在后世被污名化，是中国思想文化的一种悲哀。

平实而论，在先秦儒学史上孔子面对春秋之际“礼崩乐坏”的现实，援“礼”入“仁”，以“仁”释“礼”，提出一条用文化牵引社会改良的路向。孟子发明“性善论”，从理想的方面弘扬孔子仁学，从“性与天道”的向度为儒学奠定道德形上学原理，确立了道德人本主义；荀子阐发“性恶论”，从现实性方面将孔子仁学落实于“礼义法度”的伦理构架中。在这个意义上，冯友兰称“孟子代表儒家的理想主义的一翼，稍晚的荀子代表儒家的现实主义的一翼”①，又说：“孟子有左也有右：左就左在强调个人自由；右就右在重视超道德的价值，因而接近宗教。荀子有右也有左：右就右在强调社会控制；左就左在发挥了自然主义，因而直接反对任何宗教观念。”② 冯先生的论断很有意思，他不仅点醒

① 冯友兰：《中国哲学简史》，北京：北京大学出版社 1985 年，第 79 页。

② 冯友兰：《中国哲学简史》，北京：北京大学出版社 1985 年，第 163 页。

我们完整把握孟荀之学，而且启迪我们仔细体会荀子哲学与道家自然主义的隐秘关系。程颐说："论性，不论气，不备；论气，不论性，不明。"[①] 宋明时期儒家性理学的成熟，其实质是孟子性善论与荀子性恶论的整合，义理之性与气质之性的交融，既挺起道德本体的超越性，又强调修养工夫的现实性，使"内在而超越"的道德实践成为可能。

从荀子与孟子、庄子的关系看，荀子哲学思维的一大特点是由道德理性、审美理性向认知理性（认识论）的转向。《解蔽篇》提出一系列认识论问题，诸如：(1) 世界的可知性："凡以知，物之性也；可以知，物之理也。"(2) "心"的主观能动性："心者，形之君也，而神明之主也，出令而无所受令。自禁也，自使也，自夺也，自取也，自行也，自止也。"(3) 认识心境的调节："心枝则无知，倾则不精，二则疑惑。""导之以理，养之以清，物莫之倾，则足以定是非、决嫌疑矣。"(4) "精于道"优先于"精于物"："精于物者以物物，精于道者兼物物。故君子一于道而以赞稽物。"(5) 认识错觉问题："冥冥而行者，见寝石以为卧虎也，……醉者越百步之沟，以为跬步之浍也，……厌目而视者，视一以为两；掩耳而听者，听漠漠而以为哅哅，势乱其官也。"（《解蔽篇》）认识论转向是荀子对先秦哲学的一大贡献。遗憾的是，这一认知理性精神与墨家、名家及后期墨辩逻辑学说一样，由于与中国哲学价值优先的主流思维传统不相契合而被抑制，这是中国古代科学技术没有实现近代转型的认识论根源。

---

① 程颢、程颐：《二程集》，王孝鱼点校，北京：中华书局2004年，第81页。

Xunzi's Philosophy's Acceptance and Sublation of Mencius and Zhuangzi's Thoughts

LI Zhengang

(School of Philosophy and Sociology, Hebei University,

Baoding, 071002, China)

Abstract: At the end of the Warring States period, the trend of synthesis of ideology and culture became more and more obvious, and *Xunxue* is a typical paradigm of this ideological and cultural trend. The thoughts of Mencius and Zhuangzi have unique influence in the construction of Xunzi's philosophy. Such influence is mainly manifested in: the elimination of the religious heaven and virtue heaven and Taoist view of nature; the conceptual difference and interconnection of good nature, true nature, and nature from evil to good; the shift of moral introspection and aesthetic intuition to cognitive rationality. From the perspective of conceptual comparison, the examination of the differences and complementarity of Mencius, Zhuangzi and Xunzi's thoughts can reveal Xunzi's acceptance and sublation of Mencius and Zhuangzi's thoughts, and restore the status of Xunzi's philosophy in the history. A major feature of Xunzi's thinking mode is the turn of cognitive rationality. The cognitive rational spirit is inhibited due to its incompatibility with the mainstream tradition of Chinese philosophy and value. And it is the epistemological root of the fact that the science and technology of ancient Chinese has not been transformed into modern science and technology.

Key words: Xunzi's philosophy; Mencius; Zhuangzi; acceptance and sublation; concept comparison

祖先祭祀的“思想化”进路

——对早期儒家哲学起源的一种探讨

许春华[*]

（河北大学　哲学与社会学学院，河北　保定　071002）

摘要：轴心时代中祖先祭祀存在一种向儒家哲学逐渐转进的“思想化”进路，具体表现为三条线索。从“人文化”来说，“祖先”由“在世”与“超世”的“文化英雄”，转换为一种“如在”的思想图景。从“内向化”来说，“孝”从“追孝”“享孝”的生命情感，内化为“慎终追远”的道德精神。从“理性化”来说，由“祈”“受”观念的功利诉求，转化成反对谄媚鬼神的理性态度。孔子以“仁”确立了祭祀活动的“内在形态”与“超越形态”，奠立了祖先祭祀的人文主义哲学根基。对这一问题的探讨，有益于进一步理解儒家哲学的思想起源问题。

关键词：祖先祭祀；思想化；儒家哲学；起源

德国哲学家雅斯贝尔斯在“轴心时代”理论中提出，作为一场人类精神觉醒的历史进程，轴心时代中各文明民族哲学的发端，如“希腊、印度、中国的

---

* 许春华（1963—），男，哲学博士，教授，河北大学博士生导师，河北大学哲学与社会学学院学术委员会主任，河北大学畿辅哲学研究中心主任，主要研究方向为先秦儒道哲学。

哲学家们以及佛陀的重要见解”[①]，尤其是核心地位的宗教形态，“是轴心时代意识和敬畏赞叹的对象，被奉为楷模（孔子和柏拉图就是这样），但在新的观点中，它们的意义却有了改变。”[②] 现代西方学者普遍认可古希腊神话—宗教传统作为希腊“哲学史前史”的地位，如古希腊奥菲斯教对宇宙起源的猜测成为希腊自然哲学的思想渊源，其宗教伦理对毕达哥拉斯学派、赫拉克利特哲学的影响，甚至后期的苏格拉底、柏拉图、新柏拉图学派，都“带有奥菲斯教的深刻痕迹”[③]。古希腊神话—宗教传统，“作为哲学家的先驱，以及在他们之中存在一种离开神话、向理性思想发展的倾向，其重要性最近已经越来越清楚地认识到了。”[④] 而祖先祭祀在中国上古三代信仰的中心地位，作为中国独特的宗教形态[⑤]，也越来越受到中外学者的关注。新康德主义哲学家卡西勒甚至断定祖先祭祀是中国特有的“国教”[⑥]。但对祖先祭祀在“轴心时代”儒家哲学起源中的思想价值问题，论述并不多见。陈来看到了这一点，强调祭祀文化在“轴心时代”儒家哲学起源中的重要性：“就中国文明史来看，我以为‘祭祀’的一个极为重要的功能被宗教学家和历史学家所忽视，即在中国古代，祭祀是保持、传承信仰的载体和方式。”[⑦] 所以，与古希腊神话—宗教传统承载这种信仰功能以及由此对希腊哲学起源的影响不同，在儒家哲学的起源中，“是祭祀体系及其实践承担并满足了此种功能。由于祭祀的神谱的体系在某种程度上扮演了和西方神话相同的角色，所以它的内部生长的人文、德性、理性的因素就更加值得注意。”[⑧]

---

① 雅斯贝尔斯：《论历史的起源与目标》，李雪涛译，上海：华东师范大学出版社 2018 年，第 9 页。

② 雅斯贝尔斯：《论历史的起源与目标》，李雪涛译，上海：华东师范大学出版社 2018 年，第 14 页。

③ 汪子嵩、陈村富、包利民：《希腊哲学史》，北京：人民出版社 2019 年，第 58 页。

④ 汪子嵩、陈村富、包利民：《希腊哲学史》，北京：人民出版社 2019 年，第 59 页。

⑤ 傅佩荣：《儒道天论发微》，北京：中华书局 2010 年，第 2 页。

⑥ 俞懿娴：《从〈尚书〉的“天”看自然宗教和道德神学》，载于《哲学与文化》第 34 卷第 10 期，台北：五南图书出版有限公司 2007 年，第 6 页。

⑦ 陈来：《古代思想文化的世界》，北京：生活·读书·新知 三联书店 2009 年，第 161 页。

⑧ 陈来：《古代思想文化的世界》，北京：生活·读书·新知 三联书店 2009 年，第 161 页。

受这一主张的启发，笔者认为上述雅氏所云“意义的改变”，可以理解为“前轴心时代”祖先祭祀的宗教信仰形态，转换升进为“轴心时代”儒家哲学形态，或者说这种宗教信仰形态经历了一种“被思想化”过程。笔者试图按照祖先形象之“人文化”、“孝”观念之“内向化”、价值关切之“理性化”三条线索，探讨祖先祭祀的“思想化”进路及其与儒家哲学起源的内在关系。

一

“祭祀之道，自生民以来则有之矣。”（《后汉书·祭祀志》）在殷商甲骨文中，卜祭内容占据绝大部分，说明祖先祭祀在殷人生活中至为重要。“殷人之制，遍祀先王先公。”① 这种自然宗教形态之下的“祖先”，是一位至高无上之人格神。陈梦家通过对殷墟卜辞的研究，认为殷人之“上帝”多为“生活上之主宰”②，而“国之大事，在祀与戎”。（《左传·成公十三年》）作为影响国家生存、发展的“王事”，都要求助于祖先神；甚至殷人世王从高祖夔以来的祖、示、王、父、土等名号，都具有“祖先的崇祀意义”③，可以说，祖先祭祀乃殷人首要的宗教形态。卜辞之“上帝”具有“降灾”“赐雨”“降咎”“降若”（“若”谓福佑也）、“降疾”等能力④，“祖先神”与“上帝”同样具有这种福佑禳灾之权力，“在商人的观念中，祖先的世界与神的世界是直接打通的”。⑤ 这奠定了祖先祭祀的宗教形上意义。

据日本学者伊藤道治研究，殷商末期即第三期卜辞以后的“祖先”形象，发生了从恐怖、作祟向亲近、护佑的明显变化⑥。与殷人高高在上人格神之“祖先”形象不同，周人之“祖先”更倾向于一种富于人文精神和道德意蕴的“文

---

① 王国维：《观堂集林》，北京：中华书局 1959 年，第 470 页。

② 陈梦家：《陈梦家学术论文集》，北京：中华书局 2016 年，第 51 页。

③ 侯外庐：《中国思想通史》第 1 卷，北京：人民出版社 1957 年，第 63 页。

④ 陈梦家：《陈梦家学术论文集》，北京：中华书局 2016 年，第 47—48 页。

⑤ 张光直：《中国青铜时代》，台北：联经出版事业股份有限公司 1983 年，第 308 页。

⑥ 伊藤道治：《中国古代王朝的形成》，江蓝生译，北京：中华书局 2002 年，第 11—39 页。

化英雄”，他们“不仅是祖先的谱系，还有长者、首领和神圣君王”。① 作为“别具特色的现实人类”②，“祖先”与“生者”不可相分，成为家庭、宗族乃至文化共同体的符号象征。这种“祖先”既“在世”又“超世”，所谓“在世”，是说“祖先”担当着沟通天人关系的使命，《诗经》中言“陟降”颇多，如“念兹皇祖，陟降庭止。”（《周颂·闵予小子》）“绍庭上下，陟降厥家。”（《周颂·访落》）“文王陟降，在帝左右。”（《大雅·文王》）所谓“陟降”，“古者言天及祖宗之默佑皆曰陟降”③。可见“祖先”并非“超绝”于现实世界，“超绝者，意谓‘高高在上，惟己务是事’”④，而是可以创制礼乐文化，福佑天下万民。所谓“超世”，是说“祖先”又超越现实世界，是具有“超常的、个体性的精神能力”的“英雄和伟人”⑤，这种“超自然的品质”与其不同凡响的“精神能力”，可在祭祀之时“祀登闻于天”。（《尚书·酒诰》）是说祖先之“品德”犹如“馨香”，感动神明。这种“在世”与“超世”的弥贯通达，乃周人“祖先”最为根本的特质，故将这种祖先祭祀称为“华夏宗教”⑥，可谓理所固然。

春秋时代晚期，“祖先”从“天上”降临到“人间”，更为注重对生命价值的肯定，“如在”成为儒家理解“祖先”与“生者”息息相关之思想图景的关键词。子曰：“祭如在，祭神如神在。”（《论语·八佾》）邢昺疏：“祭如在者，谓祭宗庙必致其敬，如其亲存，言事死如事生也。”⑦“如其亲存”意指“祖先”与“生者”犹如共在。“祖先”并非居住在彼岸世界的“鬼神”，而是与现实世界之“生者”在生命、心灵、精神上相互感通，有神性、魂魄、精神的特殊意义的“鬼神”：“祖先”其“神性”使之能摄百物之精，与生者保持气脉感通，“自一身言之，我之气即祖先之气”⑧，其“魂魄”使之涵育诚敬之心，“祭祀之礼尽其

① 史华慈：《古代中国的思想世界》，程刚译，南京：江苏人民出版社2008年，第28页。

② 史华慈：《古代中国的思想世界》，程刚译，南京：江苏人民出版社2008年，第34页。

③ 陈梦家：《陈梦家学术论文集》，北京：中华书局2016年，第48—49页。

④ 方东美：《中国哲学精神及其发展》上册，孙智燊译，北京：中华书局2012年，第62页。

⑤ 史华慈：《古代中国的思想世界》，程刚译，南京：江苏人民出版社2008年，第34页。

⑥ 胡适：《胡适学术文集·中国哲学史》，北京：中华书局1991年，第534页。

⑦ 阮元：《十三经注疏》，北京：中华书局1980年，第5358页。

⑧ 黎靖德：《朱子语类》，北京：中华书局1986年，第47页。

诚敬，便可以致得祖考之魂魄”①；其“精神”使之生命赓续不绝，“以我之精神感彼之精神”②。故朱子以“感格”“感通”“感召”“感应”③ 等系列以“感”为核心的术语，点睛“生者”与“祖先”精神生命的融通合一。

孔子云：“鬼神之为德，其盛矣乎！视之而弗见，听之而弗闻，体物而不可遗。使天下之人，齐明盛服，以承祭祀。洋洋乎如在其上，如在其左右。”（《中庸》）“洋洋”，“流动充满之意。”④“祖先”之“德”体现于“天地之功用，而造化之迹也”⑤。此“德”之“盛”充溢于现实世界之中，“视之而弗见，听之而弗闻”，却“如在其上”“如在其左右”。“祖先”之“如在”并非客观真实的“存在”，亦非象征性的“存在”，而是类似海德格尔所说的“此在”，一种“始源性”“情境化”、具有“优先地位”的“存在”⑥。相对于主客体关系或者对象化意义上的“鬼神”而言，祖先之“如在”是亲切可感的、真实不虚的“人文存在”，涵摄了祭祀、鬼神界域的人文关怀，“奠定了中国哲学人文主义的根基”⑦。

二

在以姻亲血缘为纽带的古代社会中，“孝”根源于祭祖传统。甲骨文之“孝”是象形文字，所象之形即在祖先祭祀时躬身侍奉的形态，这纯属一种事神敬祖之外在行为。据王国维考证，商王武丁之子名“孝己”，卜辞中“兄己”“父己”即是“孝己”，其“祀典”与祖庚相同⑧。可见殷商时期“孝”之观念与

---

① 黎靖德：《朱子语类》，北京：中华书局 1986 年，第 46 页。

② 黎靖德：《朱子语类》，北京：中华书局 1986 年，第 47 页。

③ 黎靖德：《朱子语类》，北京：中华书局 1986 年，第 46—47 页。

④ 朱熹：《四书章句集注》，北京：中华书局 1983 年，第 25 页。

⑤ 朱熹：《四书章句集注》，北京：中华书局 1983 年，第 25 页。

⑥ 海德格尔：《存在与时间》，陈嘉映、王庆节译，北京：生活·读书·新知三联书店 1999 年，第 16 页。

⑦ 陈荣捷：《中国哲学文献选编》，杨儒宾等译，北京：北京联合出版公司 2018 年，第 13 页。

⑧ 王国维：《观堂集林》，北京：中华书局 1959 年，第 431 页。

祭祀、养亲行为直接相关。

西周以降，"孝"之观念根植于宗法伦理的"尊尊、亲亲二义"①，《诗》《书》中已常见。《尚书》如"用孝养厥父母。"（《周书・酒诰》）"元恶大憝，矧惟不孝不友。"（《周书・康诰》）"追孝于前文人。"（《周书・文侯之命》）《诗经》如"假哉皇考，绥予孝子。"（《周颂・雍》）"於乎皇考，永世克孝。"（《周颂・闵予小子》）"率见昭考，以孝以享。"（《周颂・载见》）"成王之孚，下土之式。永言孝思，孝思维则。媚兹一人，应侯顺德。永言孝思，昭哉嗣服。"（《大雅・下武》）

周人之"孝"其向度仍不外乎养亲与祭祀，但相对殷人"孝"之外在行为而言，有两点明显变化：其一，无论从"孝"之数量，还是从"孝"之语义，祖先祭祀乃周人之"孝"第一义，这一点从周代金文中更可确证。如"追孝"：

> 颂簋：用作朕皇考龚叔……用追孝。
>
> 兮仲钟：用追孝于皇考己伯。
>
> 买簋：用追孝于朕皇祖、帝考。
>
> 白椃簋：用追孝于厥皇考。
>
> 虢姜簋：追孝于皇考。②

所谓"昭孝""享孝"，"夫享，所以昭德也。"（《左传・定公十年》）即追溯、昭示先王之德；"皇考""文人"指文王、武王，所谓"克孝""孝思""追孝"，"我继其绪，思其所行不忘也。"③ 即承继文武周公之千秋大业。周人之"孝"不仅仅限于养亲之道德规范与外在行为，"继孝""享孝"之精义在于培植"孝"之生命情感，颂扬祖先不朽道德功业，追思祖先精神生命本原。

其二，"有孝有德"（《诗经・大雅・卷阿》），"孝"与"德"相得益彰。周

---

① 王国维：《观堂集林》，北京：中华书局 1959 年，第 472 页。

② 陈苏镇：《商周时期孝观念的起源、发展及其社会原因》，载于《中国哲学》第十辑，北京：生活・读书・新知 三联书店 1983 年，第 48 页。

③ 郑玄：《毛诗传笺》，北京：中华书局 2018 年，第 469 页。

人“深信美德比神秘的超凡能力更为重要，这称得上是轴心时代的深刻洞见”[①]。《国语·鲁语上》载：“凡禘、郊、祖、宗、报，此五者国之典祀也。”“报”，韦昭注曰：“报，报德，谓祭也。”[②] 周公制礼有“七庙之礼”，“七世之庙，可以观德。”（《尚书·咸有一德》）孔传：“天子立七庙，有德之王为祖宗，其庙不毁，故可观德。”“祖宗”即涵有功德之义，“崇德报功，垂拱而天下治”。（《尚书·武成》）“崇德”即颂扬德行高尚者，重在其高尚人格与道德型范。“夫圣王之制祭祀也，法施于民则祀之，以死勤事则祀之，以劳定国则祀之，能御大灾则祀之，能扞大患则祀之。”（《礼记·祭法》）正是周公、文王、武王等祖先奉事天命的高尚美德，维护天下长治久安的丰功伟业，才使他们成为善美合体的“圣哲”，此乃享受祭祀与崇拜的最终依据。

孔子承继了周人立足于血缘亲情之“孝”，“君子笃于亲，则民兴于仁”。（《论语·泰伯》）同时又超越了这种宗法伦理的生命情感，立“仁”为“孝悌”之价值本原，“孝悌者，其为仁之本欤”。（《论语·学而》）程子注：“故为仁以孝悌为本。论性，则以仁为孝悌之本。”[③] 孟子则进一步发挥了这种“孝心仁性”思想，在确立“尧舜之道，孝悌而已矣”（《孟子·告子下》）的前提下，既以“心”上言“孝”，“孩提之童，无不知爱其亲也，及至长也，无不知敬其兄也。亲亲，仁也；敬长，义也。无他，达之天下也。”（《孟子·尽心上》）亦从人“性”善质论“孝”，“仁之实，事亲是也；义之实，从兄是也。”（《孟子·离娄上》）孔孟推动“孝”之生命情感转换为道德情感，再内化为“心”“性”之“仁”，型塑了“孝心仁性”为理据的形上学之“内在形态”。

黑格尔认为，“中国纯粹建筑在这一种道德的结合上，国家的特性便是客观的‘家庭孝敬’。”[④] 这确实看到“孝”在家庭乃至社会、国家中核心抟构的作用。但黑格尔没有看到也许根本不了解，中国上古三代“孝”之地位和作用远

① 阿姆斯特朗：《轴心时代》，孙艳燕、白彦兵译，上海：上海三联书店 2019 年，第 52 页。

② 上海师范大学古籍整理组：《国语》，上海：上海古籍出版社 1978 年，第 169 页。

③ 朱熹：《四书章句集注》，北京：中华书局 1983 年，第 48 页。

④ 黑格尔：《历史哲学》，王造时译，上海：上海书店出版社 1999 年，第 127 页。

非横向的社会、国家结构所能完全显现出来，从而根本忽视“其形上的宗教的意义”①。早期儒家在强调“孝”之伦理规范即横向的社会教化意义的同时，更为注重“孝之纵的社会文化意义”②，亦即将这种道德情感“教人依理以充达其情于父之父、父之祖，以至于远祖，至以祖配享于天，敬祖如敬天之大祭”③。《礼记》之“追养继孝”与“报本返始”，可谓对此种“孝”之意义的切近诠释。

《礼记·祭义》两次谈到“大孝”“小孝”之分，“大孝尊亲，其次弗辱，其下能养。”“小孝用力，中孝用劳，大孝不匮。”按照这种层级，最下（小孝）者为善事父母，乃庶人之孝；其次（中孝）不亏其体，不辱其亲，乃士大夫之孝；最高（大）之孝为赞誉、颂美祖先之丰功伟业。此即“祭者，所以追养继孝也。”（《礼记·祭义》）“修宗庙，敬祀事，教民追孝也。”（《礼记·坊记》）“追养继孝”，从外在形态来说，是对祖先之功德，刻之以铭文，这是祭祀祖先、追思先人的一种文本方式。“称美不称恶”乃铭文之规则，“其先祖无美而称之，是诬也；有善而弗知，不明也；知而弗传，不仁也。此三者，君子之所耻也。”（《礼记·祭统》）其中，“知而弗传”最为君子所不耻，故谓“不仁”。从内在理路来说，则在于自觉融入祖先之精神生命，实现精神生命的绵延赓续。此亦曾子“慎终追远，民德归厚矣”（《论语·学而》）、“夫孝者，善继人之志，善述人之事”（《中庸》）之深义。

《礼记·郊特牲》云：“祭有祈焉，有报焉，有由辟焉。”郑玄注：“祈犹求也。谓祈福祥，求永贞也。报，谓若获禾报社。由，用也。辟……谓弭灾兵，远罪疾也。”④ 指明礼制中“报”与“祈”“辟”的根本不同。“祈”即事神致福之义，“辟”即去灾避祸之义，“报”即尽心报恩之义，三者有其根本不同，方慤注：“欲彼之有予也，故有祈以求之。……因彼之有施也，故有报以反之。……虑彼之有来也，故有辟以去之。”⑤“报”着重提升自身的自觉性与主动

---

① 唐君毅：《中国文化之精神价值》，台北：正中书局 1953 年，第 200 页。

② 唐君毅：《中国文化之精神价值》，台北：正中书局 1953 年，第 200 页。

③ 唐君毅：《中国文化之精神价值》，台北：正中书局 1953 年，第 43 页。

④ 孙希旦：《礼记集解》，北京：中华书局 1989 年，第 723 页。

⑤ 孙希旦：《礼记集解》，北京：中华书局 1989 年，第 723 页。

性，竭力致其诚敬之心与报恩之情，一方面消解祭祀活动的功利之心与自私心理，另一方面则内化为人的道德意识与人格尊严。“万物本乎天，人本乎祖，此所以配上帝也。郊之祭也，大报本返始也。”（《礼记·郊特牲》）“报本返始”内涵两种不同的思想路向：报恩之情感本于天地、祖先之无私泽被，追思精神生命之根本，即方慤所注“彼之有施也”，这是一种由外而内的思想路向，反哺报恩之情的内在德性；而植根于内心知恩报答之精神生命，又要源源不断转出推恩于天地、祖先之情，“致反始，以厚其本也。”（《礼记·祭义》）将自身生命与祖先之精神生命相融摄，即“有报以反之”，这是一种由内而外的思想路向，彰显报恩之情的自觉外发。“报本返始”从宗教情感来说，它藉由对天地、祖先推恩报恩之精神，透显对生命本源的反思；从哲学义理来说，由生命本源的关注以至自觉于道德精神的进路，它意涵一种“隐藏本体论”，“而赋予哲学之解释，以通其义”①，从而透显一种哲学与宗教的张力。

三

殷人在随时能够降灾福佑、权力至上的祖先面前，唯有顶礼膜拜，完全匍匐在祖先神面前。据陈梦家对商代祭祀的研究，“祈”及其相近词语乃殷墟卜辞中使用较为广泛的术语，仅第四类“祈告之祭”中，就有“告”“册”“祷”“祝”“先”“兑”“贲”。其中“册”亦“告”之义；《说文》：“祷，告事求福也。”卜辞亦称“祷祭”；“祝”象人仰首开口呼求状；“先”多用于求雨；“兑”谓求雨时之祝告；“贲”即贲雨、贲年，与祈雨、祈年同义②。这说明卜筮、祈祷、呼求等乃殷人祖先祭祀之常态。另外，殷墟卜辞中，经常出现“受有祐”“弗受有祐”，这与周金文中的“受土”“受疆”“受民”之“受”不同，殷人之“受”是在宗教信仰意识中，表达祭者与祖先神之间的关系，“神降的正面是福是佑，神降的反面是祸是凶，神与求神者之间的关系谓之‘受’。”③ 殷人祭祀的

---

① 方东美：《中国哲学精神及其发展》上册，孙智燊译，北京：中华书局 2012 年，第 68 页。

② 陈梦家：《陈梦家学术论文集》，北京：中华书局 2016 年，第 13—16 页。

③ 侯外庐：《中国思想通史》第 1 卷，北京：人民出版社 1957 年，第 65 页。

功利取向在“祈”“受”等卜辞中体现的非常突出。陈梦家看到，“商人的祓禳起源于实用的目的，本是一种实际行为”①。马克斯·韦伯在研究古代世界“祈祷”“献祭”“牺牲”这些宗教仪式时，亦认为“防避‘现世的’外在弊端和谋求‘现世的’实惠，是一切正常的‘祈祷’的内容”②。与其说殷人祖先祭祀具有“理性宗教”③倾向或体现出“早期文化的理性化”④，倒不如说它们是一种具有浓郁功利色彩的“简择取舍”。《说文》以“事神致福”解释“礼”之缘起，亦可谓根源于殷商时期带有功利色彩的祭祀之“礼”。《礼记》云：“君子曰：‘祭祀不祈’。”（《礼记·礼器》）郑玄注：“祈，求也。祭祀不为求福也。”⑤以祈求福佑或禳灾为目的的祭祀之“礼”，与巫术迷信相距不远甚至合为一体，这会直接影响祖先祭祀的价值取向，“祭祀成为投资，祖先像腐化的官员，可以收受贿赂”⑥。这种功利化色彩的祖先祭祀，绝非儒家君子之所为。

随着殷周之际祖先祭祀的理性规则逐步确立，“礼仪性的增加毋宁反映呪术性的减低。若干先公先臣的隐退，则划分了人鬼与神灵的界限，可见重人事的态度取代了由于对鬼神的畏惧而起的崇拜，这是‘新派’祭祀代表的一种人道精神”⑦。这种“人道精神”涵育了祖先祭祀中“理性传统”，不啻为周人克商后“思想上的大革命，当可称为中国文化演变中一个极重要的事件”⑧。其“思想革命”的实质就在于赋予了礼乐文化传统一种理性精神。“礼也者，理也。”（《礼记·仲尼燕居》）“理”内指礼乐文化所涵育的理性观念，外指宗法制、分封制、昭穆制、嫡庶制等政治、社会、文化共同体的理性设计以及依靠礼仪、威仪所维系的个人理性行为。这种理性精神驱动创制的秩序化、条理化的生活方

---

① 陈梦家：《陈梦家学术论文集》，北京：中华书局 2016 年，第 118 页。

② 马克斯·韦伯：《经济与社会》上册，林荣远译，北京：商务印书馆 1998 年，第 478 页。

③ 方东美：《中国哲学精神及其发展》上册，孙智燊译，北京：中华书局 2012 年，第 66 页。

④ 陈来：《古代宗教与伦理》，北京：生活·读书·新知 三联书店 1996 年，第 11 页。

⑤ 孙希旦：《礼记集解》，中华书局 1989 年，第 648 页。

⑥ 傅佩荣：《儒道天论发微》，北京：中华书局 2010 年，第 50 页。

⑦ 许倬云：《西周史》，北京：生活·读书·新知 三联书店 2018 年，第 124 页。

⑧ 许倬云：《西周史》，北京：生活·读书·新知 三联书店 2018 年，第 125 页。

式，推动周人之祖先祭祀走上一条具有“明显的入世和理性主义倾向”① 之轨道，使之既未沉溺于原始巫术活动的迷信膜拜，亦没有趋向祈福护佑、避祸禳灾的功利目的。

方东美认为，“初期儒家承受一套原始初民之上古思想遗迹，企图纳诸理性哲学”②。孔子之“承受”“纳诸”殷周祖先祭祀之理性精神，体现在两方面：一方面以“礼”为价值规范与理性依据，“子不语怪、力、乱、神”。（《论语·述而》）明确了拒斥巫术迷信的理性态度，反对谄媚鬼神的祭祀取向。“子曰：非其鬼而祭之，谄也。”（《论语·为政》）“非其所祭而祭之，名曰淫祀。淫祀无福。”（《礼记·曲礼下》）“淫祀”即借祭祀之机，祈求福佑禳灾，这不仅把“祖先”降低为喜欢供奉、爱好贿赂的功利之神，亵渎了“祖先”的神圣灵魂，也把祭拜者贬视为取悦鬼神、追逐福报之徒。另一方面，孔子以“仁”为内在德性与价值关切，“子曰：……吾与史巫同途而殊归者也”。（帛书《易·要》）孔子与“史”“巫”“殊归”之处在于：“我观其德义耳。”“吾求其德而已。”（同上）即由神灵的外求而转向内在的仁德，以奠立祖先祭祀之超越性与神圣性的价值基础。“敬鬼神而远之，可谓知矣。”（《论语·雍也》）包咸注：“敬鬼神而不渎。”“渎”，亵慢之义；邢昺疏：“恭敬鬼神而疏远之，不亵渎。”③“远”并非怠慢、搁置之义，“疏远”指秉持清醒的理性态度；“不渎”另一面即恭敬，即关注内心对“鬼神”之诚敬与敬畏，“远”与“敬”，犹如祭祀活动之一体两面。孔子并非否定“祖先”意义的“鬼神”，而是拒斥亵近“鬼神”的功利主张，反对匍匐在“鬼神”面前的非理性态度，强调以诚敬之心对越神明天道，建构了祭祀活动的神圣“超越形态”。可见祖先、鬼神祭祀并非“企图消解一切神圣性”，而是“珍视地保留着神圣性与神圣感，使人对神圣性的需要在文明、教养、礼仪中仍得到实现”④。马克斯·韦伯为了强调“儒教伦理”的宗教前提，将祖先崇拜与儒家的形上学对立起来，“在中国，儒教的伦理早就完全拒绝形而

---

① 苏国勋：《理性化及其限制——韦伯思想引论》，上海：上海人民出版社 1988 年，第 68 页。

② 方东美：《中国哲学精神及其发展》上册，孙智燊译，北京：中华书局 2012 年，第 42 页。

③ 阮元：《十三经注疏》，北京：中华书局 1980 年，第 5384 页。

④ 陈来：《古代宗教与伦理》，北京：生活·读书·新知 三联书店 1996 年，第 12 页。

上学教条的约束，因为为了保持对祖宗的崇拜，巫术和对精灵的信仰必须仍然是不可触动的。”① 这种观点恐怕是对“轴心时代”祖先祭祀之“思想化”进路的“错觉”，亦存在对儒家形上学之“超越形态”的“误导”之嫌。

四

诚然，轴心时代是“哲学和宗教变革方面最具创造性的时期之一”②。祖先祭祀代表了中国上古三代所特有的信仰世界的仪式、观念、精神世界的“原型”，这一“原型”由“前轴心时代”以膜拜迷狂、功利色彩、献祭祈祷为主导的宗教信仰形态，向“轴心时代”以人文精神、道德主体、理性自觉为特质的儒家哲学形态的“思想化”进路，既不能完全归结为“旧制度废而新制度兴，旧文化废而新文化兴”③ 的“断裂”，亦不是祖先祭祀这一宗教信仰形态的“连根拔除”“消失殆尽”，而是“在哲学上对它进行重新解释”④。这种“重新解释”，不仅体现为一种“创造性变革”即“哲学的突破”，更体现为一种盘根错节、根须牵连的“连续中的突破，突破中有连续”⑤ 的转换升进。亦即是说，这一“思想化”进路意味着，孔子一方面秉持殷周时期祖先祭祀宗教信仰形态的“连续”，保有对“祭祀”“鬼神”的深度关切，以一种理性自觉的道德意识，“转换”为儒家的“宗教向度”或“宗教性”⑥；另一方面承续祖先祭祀“人文化”“内向化”“理性化”之“升进”以致“突破”，依其人文精神的豁醒、理性精神的觉解、孝心仁性的“内在”与“超越”，开拓了前所未有的道德形上学的哲学理境。“吾论中国哲学之起源，不谓其起源于由反宗教、由消极的批评怀疑传统文化开出理性之运用；而谓其由于积极地自觉传统宗教文化之精神即开出

① 马克斯·韦伯：《经济与社会》上册，林荣远译，北京：商务印书馆 1998 年，第 521 页。

② 阿姆斯特朗：《轴心时代》，孙艳燕、白彦兵译，上海：上海三联书店 2019 年，第 4 页。

③ 王国维：《观堂集林》，北京：中华书局 1959 年，第 453 页。

④ 马克斯·韦伯：《经济与社会》上册，林荣远译，北京：商务印书馆 1998 年，565 页。

⑤ 陈来：《古代宗教与伦理》，北京：生活·读书·新知 三联书店 1996 年，第 5 页。

⑥ 余英时：《天人之际——中国古代思想起源试探》，北京：中华书局 2014 年，第 48 页。

理性之运用。”① 这种哲学品格，已根植于孔子开创的儒学思想传统的生命机理，凝结成自早期儒学、宋明儒学至现代新儒学一脉相传的思想主线之一。

方东美在谈到“形上学”一概念时，认为不同时代、不同民族，其“形上学”的内容、形式及其精神等，应须取其“多重义涵，不滞一偏”。从中西哲学形上学来看，“超绝形态”“超越形态”与“内在形态”乃其比较突出的形态。②但从祖先祭祀的“思想化”进路来看，儒家哲学自起源伊始可能即缺乏西方哲学的“超绝形态”，而“内在形态”与“超越形态”则是儒家哲学比较典型的形上学形态。一些西方学者由此在阐释“轴心时代”世界各文明民族哲学的起源时，突出强调犹太教、基督教、伊斯兰教的作用，认为“这三种宗教传统都重塑了轴心时代的见解”③，却对“形成了孔子和早期儒家思想产生的深厚根基”④的中国上古三代的祖先祭祀宗教形态，往往不同程度地忽略乃至视而不见。这不仅有可能割裂“前轴心时代”宗教形态至“轴心时代”儒家哲学的思想关联，遮蔽儒家哲学自身的特质，也可能陷入“反向格义”⑤ 的误区。也许，只有当我们将祖先祭祀之“人文化”“内向化”“理性化”之“思想化”进路，植于儒家形上学之“内在形态”“超越形态”的形成过程之中，才能彰显其在儒家哲学起源中的独特意义。

---

① 唐君毅：《中国文化之精神价值》，台北：正中书局 1953 年，第 45 页。

② 方东美：《中国哲学精神及其发展》上册，孙智燊译，北京：中华书局 2012 年，第 19—21 页。

③ 阿姆斯特朗：《轴心时代》，孙艳燕、白彦兵译，上海：上海三联书店 2019 年，第 5 页。

④ 陈来：《古代宗教与伦理》，北京：生活·读书·新知 三联书店 1996 年，第 16 页。

⑤ 刘笑敢：《老子古今》，北京：中国社会科学出版社 2006 年，第 68 页。

The “Ideological” Path of Ancestral sacrifice
——An Exploration of the Origins of Early Confucian Philosophy

Xu Chunhua
(School of Philosophy and Sociology, Hebei University,
Baoding, 071002, China)

Abstract: In the axial period, there was an “ideological” progressive path to Confucian philosophy in ancestral sacrifice, which was specifically manifested as three clues. From the perspective of “human culture”, “ancestors” had changed from the “cultural heroes” of “living” and “super world” to a “like in” ideological picture. From the perspective of “introversion”, “filial piety” was internalized from the life emotion of “chasing filial piety” and “enjoying filial piety” to the moral spirit of “being careful and finally chasing far away”. From the perspective of “rationalization”, the utilitarian demands of “prayer” and “receiving” were transformed into a rational attitude against flattering ghosts and gods. Confucius established the “inner form” and “transcendence form” with “benevolence”, and laid the humanistic philosophical foundation of ancestral sacrifice. The discussion of this problem is beneficial to further understand the origin of Confucian philosophy.

Key words: ancestral sacrifice; ideological; Confucian philosophy; origin

汉唐儒学

董仲舒及汉代天人儒学与我国少数民族的传统思想观念

杨翰卿*

（西南民族大学　哲学学院，四川　成都　610041）

摘要：董仲舒哲学思想经唐代张九龄而影响到我国岭南的广西壮族社会；我国少数民族中彝族的传统哲学观念，与以董仲舒为代表的汉代天人儒学在有机自然观和思维方式方法上的类比推理两个显著问题上，具有共同的观念特质或思维特色。到了宋代，董仲舒“素养士”的思想，传播影响到西夏，成为以党项羌族为主体的西夏社会确立儒学、进行儒学教育和培养人才的思想依据。

关键词：董仲舒哲学；张九龄；壮族先民；彝族哲学；汉代儒学；西夏；党项羌族

一、从董仲舒到张九龄及与我国壮族先民之思想观念

张九龄在唐玄宗开元之世拜相之前，即开元十八年（730 年）七月至翌年（731 年）三月，任桂州（今广西桂林）刺史兼岭南道按察使。他贤于为政，长

* 杨翰卿（1956—），西南民族大学哲学学院教授，博士生导师，湖南大学（兼职）博士生导师。

于诗文。张九龄的哲学思想虽然并不显著，在桂州刺史任上为官时间也较短促，但他遵行周孔之道，哲学上承袭董仲舒天人感应论思想，受汉儒特别是今文经学派影响甚深。其思想特征付诸他的治政实践，所留下的观念影响或许不能以时日长短来衡量，而是视其作用大小和是否润泽过这一片社会空间与人情世事，唐开元十八年及其后的岭南桂州地区的士人大众及其壮族先民的精神世界里，大致是会有张九龄及其思想影响的一席之地的。张九龄的儒学观念及受董仲舒天人感应哲学思想的影响，在其相关疏议中有明确表达。他说：

> 伏以天者，百神之君，而王者之所由受命也。自古继统之主，必有郊配之义，盖以敬天命以报所受。故于郊之义，则不以德泽未洽，年谷不登，凡事之故，而阙其礼。《孝经》云："昔者周公郊祀后稷以配天。"斯谓成王幼冲，周公居摄，犹用其礼，明不暂废。汉丞相匡衡亦云："帝王之事，莫重乎郊祀。"董仲舒又云："不郊而祭山川，失祭之序，逆于礼正，故《春秋》非之。"臣愚，以为匡衡、仲舒，古之知礼者，皆谓郊之为祭所宜先也。伏惟陛下，绍休圣绪，其命维新。御极已来，于今五载，既光太平之业，未行大报之礼，窃考经传，义或未通。今百谷嘉生，鸟兽咸若，夷狄内附，兵革用宁。将欲铸剑为农，泥金封禅，用彰功德之美，允答神祇之心。能事毕行，光耀帝载！况郊祀常典，犹阙其仪；有若怠于事天，臣恐不可以训。伏望以迎日之至，展焚柴之礼，升紫坛，陈采席，定天位，明天道，则圣朝典则，可谓无遗矣。（《请行郊祀之礼疏》）①

又说：

> 臣闻乖政之气，发为水旱，天道虽远，其应甚速。昔者东海杀孝妇，旱者久之，一吏不明，匹妇非命，则天为之旱，以昭其冤。况今六合之间，

① 张九龄撰：《张九龄集校注》（下册），熊飞校注，北京：中华书局2008年，第1091—1092页。

> 元元之众，莫不悬命于县令，宅生于刺史。陛下所与共理，此尤亲于人者也，多非其任，徒有其名，致旱之由，岂惟孝妇一事而已！是以亲人之任，宜得其贤；用才之道，宜重其选。而今刺史、县令，除京辅近处、雄望之州，刺史犹择其人，县令或备员而已。其余江、淮、陇、蜀、三河诸处，除大府之外，稍稍非才，但于京官之中，出为州县者，或是缘身有累，在职无声，用于牧宰之间，以为斥逐之地；或因势附会，遂忝高班，比其势衰，且无他责；又谓之不称京职，亦乃出为刺史。至于武夫，流外积资而得官，成于经久，不计于有才。诸若此流，尽为刺史，其余县令已下，固不可胜言。盖氓庶所系，国家之本务；本务之职，反为好进者所轻承；承弊之人，每遭非才者所扰。陛下圣化，从此不宣，皆由不重亲人之选，以成其弊。（《上封事书》）①

张九龄所论不仅直接援引董仲舒“天者，百神之君也，王者之所最尊也”（《春秋繁露·郊义》）等的君权神授、天人感应以及灾异谴告诸说，而且肯定匡衡、仲舒为“古之知礼者”，以此劝谏唐玄宗行郊祀之礼，重视选拔刺史、县令等地方官吏，改革吏制，否则“以成其弊”，乃至出现“乖政之气，发为水旱”的灾异。应该说，以董仲舒为代表的汉代儒学中的一些天人感应、灾异谴告之论，“经过原始儒学道德观念和理性的洗礼，汉代儒学的人格性‘天’，似乎不再是肆意决定人间一切的主宰者、创造者，而只是一个以灾异或瑞兆与人类行为互应的自然实在。换言之，它不能被视为是对殷周宗教观念的、具有超越性的‘天’之继承与发展，而应被理解为是在有机自然观背景下，对原始儒学自然性之‘天’的拟人的经验解释，它既不是超验的，也不是超越的”②。张九龄继承董仲舒等汉代天人感应之学，应该说也是取其积极的意义，他终生主要以儒学理论作为其从政的指导思想，议论时政，以道事上，针砭时弊，以道匡弼，作为岭南人的唐朝之臣，张九龄的儒家风范和以儒家思想为指导而执政过岭南，

---

① 张九龄撰：《张九龄集校注》（下册），熊飞校注，北京：中华书局 2008 年，第 846—847 页。

② 崔大华著：《儒学引论》，北京：人民出版社 2001 年，第 285 页。

对岭南及其壮族先民的思想意识、哲学观念和社会，产生了积极的影响，以致从唐代到清代，尤其清代，产生了刘定逌、张鹏展、韦天宝、郑献甫等壮族四儒。

二、以董仲舒为代表的汉代天人儒学与我国彝族先民阴阳五行的有机自然观

彝族的哲学和思想体系，以元气、阴阳（哎哺）、五行、八卦、干支、河图（付托、联姻）、洛书（鲁素、龙书）等观念元素或范畴所构成。彝族这种思想观念的哲学面貌，与先秦两汉的中原儒学具有某种程度的契合互应性。彝族文献《宇宙人文论》《宇宙源流》（亦汉译为《训书》《说文》）《西南彝志》《土鲁窦吉》（宇宙生化）等典籍，代表着其传统哲学和文化发展的理论思维水平，记载了彝族先贤对宇宙起源、天地万物生成变化、宇宙结构等宇宙图景的理论观察或自然哲学的思想观念。

首先，彝族哲学丰富的元气、阴阳观念，与《易传》及汉代天人儒学相契合。有学者认为，彝族典籍《宇宙人文论》一著中“没有涉及宋代的理学，至少是宋以前写成的”①。包括该著在内的多部彝族典籍（其成书年代可能还有很大差异）所阐述的哲学思想观念，具有丰富的元气、阴阳观念，与《易传》及汉代以董仲舒为代表的天人儒学十分契合。《宇宙人文论》中说：“在天地产生之前，是大大的、空空的‘无极’景象，先是一门起了变化，熏熏的清气、沉沉的浊气产生了。清浊二气相互接触……天地同时出现了。”并注释“无极”说：“‘无极’，指天地形成以前广阔无边的混沌景象，古汉文记载宇宙的形成由‘无极’生‘太极’，太极生‘两仪’，两仪生‘四象’，四象生‘八卦’，与彝文记载……的概念相同。”② 可见，彝族先贤是以“无极”为宇宙本源，而“无极”在中原先秦哲学中本是道家的概念，宋儒吸收并加以改造，有“无极而太极”

---

① 陈英、罗国义译：《宇宙人文论》，北京：民族出版社 1984 年，前言。

② 陈英、罗国义译：《宇宙人文论》，北京：民族出版社 1984 年，第 15—16 页。

“太极本无极”（周敦颐）之说，即把“无极”“太极”视为“虽有二名，初无两体”（朱熹）的“理”。而在汉儒的观念中，《易传·系辞》中的“太极”和《春秋》中的“元”等儒家经典中具有“最后根源”内涵的范畴，汉代时在道家思想影响下，曾被经学家作实体性的解释。如郑玄训释“太极”为“淳和未分之气也”（王应麟《周易郑注》卷七），何休训释“元”曰“变一为元，元者，气也。无形以起，有形以分，造起天地，天地之始也”（何休《公羊解诂·隐公元年》），但经典本身是看不出这种含义的。[①] 即是说，汉代经学家或汉儒均以“气”训释儒家经典中之“太极”（宋儒又有“无极而太极”）和“元”的概念。而在彝典《土鲁窦吉》“十生五成”篇也说：“清浊元气足，充满天地间，布满了大地，在那个时期，宇宙大地间，生宇宙九宫，独一在中央，确实真的啊。”“还不止这些，这青赤元气，春夏秋冬易，四季由天定，就是这些了。”[②] 彝族先贤以“清浊二气”演化“无极”，即原始“无极”（混沌）之剖判，分别为清浊二气；也以“元气”论宇宙之始。这些观念与汉代儒学的“元气”“太极”观念是颇为契合的。

彝典《西南彝志》的彝文名为《哎哺啥额》。在彝文中“啥”“额”意即“清气”“浊气”。“哎”“哺”有“阳阴”“天地”“影形”“乾坤”等多义。《西南彝志》中说：“啥与额一对，他俩相结合。啥变为哎，额变为哺。”“最初的哎哺，是由阴啥、阳额形成的。阴阳交合变化，天地有天象时代，天地形成了。”[③] 在彝族哲学的宇宙演化系统中，“无极”“元气”演化为清浊（啥额）二气，继而有哎哺天地，其中贯穿着一个核心观念：阴阳。换言之，阴阳观念在彝族哲学中尽管还主要是一种实体性存在，但已显示出一定的抽象化程度。如《西南彝志》中反复出现的“阴阳交合变化”“阴阳两结合”“阳升阴降”“哎阳与哺阴”等，这样的阴阳对立统一观念，在极其朴素直观和经验性认识的思维形式里，孕育着向更高观念形态演变发展的理论种子。与中原儒学相比较，《易传》

---

① 崔大华：《儒学引论》，北京：人民出版社2001年，第270页。

② 王子国整理翻译：《土鲁窦吉》，贵阳：贵州民族出版社1998年，第69、75页。

③ 王运权、王仕举编译：《西南彝志》（修订本，第1—2卷），贵阳：贵州民族出版社2004年，第141、24页。

从道家的阴阳二气生万物的思想观念中，上升为具有抽象意义的，但主要还是表示自然界两类对立事物或性质的思想范畴——阴阳，如“乾，阳物也；坤，阴物也。阴阳合德而刚柔有体”（《系辞》下）；《易传》对这种“阳物”“阴物”，也表现出理论上升华、抽象为泛指任何两种对立现象的趋势，如“一阴一阳之谓道”（《系辞》下）、“立天之道曰阴与阳”（《说卦》）。在汉代儒学中，阴阳的这些观念内涵被保留、承袭了下来，同时又增添了新的具体的内涵。阴阳作为两种气，在汉代儒学中获得了属于空间结构的方位性规定。“阳气始出东北而南行，就其位也，西转而北入，藏其休也；阴气始出东南而北行，亦就其位也，西转而南入，屏其伏也。是故阳以南方为位，以北方为休；阴以北方为位，以南方为伏。”① 阴阳作为两种对立现象的表征，汉代儒学还赋予了尊与卑、德与刑等具有政治伦理性质的具体内涵。如董仲舒认为“阳贵而阴贱”，“故曰：阳，天之德，阴，天之刑也。阳气暖而阴气寒，阳气予而阴气夺，阳气仁而阴气戾，阳气宽而阴气急，阳气爱而阴气恶，阳气生而阴气杀。”② 在先秦已形成的阴阳观念中增益进方位的空间观念内涵和政治、伦理含义，是汉代儒学的一种理论创造。彝族哲学中的阴阳观念，首先是表示清浊二气，具有升降、结合的特征和规律，亦具有成为天与地、位于上和下的空间方位内涵，这些思想观念基本上完全契合于《易传》和汉代儒学，具有大致相同的理论水平和性质。而在阴阳观念的政治、伦理性内涵方面，彝族哲学的阴阳观念，亦有哎（阳）君哺（阴）臣、阳男阴女的政治、伦理性意识，只是这方面内容远逊色于汉代儒学而显得偏于简单和疏浅。

其次，彝族哲学五行论的宇宙图景对汉代天人儒学五行论宇宙系统的回应。五行观念是彝族哲学宇宙生成论中的一个重要环节③，无极之元气，在“天地未产时，混混沌沌的，空空旷旷的；阴与阳二者，二者相结合，产生了清气，产

① 董仲舒撰，曾振宇、傅永聚注：《春秋繁露新注》，北京：商务印书馆2010年，第245页。

② 董仲舒撰，曾振宇、傅永聚注：《春秋繁露新注》，北京：商务印书馆2010年，第233页。

③ 彝族哲学中有时甚至直接将“五行”视为万物的本原或构成宇宙的基本元素。如说：“这宇宙八方，统属于五行。土地的产生，生命的来源，都出自五行。”（《西南彝志·论宇宙八方变生五行》）

生了浊气”①。清浊二气接触变化，产生天地；天地形成后，“清浊二气起变化，从四方漫到中央，金、木、水、火、土门门产生”②，“‘五行’包括了天地间的各种物体元素；‘五行’自身变化成各种事物”③。简言之，彝族哲学宇宙生成论的自然演化轨迹是清浊二气—天地（哎哺）—五行—万物。其中，在五行观念的这个思维环节，彝族哲学发散性地展开为多个方面：

一是世界图景的五行—五方观念。即在世界图景中属于空间结构的五方，其性质和特色以五行来体现，并分别由五行来主管。“东方木行青，南方火行赤，西方金行白，北方水行黑，中央土行黄”④，“五行中的木，它主管东方，掌握东方权；五行中的金，它主管西方，掌握西方权；五行中的火，它主管南方，掌握南方权；五行中的水，它主管北方，掌握北方权；五行中的土，生产宇宙中，它主管中央，掌握中央权。”⑤ 彝族哲学这种五行—五方观念，完全对应于汉代儒学。或者说，汉代儒学具有空间结构的五行观念基本被彝族哲学所备份下来。如董仲舒说：“是故木居东方而主春气，火居南方而主夏气，金居西方而主秋气，水居北方而主冬气。是故木主生而金主杀，火主暑而水主寒，使人必以其序，官人必以其能，天之数也。土居中央，为之天润。土者，天之股肱也。”⑥ 只是董仲舒具有空间结构的五行观念中，所突出出来的生杀寒暑润等道德属性，在彝族哲学中并没有得到复制。

二是人体的结构、生长发育及福禄威荣受五行支配。“当清、浊二气充溢，由‘五行’而形成天地之后，随着‘五行’的变化，形成人体的根本。‘五行’中的水，就是人的血，金就是人的骨，火是人的心，木是人的筋，土是人的肉。

---

① 贵州省民族研究所、毕节地区彝文翻译组：《西南彝志选》，贵阳：贵州人民出版社 1982 年，第 165 页。

② 陈英、罗国义译：《宇宙人文论》，北京：民族出版社 1984 年，第 33 页。

③ 陈英、罗国义译：《宇宙人文论》，北京：民族出版社 1984 年，第 46 页。

④ 王子国整理翻译：《土鲁窦吉》，贵阳：贵州民族出版社 1998 年，第 240 页。

⑤ 毕节地区彝文翻译组译，毕节地区民族事务委员会编：《西南彝志》（第 3—4 卷），贵阳：贵州民族出版社 1991 年，第 346—347 页。

⑥ 董仲舒撰，曾振宇、傅永聚注：《春秋繁露新注》，北京：商务印书馆 2010 年，第 228—229 页。

在‘五行’成为人体雏形之后，就开始有生命会动，仿着天体去发展变化，成为完整的人。”① “在天地之间，天气与地气，金、木、水、火、土‘五行’，门门都在变化呢。先从左边变化，又转向右边变化，左右交替往来变化，福禄就花蓬蓬地繁荣起来了。”② 这种以“五行”比附人体结构等具有感性经验特色的彝族哲学，显示的是突出的类比推理的感性经验特征，这是彝族哲学现有典籍所显示的非常普遍的一种认识方法。汉代儒学同样如此。不过，汉代儒学运思中的类比推理，表面上看来，具有十分明显的、甚至比先秦原始儒学还要粗浅的感性经验的性质，但实际上，这是汉代儒学哲学理性的一种特殊的反映，它同时还具有一种理性的觉悟和很高的理性追求，即“天”或“天道”，并且认识到达到这一哲学认识目标是很艰难的，它要以易见难地推知“天道”“天意”。汉代儒学所凸显的人格之天的神秘性和很高的理性追求与觉悟，基本为彝族哲学所无；而汉代儒学建立在感性经验事实上的类比推理，显示出认识上的经验狭隘性和思辨能力的弱化，却是彝族哲学与汉代儒学所共有的特征。

三是五行相生相克。五行之间的相生相克关系是彝族哲学和汉代儒学共同具有的重要内容。彝族哲学中的五行相生关系，表现为《河图》之变，即“五生十成”。具体说，是天一变化生水，地二变化生火，天三变化生木，地四变化生金，天五变化生土，并且是“天一生水地六成，地二生火天七成，天三生木地八成，地四生金天九成，天五生土地十成。一样主管一门，这‘五生十成’，是天地间事物产生和发展的图形”③。简言之，五行有相生的关系，《河图》中五行相生的顺序为土生金，金生水，水生木，木生火，火生土。这种五行相生的关系，可以视为就是把汉代儒学中董仲舒将五行按木火土金水次序，提出“五行比相生”的观点，与宋易《河图》相结合并加以改造而成的。董仲舒说：“五行比相生而间相胜”④，“天有五行，木火土金水是也，木生火，火生土，土生

---

① 陈英、罗国义译：《宇宙人文论》，北京：民族出版社 1984 年，第 95—96 页。

② 陈英、罗国义译：《宇宙人文论》，北京：民族出版社 1984 年，第 52 页。

③ 陈英、罗国义译：《宇宙人文论》，北京：民族出版社 1984 年，第 60 页。

④ 董仲舒撰，曾振宇、傅永聚注：《春秋繁露新注》，北京：商务印书馆 2010 年，第 272 页。

金，金生水”①。彝族哲学中的五行相克关系，表现为《洛书》之变，即“十生五成”。具体说，“《洛书》图：‘一变生水，六化成之’（左变右化），‘二化生火，七变成之’（右化左变），‘三变生木，八化成之’（左变右化），‘四化生金，九变成之’（右化左变），‘五变生土，虚十四应’，这样左变右化。”②“《洛书》的‘五行’顺序是‘相克’，即土克水，水克火，火克金，金克木，木克土。”③这种五行相克的关系在汉代儒学中，董仲舒以社会政治生活中的春官司农（木）、夏官司马（火）、季夏君官司营（土）、秋官司徒（金）、冬官司寇（水）等五官（五行④）失职，为解释对象，阐明五官失职则间相制约、诛克，比如“司马为谗……执法诛之，执法者，水也，故曰水胜火”⑤，而在《白虎通》中还援用人的社会生活经验来说明“五行相胜”之义，例如“众胜寡，故水胜火也；精胜坚，故火胜金；刚胜柔，故金克木；专胜散，故木胜土；实胜虚，故土胜水也”（《白虎通》卷二《五行》）。在五行框架内填充进伦理道德⑥和社会政治的内容，是汉代儒学五行相生相胜思想的特色。彝族哲学的五行相生相克思想则多属有机自然观的范围，即使论及人的生命由五行主管，如“金、木、水、火、土，抚养着人的生命，五行相生就顺，就有福禄”，“五行的根底厚实，（人的身体就好）。若是寒暑时刻差错，饥饱不正常……五行相克，人体就会生病”⑦。也仍然没有越出有机自然观的哲学范围。

---

① 董仲舒撰，曾振宇、傅永聚注：《春秋繁露新注》，北京：商务印书馆 2010 年，第 221 页。

② 陈英、罗国义译：《宇宙人文论》，北京：民族出版社 1984 年，第 54 页。

③ 陈英、罗国义译：《宇宙人文论》，北京：民族出版社 1984 年，第 53 页。

④ 董仲舒说：“天地之气，合而为一，分为阴阳，判为四时，列为五行。行者，行也，其行不同，故谓之五行。五行者，五官也，比相生而间相胜也。”（董仲舒：《春秋繁露·五行相生》）

⑤ 董仲舒撰，曾振宇、傅永聚注：《春秋繁露新注》，北京：商务印书馆 2010 年，第 277 页。

⑥ 如董仲舒说：“春主生，夏主长，季夏主养，秋主收，冬主藏。藏，冬之所成也。是故父之所生，其子长之，父之所长，其子养之，父之所养，其子成之。诸父所为，其子皆奉承而续行之，不敢不致如父之意，尽为人之道也。故五行者，五行也。由此观之，父授之，子受之，乃天之道也。”（董仲舒：《春秋繁露·五行对》）

⑦ 《训书·人生论》（《训书》亦译为《宇宙源流》），马学良主编：《爨文丛刻》（增订版，上），成都：四川民族出版社 1986 年，第 23、24 页。

复次，彝族哲学龙书、河图所表达的八卦宇宙图式，以独具特色的民族智慧丰富着《易传》及汉代天人儒学的八卦宇宙系统论。彝典《宇宙人文论》中有两种关于宇宙万物的世界图景。一种是上述的由清浊二气产生天地（哎哺），天地（哎哺）产生五行，五行生成万物；另一种则是由清浊二气而哎哺，继而产生四方八角（四正四维），又由四方八角产生四时八节，宇宙八方又变化出五行，五行生成万物。这种宇宙演化生成的过程，比前一种更为细致周详，增进了“四方八角”“四时八节”这一时空环节和宇宙的时空结构内容。“四方八角”的“四方”，即南北东西；“八角”，即“八方”，也即哎、哺、且、舍、哼、哈、鲁、朵，这是彝族八卦。“四时八节”的“四时”，应是春夏秋冬；“八节”即立春到春分、立夏到夏至、立秋到秋分、立冬到冬至，八个节气相连。彝族哲学的八卦宇宙系统，在彝族典籍《土鲁窦吉》中有“彝族八卦综合简表”和“后天八卦综合简表”，全面地表达了这一内容。

彝族哲学有机自然观中这种以八卦为框架的宇宙系统，八卦所表示的空间结构（方位）是主要的，尽管“鲁素”（龙书、洛书）、“付托”（联姻、河图）所代表的两种世界图式中，八卦各自所显示的空间方位有所区别，但每卦一方的空间观念特征是共同的。“鲁素”（龙书、洛书）所表示的是以哎哺且舍（乾坤离坎）为南北东西“四正”，以鲁朵哼哈（震巽艮兑）为东北、西南、西北、东南“四隅”的空间结构。“付托”（联姻、河图）所表示的是以鲁且哈舍（震离兑坎）为东南西北“四正”，以哎哺朵哼（乾坤巽艮）为西北、西南、东南、东北“四隅”的空间结构。在此基础上，八卦又表示人体结构（首腹目耳足股手口）、自然万物（天地金水木火土山石禾泽雷风）及其发生发展，以及时令节气，等等。

彝族哲学有机自然观中这种以八卦为框架的宇宙系统，与《易传》和汉代天人儒学亦基本相似，或者说大体沿袭了汉代天人儒学主要是在《易传》所确定的八卦空间结构（方位）内，填入时令等内容，并给予万物发生过程一个十分细致的描述。不难看出，彝族哲学“付托”（联姻、河图）之八卦的宇宙系统所表示的空间结构（方位）与《易・说卦》传完全相同。

汉代天人儒学的八卦宇宙系统中，还有一个对万物发生过程或阶段的细致的描述。《易纬·乾凿度》说："有太易，有太初，有太始，有太素也。太易者，未见气也。太初者，气之始也。太始者，形之始也。太素者，质之始也。气形质具而未离，故曰浑沦……形变之始。清轻者上为天，浊重者下为地。"又说："易始于太极。太极分而为二，故生天地。天地有春秋冬夏之节，故生四时。四时各有阴阳刚柔之分，故生八卦。八卦成列，天地之道立，雷风水火山泽之象定矣。"① 彝族哲学的宇宙生成演化过程，由清浊二气而哎哺（天地），变化产生四方八角，四方八角产生四时八节，宇宙八方又变化出五行，五行生成万物，与汉代儒学的八卦宇宙系统对万物发生或发展阶段的细致描述，基本吻合，不同的是彝族哲学富有着鲜明的民族特色。

最后，彝族哲学"人仿天成"的天人关系论与董仲舒"人副天数"论有同有异。在彝族哲学中，人与天地万物始终是彼此关联、密不可分，处于同体结构之中的，人与天的关系极其切近于董仲舒"人副天数"之说。彝典《宇宙人文论》的"人生天为本""人类天地同"章，《西南彝志》的"论人体和天体""论人的气血"章等均饱含有"人仿天成"的思想观念。"天上有日月，人就有一对眼睛；天上有风，人就有气；天会雷鸣，人会说话；天有晴明，人有喜乐；天有阴霾，人有心怒；天有云彩，人有衣裳；天有星辰八万四千颗，人有头发八万四千根；天的周围三百六十度，人的骨头三百六十节。这样看来，人本是天生的，是仿天体形成的。"② 汉儒董仲舒说："人之人本于天……人之形体，化天数而成；人之血气，化天志而仁；人之德行，化天理而义；人之好恶，化天之暖清；人之喜怒，化天之寒暑；人之受命，化天之四时；人生有喜怒哀乐之答，春秋冬夏之类也。"③ "是故人之身，首妢而圆，象天容也；发，象星辰也；耳目戾戾，象日月也；鼻口呼吸，象风气也；胸中达知，象神明也；腹胞实虚，象百物也。……颈以上者，精神尊严，明天类之状也；颈而下者，丰厚卑辱，土壤之比也。足布而方，地形之象也。""天以终岁之数，成人之身，故小节三百六十六，副日数也；大节十二分，副月数也；内有五脏，副五行数也；外有

① 林忠军：《〈易纬〉导读》，济南：齐鲁书社 2002 年，第 79、81—82 页。

② 陈英、罗国义译：《宇宙人文论》，北京：民族出版社 1984 年，第 96 页。

③ 董仲舒撰，曾振宇、傅永聚注：《春秋繁露新注》，北京：商务印书馆 2010 年，第 223 页。

四肢，副四时数也；乍视乍瞑，副昼夜也；乍刚乍柔，副冬夏也；乍哀乍乐，副阴阳也。心有计虑，副度数也；行有伦理，副天地也……于其可数也，副数，不可数者，副类，皆当同而副天一也。”① 以天比人、以人类天，天以阴阳五行、天地风云、日月星辰等自然现象发展变化，相应地就形成人在生理、心理和生活的类天结构；人的生理、心理和生活结构与已认识到的自然现象间存在着一一对应的关系。这是彝族哲学和汉代天人儒学共同具有的有机自然观特质或特色。不同的是，汉代天人儒学中那种周密的天人感应观念和人格、意志、目的之天的理论内容，彝族哲学中基本没有。循着这一思维理路进行延伸，我们甚至还可以寻绎出彝族哲学与汉代天人儒学更多、更为深刻的同与不同来，从而以见彝族哲学与汉代天人儒学间在思想观念上非常亲密的对接关系。

考察所知，彝族哲学和汉代以董仲舒为代表的天人儒学，在两个显著问题上具有共同的观念特质或思维特色：一是基本哲学观念上的有机自然观，二是思维方式方法上的类比推理。彝族哲学和汉代天人儒学的有机自然观，包括两个分别以阴阳五行和八卦为框架而建构的、既有联系亦有区别的宇宙系统。只是细辨之，彝族哲学的阴阳五行和八卦宇宙系统，基本上是按照有机自然观进行建构的，而汉代天人儒学在先秦已形成的阴阳观念中不仅增益进方位的空间观念内涵，亦同时填充进政治的和伦理的含义，在五行框架内填充进伦理道德和社会政治的内容，是汉代儒学五行相生相胜思想的特色，在八卦框架内既增进伦理道德和社会政治的内容，与八卦有对应结构关系的还有八节、八风、八音等，对于各种物候、物性与八卦的对应性及万物的发生过程，汉代儒学描述得更加细微和广泛。这可以说又是彝族哲学与汉代天人儒学有机自然观的同中之异。思维方式运思方法上的类比推理，在彝族哲学和汉代天人儒学中都是凸显的，这种类比推理以建立在感性经验事实基础上来认识和把握自然现象、社会现象，体现出思辨能力上的相对偏低。但汉代天人儒学在这样的有机自然观背景下，又表现出对“天道”“天意”很高的理性追求，彝族哲学于此却相对十

① 董仲舒撰，曾振宇、傅永聚注：《春秋繁露新注》，北京：商务印书馆 2010 年，第 266、267 页。

分淡漠，或者说只是局限于感性经验的思维层面，而疏于更进一步向“天之道”的理论内涵升进。

建立在有机自然观和类比推理基础上的彝族哲学和汉代天人儒学，还存在着两个最明显的思想观念区别，即天人感应和自然现象的社会伦理性质属性。汉代儒学在有机自然观基础上凝成的一个最主要的思想观念就是天人感应，这是汉代最发达、最活跃的思想观念。这一思想观念基本的含义是天人相通、人的善与恶的不同行为，会得到来自天的祥瑞和灾异的不同反应；天的某种兆象，预示着、对应着人世的某种事态的发生与结局。与此相联系，也就相应地引申出汉代儒学“天有意志”的目的论观念，形成具有人格特质的“天”的观念，所描述的许多天人感应现象，现在看来都近乎荒诞。而同样是建立在有机自然观基础上的彝族哲学，却基本没有天人感应的思想观念，天地万物和人类及其社会生活，无不是基于清浊二气基础上的哎哺（天地、阴阳）、五行、四时、八节、日月星辰、风霜雨雪，包括人的福禄威荣等，都是自然变化的结果，在彝族哲学中几乎不存在目的意志、人格之天的观念，这是彝族哲学与汉代天人感应儒学的一个重大差别。赋予自然现象以社会伦理道德属性，也是汉代儒学的鲜明特质，而在彝族哲学只有在八卦宇宙系统中论述哎哺且舍鲁朵哼哈之间具有父母子女的伦理特色外，一般说来是不与社会伦理道德、政治制度牵扯联系起来的，彝族哲学的有机自然观显现出单纯的性质，相比汉代天人儒学，当然也因此而变得单薄一些。

三、董仲舒与以党项羌族为主体的西夏儒学

党项羌族建立的西夏，尊崇佛教与儒学，儒学思想在西夏文化中具有重要地位，是以党项族为主体的西夏文化的有机组成部分。《续资治通鉴长编》载：“自契丹侵取燕、蓟以北，拓跋自得灵、夏以西，其间所生豪英，皆为其用。得中国土地，役中国人力，称中国位号，仿中国官属，任中国贤才，读中国书籍，

用中国车服，行中国法令……皆与中国等。”① 一定程度或意义上，西夏儒学代表着我国历史上党项羌这一少数民族的文化水准和精神高度。换言之，佛教和佛学在党项羌族社会有着广泛的基础和传统，但以党项羌族为代表的西夏统治者，为什么不把西夏建成一个佛教一统天下的佛国，而是在国家的官僚体制、政治文化、人才选拔、学术教育等各方面，尽仿“中国”、要用儒家思想为主导的“汉礼”来架构呢？我们认为，以党项羌族为代表的西夏统治者及其民众，在精神信仰和思想意识上保持着佛教与佛学，而在价值观念、国家建构和治世理政上，已有了新的定位、目标和追求，即推尊汉礼、倡扬儒学，至少说要儒释并尊皆用，实际上，西夏的上层建筑舞台，其政治和思想文化领域，多半天下已是儒家思想文化观念起支配地位了。或者说，以党项羌族为主体的西夏社会，其思想观念和文化意识，是在已拥有佛学佛教的前提下，要面向中原王朝寻求新的儒学思想和精神之体，即体而延用，延用而即体。在这一过程中，汉代儒学尤其董仲舒儒学成为西夏王朝选择的重要思想，其中董仲舒“素养士”的思想产生了重要影响。

儒学文化在西夏的推行过程中，与党项文化是通过相持或对立而实现融合的。西夏的统治者每当推尊汉礼、倡兴儒学时，往往受到不小的阻力。如西夏崇宗乾顺亲政后，对“士皆尚气矜，鲜廉耻，甘罹文网”感到忧患，想恢复汉礼，御史中丞薛元礼上言：“士人之行，莫大乎孝廉；经国之模，莫重于儒学。昔元魏开基，周、齐继统，无不尊行儒教，崇尚《诗》《书》，盖西北之遗风，不可以立教化也。景宗以神武建号，制蕃字以为程文，立蕃学以造人士，缘时正需才，故就其所长以收其用。今承平日久，而士不兴行，良由文教不明，汉学不重，则民乐贪顽之习，士无砥砺之心。董子所谓‘不素养士而欲求贤，譬犹不琢玉而求文采也’，可得乎？”② 乾顺与薛元礼的尊孔尚儒思想遭到一些主张蕃礼大臣的反对。不过终是乾顺采儒臣之议，以文治国，一改“重法尚武”为“重法尚文”之策，儒学在西夏的推行，也促使了儒、释进一步地融合与发展。

---

① 李焘撰：《续资治通鉴长编》卷一百五十。

② 吴广成撰，龚世俊等校证：《西夏书事校证》卷三十一，兰州：甘肃文化出版社 1995 年，第 359 页。

如西夏学者曹道乐的《新集慈孝传》《德行集》褒扬儒家伦理道德、慈孝节义观念，也充满饱含“慈悲”“施舍”等佛家之说。在学术思想方面，西夏佛教在不受儒学的影响下，获得了独立甚至较大发展；西夏儒学基本是赎取、求赐和译介汉唐时期或说北宋之前的儒典和儒学文献。如《孝经》，大致成书于秦汉之际，自西汉至魏晋南北朝，注解者及百家。《尔雅》约是秦汉间学者缀缉春秋战国秦汉诸书旧文，递相增益而成。儒典至唐代有九经，等等。西夏儒学所引进和翻译成西夏文的多为这些，偶有宋初的《册府元龟》和北宋陈祥道的《论语全解》，至于南宋建立以后的儒学新成果在西夏则基本尚无所闻。

董仲舒“素养士”的思想，是他在向汉武帝《对贤良策》，即其《天人三策》中提出来的。董仲舒说：“夫不素养士而欲求贤，譬犹不琢玉而求文采也。故养士之大者，莫大乎太学；太学者，贤士之所关也，教化之本原也。今以一郡一国之众，对亡应书者，是王道往往而绝也。臣愿陛下兴太学，置明师，以养天下之士，数考问以尽其材，则英俊宜可得矣。”① “素养士”实质是重视人才培养的思想，与此相联系，是重视教育，董仲舒所对贤良策之“贤良”，当然是指儒之贤良、儒学之士。实现和欲得到这样的国家栋梁，即“养士之大者，莫大乎太学；太学者，贤士之所关也，教化之本原也”，即需要重视“太学”教育，加强儒学教育。董仲舒这种“素养士”的一系列思想，在西夏得到了多方面的回应和施行。

首先是西夏的科举制度。大致在夏崇宗、仁宗时期，如名相斡道冲，就是仁宗时经科举进入仕途的。西夏仁宗人庆三年，“三月，建内学。仁孝亲选名儒主之。使臣曰：自乾顺建国学，设弟子员三百，立养贤务；仁孝增至三千人，尊孔子以帝号，设科取士，又置太学、内学，选名儒训导。”② 仁宗人庆四年（1147 年）“秋八月策举人。立唱名法，复设童子科，于是取士日甚”③。“唱名”

---

① 《汉书》卷五十六，《董仲舒传》，北京：中华书局 1962 年，第 2512 页。

② 吴广成撰，龚世俊等校证：《西夏书事校证》卷三十六，兰州：甘肃文化出版社 1995 年，第 418 页。

③ 吴广成撰，龚世俊等校证：《西夏书事校证》卷三十六，兰州：甘肃文化出版社 1995 年，第 417 页。

法，是仿宋设进士科考试，即凡经皇帝殿试被录取的进士按规定要公布名次，即唱名（又名传胪）。1148 年，仁孝“复立内学，选名儒主之”。① 桓宗纯祐于 1203 年复策士，崇宗乾顺曾孙赵（李）遵顼博通群书，工隶篆，唱名第一，进士及第。遵顼后来做了西夏的皇帝，即西夏神宗。夏亡的前几年，赵（李）德旺继任皇帝后，1224 年初再次策士，赐高智耀等进士及第。高智耀，“世仕夏国”，《元史》有传。西夏统治者通过建学校、兴科举、倡儒学，为西夏培养了大量的重要人才，金国使臣斡喝出使西夏回国后，称夏国多才，较昔为盛。《西夏书事》载：“西夏子弟多贤俊。”② 西夏科举取士的科目主要是儒家经典，西夏建国初期的“蕃学”中，即由野利仁荣主持翻译汉文儒家经典《孝经》《尔雅》及《四言杂字》等，毅宗李谅祚曾上表向宋朝求请《九经》《唐史》《册府元龟》等典籍，供西夏人学习。至仁宗以后，西夏科举取士几乎成为升官进爵的主要途径。蕃、汉教授斡道冲，五岁时以《尚书》中童子举，世掌夏国史职。

其次是西夏的儒学教育。西夏立国，置蕃学，兴汉学，播扬儒学。西夏大致设立有蕃学、国学、小学、宫学、太学五种学校。1039 年，元昊为培养国家急需人才，在突出本民族特色前提下，令野利仁荣负责建立蕃学。元昊自制蕃书，命野利仁荣演绎完善，教国人纪事用蕃书。又让野利仁荣用蕃语（西夏文）翻译《孝经》《尔雅》《四言杂字》等。选蕃汉官僚子弟俊秀者，入学教习，接受蕃、汉文化熏陶，所学精通且书写端正者授以官职。还令诸州各置蕃学，设教授教习之。可以看出，西夏的各级蕃学，其性质是以适宜本民族的教育和语言文字形式，推行党项文化和儒学内容的教化。至西夏崇宗乾顺时，又在蕃学之外，始建国学，“乾顺建国学，设弟子员三百，立养贤务；仁孝增至三千，尊孔子为帝，设科取士，又置宫学，自为训导。”③ 至此，国学、蕃学在西夏相辅而行。仁宗仁孝时期，学校设立更为完备，学生人数大增，西夏的儒学教育进一步发展。1144 年，仁孝“令州、县各立学校”，“复立小学于禁中，凡宗室子

---

① 《宋史》卷四百八十六，《夏国传》，北京：中华书局 1997 年，第 14025 页。

② 吴广成撰，龚世俊等校证：《西夏书事校证》卷三十九，兰州：甘肃文化出版社 1995 年，第 461 页。

③ 《宋史》卷四百八十六，《夏国传》，北京：中华书局 1997 年，第 14030 页。

孙七岁到十五岁皆得入学。设教授，仁孝……亦时为教训导之”①。表明西夏的儒学教育，已延伸到对于童蒙教育的重视。不仅如此，翌年（1145 年），“夏重大汉太学，亲释奠，弟子员赐予有差”②。这种情况明显体现出中原儒学董仲舒“兴太学以养士”思想观念的重要影响。西夏统治者对太学的重视，为儒学典籍的传播提供了更有利的条件。西夏党项籍人士编著的《蕃汉合时掌中珠》序言称：“凡君子者，为物岂可忘己，故未尝不学。为己亦不绝物，故未尝不教。学则以智成己，欲袭古迹。教则以仁利物，以救今时。兼备汉文字者，论末则殊，考本则同……今时人者，番汉语言，可以俱备。不学番言，则岂和番人之众；不会汉语，则岂入汉人之数。番有智者，汉人不敬；汉有贤士，番人不崇。若此者由语言不通故也。”③ 这一番论述，以儒家的君子、贤人为价值参照，以“番言”“汉文”相对应，阐明蕃汉两种文化间不同的语言文字形式是末，共同的儒学思想和价值观念则是其本。从学校教育来说，蕃学、国学（汉学）都以儒学教化为重要宗旨，殊途而同归，百虑而一致。

复次是西夏的儒学。西夏积极输入儒典或儒学文献。要办学兴教，教学内容是主导和灵魂，于是儒学典籍和文献则便成为基本和重要的教材。1062 年夏，西夏毅宗赵谅祚“献马五十匹，表求太宗御制诗草、隶石本，欲建书阁宝藏之。并求《九经》《唐史》《册府元龟》及中国正至朝贺仪。仁宗赐以《九经》，还所献马”④。1154 年秋，西夏“请市儒、释书于金。仁孝遣使请市儒、释诸书，金主许之”⑤。或从宋求请，或到周邻女真族政权的金购置，西夏对儒典或儒学文献以及佛教之书的输入是积极的。说明在西夏这个以党项羌族为主体、主导的社会，对于儒学典籍和文献的需求，在于满足其社会教育发展和士人的研读。

---

① 吴广成撰，龚世俊等校证：《西夏书事校证》卷三十五，兰州：甘肃文化出版社 1995 年，第 412 页。

② 《宋史》卷四百八十六，《夏国传》，北京：中华书局 1997 年，第 14025 页。

③ 骨勒茂才：《蕃汉合时掌中珠》，黄振华等整理，银川：宁夏人民出版社 1989 年，第 5—6 页。

④ 吴广成撰，龚世俊等校证：《西夏书事校证》卷二十，兰州：甘肃文化出版社 1995 年，第 237 页。

⑤ 吴广成撰，龚世俊等校证：《西夏书事校证》卷三十六，兰州：甘肃文化出版社 1995 年，第 421 页。

尽管史籍中均未详明所求《九经》与所市儒书之目，是儒典或“儒书”则无疑。将以儒学为代表的中原文化与蕃学相结合、融合，是西夏学术文化的一个重要特点。精通五经的蕃汉教授斡道冲，曾将汉文《论语注》译成西夏文（《论语注》应为东汉郑玄晚年之作，郑以《张侯论》为底本，校之以《古论》而为之注），并作《解义》三十卷，称为《论语小解》，另以西夏文著《周易卜筮断》。斡道冲的著作“以国字书之，行于国中”①，对于沟通中原儒学与党项文化的交流，促进中华民族统一，发挥了应有作用。另一党项籍学者骨勒茂才编著《蕃汉合时掌中珠》，这是一部夏汉文字对音字典，西夏乾祐二十一年（1190 年）刊行，其对字词意义的释解，充满了儒家文化和思想观念。如说阴阳和合，得成人身；学习文业，仁义忠信；五常六艺，尽皆全备；孝顺父母，六亲和合；……学习圣典，立身行道；世间扬名，行行禀德；国人敬爱，万人取则。等等。在西夏人自撰的文献中如此融合丰富的儒家思想观念者，又如《新集慈孝传》《德行集》（曹道乐撰集），仁孝时期刻印的大型辞书《圣立义海》等。《圣立义海》以“天地人”三才为纲领。如释“孝”：“夫孝，天之经也，地之义也，民之行也。天地之经，而民是则之，则天之名，因地之利，以顺天下，是以其孝不肃而成，其政不严而治。”② 此是儒学经典《孝经》第七《三才章》的主要内容。凡此种种，儒学思想观念特别是汉代儒学逐渐全面地渗透到西夏文化中，儒学的文化结构已被移植于西夏的文化，以党项羌族为主体的文化生命中，儒学实际上占居着核心的、主体的地位，具有蕃表儒里的鲜明特点。西夏仁宗乾祐十四年（1183 年），儒臣斡道冲卒，为奖励其在儒学方面的贡献，仁孝“令图其像，从祀学宫，俾郡县遵行之”③。无论汉籍或党项籍的儒臣、儒士，凡有贡献于儒学者，在西夏都受到礼重，这是一种高调彰显的儒学价值观。

最后是西夏的法律。西夏李仁孝时期制定并颁布《天盛改旧新定律令》（又

---

① 吴广成撰，龚世俊等校证：《西夏书事校证》卷三十六，兰州：甘肃文化出版社 1995 年，第 420 页。

② 李范文：《李范文西夏学论文集》，北京：中国社会科学出版社 2012 年，第 499 页。

③ 吴广成撰，龚世俊等校证：《西夏书事校证》卷三十八，兰州：甘肃文化出版社 1995 年，第 447 页。

称《天盛律令》《开盛律令》），天盛为仁宗年号（1149—1170 年）。这是一部深受儒家伦理思想影响的西夏法典，“唐宋法律制度是其借鉴和学习的主要依据。唐宋法律的立法准则与法律精神——儒家思想，对西夏法典的编纂影响显著”①，“有些条款明显是西夏人从唐宋律条全文移译来的”②。儒家的纲常伦理、明德慎刑观念，基本上是制定该法典的准则和标准。如该法令设“十恶”之法，计十门：“一谋逆；二失孝德礼；三背叛；四恶毒；五为不道；六大不恭；七不孝顺；八不睦；九失义；十内乱。”③ 凡是触犯“十恶”法令的一律视为“不赦”之罪，科以重刑，以示对不忠、不敬、不孝的严惩。其中“失孝德礼门”规定，对于失孝之人规定从严从重惩罚，惩治标准与“谋逆门”同。“父为子隐，子为父隐”④ 的“亲亲相隐”是我国古代法律制度的重要原则，是法律儒家化的典型体现。主张亲属间隐罪的“亲亲相隐”并不是单方面的包容私权的法律制度，它与“告奸”“连坐”之制是相辅相成的，是相互配套的司法原则⑤。这一点首先为《天盛改旧新定律令》所吸纳。《天盛改旧新定律令》“不孝顺门”规定，“除谋逆、失孝德礼、背叛等三种语允许举告，此外不许举告”。《唐律》中已然定型的谋逆、失孝等大罪不可隐罪的规定为西夏律法所承纳。除谋逆、不孝等重罪外，传统法律实施“亲亲相隐”的目的即是维护家庭内部的长幼秩序，体现为亲者讳、为尊者隐的孝悌美德，这既是儒家化的法律思想的一个典型，也是儒家伦理观念渗入国家律法体系的一个重要方面，而西夏律法承纳容隐之制，即为其伦理观念深受儒家伦理哲学影响的一个实证。儒家力倡的“慎刑”“明德”等立法原则为西夏《天盛改旧新定律令》所吸取，也成为这一律令的重要立法原则。

---

① 邵方著：《西夏法制研究》，北京：人民出版社 2009 年，第 30 页。

② 史金波、聂鸿音、白滨译注：《天盛改旧新定律令》（前言），北京：法律出版社 2000 年，第 7—8 页。

③ 史金波、聂鸿音、白滨译注：《天盛改旧新定律令》卷一，北京：法律出版社 2000 年，第 110 页。

④ 《论语·子路》，杨伯峻译注：《论语译注》，北京：中华书局 1980 年，第 139 页。

⑤ 张松：《睡虎地秦简与张家山汉简反映的秦汉亲亲相隐制度》，《南都学刊》2005 年第 6 期。

儒家力倡的“三纲五常”“为亲者讳，为尊者隐”“慎刑”“明德”等的儒家伦理观念在西夏以律法的形式确定下来，使其具有浓厚的国家强制色彩，这集中体现了儒家伦理哲学对西夏党项羌族伦理观念的影响。法律是国家重要的管理与控制手段，也是制度文明与文化传统的结晶，而西夏律法如此深刻地受到儒学影响，足以说明，在制度文化层面，西夏对中原文化的吸纳绝不是停留于表面，表现出深入的一面。

以党项羌族为代表和主体的西夏社会，具有鲜明的儒学观念特征。吸纳、接受和融入这种儒学观念，所形成的社会作用和体现着的积极意义，无疑是十分深刻的。如果以体用范畴而观，西夏社会在儒学的延用而即体、即体而延用两方面，都做出了应有的努力。当然，也不能把西夏儒学与中原儒学的水准相比拟。

四、结语

董仲舒哲学思想经唐代张九龄而影响到我国岭南的广西壮族社会；彝族的传统哲学观念，与以董仲舒为代表的汉代天人儒学在有机自然观和思维方式方法上的类比推理，具有共同的观念特质或思维特色。董仲舒“素养士”以求贤而为国用的思想，传播影响到西夏，成为以党项羌族为主体的西夏社会确立儒学、进行儒学教育和培养人才的重要思想依据。历史上儒学与我国诸少数民族思想观念的这种传播影响、吸收融合所产生的重要作用和意义，有力促进了中华民族共同体的形成发展，成为铸牢中华民族共同体意识的一种宝贵传统思想资源。

Dong Zhongshu and Confucianism in the Han Dynasty and the Chinese ethnic minorities

YANG Hanqing

(School of Philosophy, Southwest Minzu University, Chengdu, 610041, China)

Abstract: Dong Zhongshu's philosophical thoughts had an influence on the Guangxi Zhuang society in Lingnan of China through Zhang Jiuling during the Tang Dynasty. The Yi nationality among the ethnic minorities in China has their own traditional philosophical concept. There was Confucian thoughts represented by Dong Zhongshu on the relationship between the Heaven and the human being during the Han Dynasty. In terms of organic natural view and analogy reasoning of thinking, there are common conceptual characteristics or thinking characteristics between the above two. In the Song Dynasty, Dong Zhongshu's thoughts on maintaining scholars became the thought basis of Confucianism education and talent training in the Western Xia society, which mainly consisted of Dangxiang ethnic group (Qiang nationality).

Key words: Dong Zhongshu's philosophy; Zhang Jiuling; ancestors of the Zhuang nationality; Yi nationality's philosophy; Confucianism during the Han Dynasty; the Western Xia regime; Dangxiang ethnic group (Qiang nationality)

纣王形象脸谱化与王充的辩诬

——以《酒诰》篇的经学诠释与义理阐发为例

余治平*

（上海交通大学　人文学院，上海　200030）

摘要：周公制《酒诰》，把酒与王权合法性，即政权继承与治权管理的合道义性、正统性和适当性，有机联系起来，以史为鉴，警以酒害，目的就是要促成卫国及周室天下政治秩序的稳固与安定。出于一种强烈而清醒的理性主义精神，东汉的王充对周公诰辞中涉及纣王、文王的夸大、不实之言，进行了逐一分析和批判，其求真情怀和思想资源值得我们予以整理、挖掘和继承。

关键词：《酒诰》；纣王；王充；经学诠释

《周书·酒诰》篇记录了摄政王周公对康叔、周族王室子孙及前殷遗臣戒酒、禁酒、止酒的苛酷训令。经由“祀兹酒”“无彝酒”“以德自将”“慎酒立教”“作稽中德”“克羞馈祀”“自介用逸”等层面之剖析，凸显出周王对酒所完成的道德建构、礼法规约和价值赋予。透过殷王成德、皆不崇饮与纣王荒腆于酒而引起人神共愤的反差，而阐明酒在上古中国的政治禁忌。周公制《酒诰》，把酒与王权合法性，即政权继承与治权管理的合道义性、正统性和适当性，有

---

* 余治平（1965—），上海交通大学哲学系教授，博士生导师。

机联系起来，以史为鉴，警以酒害，目的就是要促成卫国及周室天下政治秩序的稳固与安定。出于一种强烈而清醒的理性主义精神，东汉的王充对周公诰辞中涉及纣王、文王的夸大、不实之言，进行了逐一分析和批判，其求真情怀和思想资源值得我们予以整理、挖掘和继承。

纣王淫泆，荒腆于酒

有殷一代，从成汤到帝乙，可能都有很好的酒德，君臣上下、百官百姓慎酒、戒酒都做得比较到位，堪称榜样。然而，到了纣王这里，情势则急转直下，贪图享乐，追求刺激，沉溺于酒池肉林，不仅败坏了几代殷王积攒下来的美好德行，而且还葬送了江山社稷。成事难，败事快。“纣王沉湎于酒色之中，败坏了殷代前贤勤政的优良传统。上行下效，殷人普遍嗜酒，因而荒废了政事和日常的生产劳作，最后导致国破身亡。”① 强殷的迅速瓦解和灭亡，在当时应该是一件非常震撼的政治事件，其教训的反思和总结，可能在周初便已经形成比较一致的共识。摄政王曰：

> 我闻亦惟曰：“在今后嗣王，酣身厥命，罔显于民祇，保越怨不易。诞惟厥纵，淫泆于非彝，用燕丧威仪，民罔不衋伤心。惟荒腆于酒，不惟自息乃逸。厥心疾很，不克畏死。辜在商邑，越殷国灭，无罹。弗惟德馨、香祀，登闻于天；诞惟民怨，庶群自酒，腥闻在上。故天降丧于殷，罔爱于殷，惟逸。天非虐，惟民自速辜。”

这里的“我闻亦惟曰”，可能是周公的谦辞，明明是自己的主张、观念，怕说出来没有威信，便假托成别人的话，以增加说话的分量与权威；但也可能是当时人们的一种普遍共识。今，近世。嗣，继承。后嗣王，指纣王。酣，孔安国作：酣乐。《说文》：酒乐也。清人也训作侃，或刚，《广雅·释诂》：“刚，强也。”

① 王定璋：《尚书之谜》，成都：四川教育出版社 2001 年，第 224 页。

身，于省吾《新证》：“‘身’、‘申’，古通”，训“酣身即刚申”，并且，“酣身厥命者，强申其命令也，意谓好以威权凌铄人民，故下接‘罔显于民祇’。”① 申命，是周人语例，《多士》：“予惟是命有申”。臧克和：身通㑗，《说文·人部》：㑗，神也。身厥命，即神厥命，谓我有命在天②。张道勤解为：饮酒兴浓为酣，指酣醉、沉醉。厥命，即上天所赋使命。显，显明。祇，本义为敬，《虞书·大禹谟》：“文命敷于四海，祇承于帝。”但于省吾《新证》则作：甾，甾、灾，同声通用。甚至，哉、载、菑、灾，古亦通用。曾运乾作：语词。张道勤解作：只。保，《尔雅·释诂》：安也。越，于。易，悔改。不易，孙星衍：不改也。“言纣之命令无可显著为民所敬，如先王之德显使尹人祇辟，徒安于怨，不改其所为。”③ 孙诒让《骈枝》：越怨不易，言与民怨之不可易也。《君奭》：“不知天命不易”。曾运乾《正读》：“不易，不悛也。”④ 即不改过，不悔恨。

诞，大。惟，为，或思。纵，放纵，放荡。淫，放纵，恣肆。《国语·鲁语下》：“逸则淫，淫则忘善，忘善则恶心生。”或解作沉溺于，《虞书·大禹谟》：“罔淫于乐”。泆，通佚，《广雅·释诂》：乐也。又可解作逸。张道勤解：纵情无检束。彝，常，张道勤解作：法，典常。非彝，也可指非法。用，因。燕，宴，宴饮。一作：安。衋，《说文·血部》：伤痛也。荒，大。腆，美，丰厚。荒腆，指沉迷于。惟，思。息，停止。乃，他的。但曾运乾作：仍也。逸，《释言》：过也，指过分享乐。

疾，病，毒，害。《左传·宣公十五年》：“山薮藏疾。”很，凶狠。曾运乾则作：戾也。畏死，以死相畏，畏之以死。辜，罪过，作恶。在，《尔雅·释诂》：察也。商邑，商之国都。越，与；及至。俞樾《群经平议》：“纣察见商邑与殷国将灭亡而无忧。”⑤ 罹，忧虑。无罹，不忧。但孙星衍曰：“罹，即‘离’

---

① 转引自顾颉刚、刘起釪：《尚书校释译论·酒诰》，北京：中华书局 2005 年，第 1408 页。

② 臧克和：《尚书文字校诂·酒诰》，上海：上海教育出版社 1999 年，第 342 页。

③ 孙星衍：《尚书今古文注·酒诰》，北京：中华书局 1986 年，第 380 页。

④ 曾运乾：《尚书正读·酒诰》，上海：华东师范大学出版社 2011 年，第 188 页。

⑤ 转引自顾颉刚、刘起釪：《尚书校释译论·酒诰》，北京：中华书局 2005 年，第 1409 页。

俗字，《易》九家注云：‘离，附也。’郑注《月令》云：‘离，读如俪偶之俪’。”[①] 曾运乾亦作：附也。“无罹者，言商纣众叛亲离，迄于灭国，无附丽之者。”[②] 弗惟，不有。馨，《说文》：香之远闻者。德馨，臧克和说：指美德。馨香，远闻的芳香，指美名远传。登，《尔雅·释诂》，升也。《国语·周语上》曰：“国之将兴，……其德足以昭其馨香，……神飨而民听”。[③] 诞，大，一作句首语气词。自，擅自，私自。自酒，指不因祭祀、孝敬活动而擅自饮酒作乐。腥，腥臭之气。臧克和作：酒食腥秽之气。上，上苍，上天。丧，丧亡之祸。民，人，下民，这里指纣王。速，召，招致。《商书·太甲下》：“以速戾于厥躬。”曾运乾释，此“言天非虐，民自召辜也。”[④]

按照孔安国的《传》解，殷商一朝先前诸多先王的美善品德，在纣王身上已经荡然无存了，于是，纣王便开始在中国历史的舞台上扮演一个遭人唾弃的反角。这是因为，第一，他“酣乐其身，不忧政事”，纣王所追求的是一种过分的享乐主义生活方式，整天把自己完全沉浸在酒醉饭饱的氛围里，以至于耽误了朝政，荒废了国家治理。治权没有把握好、没玩转，直接导致了政权的败亡。因为治无道，政便丧失了自身存在的合法性。但我们如果往相反方向去想一想，则可以发现，纣王不仅需要有一个强大消化力的胃，因为不强大则根本不足以装得下随时都可以吃进体内的酒食，而且，还要对喝酒保持极大的乐趣，没有对酒的强烈爱好，则不可能做到酒不离口、杯不释手。嗜酒如命的习惯养成必须以强健的生理基础作为支撑。

第二，“纣暴虐，施其政令于民，无显明之德，所敬所安，皆在于怨，不可变易。”[⑤] 不以德治，而行暴政于天下，弄得黎民百姓怨声载道，深陷统治合法性危机，即便到了这个程度，仍还不知错，不悔改，一滑再滑，其实已经离死

---

① 孙星衍：《尚书今古文注·酒诰》，北京：中华书局 1986 年，第 381 页。

② 曾运乾：《尚书正读·酒诰》，上海：华东师范大学出版社 2011 年，第 188 页。

③ 李维琦标点：《国语·周语上·内史过论神》，长沙：岳麓书社 1988 年，第 8 页。

④ 曾运乾：《尚书正读·酒诰》，上海：华东师范大学出版社 2011 年，第 188 页。

⑤ 十三经注疏（标点本），孔安国，孔颖达：《尚书正义·酒诰》，北京：北京大学出版社 1999 年，第 379 页。

不远了。王夫之曾曰："纣之失民心，民好生而死之。"① 你不爱民，民也不爱你。你不让人活，人也不让你活。孔颖达《正义》曰："纣之为恶，执心坚固，不可变易也。"② 大约从周代开始，纣王在中国历史上的形象便已经固化、脸谱化，不只是外面坏，内心也坏③。而为什么导致这样的历史评价呢？大概不仅因为殷商一朝的江山社稷是在纣王的手上丢掉的，成王败寇的思维惯性在中国还是很强大的，再有本事的英雄，一旦破败，就会被亿万双势利眼所鄙夷；而且，也更因为中国人都十分相信"万恶淫为首"，纣王不仅了无酒德，而且也淫荡不堪。董仲舒曾称，桀纣"以糟为丘，以酒为池"④。《史记·殷本纪》载：纣王"大绩乐戏于沙丘，以酒为池，县肉为林，使男女倮相逐其间，为长夜之饮。百

① 王夫之：《尚书引义·酒诰梓材》，北京：中华书局 1962 年，第 116 页。

② 十三经注疏（标点本），孔安国，孔颖达：《尚书正义·酒诰》，北京：北京大学出版社 1999 年，第 380 页。

③ 及至孔子之世，纣王就已经名声很烂了。《论语·子张》中，孔子弟子子贡就一度质疑过前人和时人的评价："纣之不善，不如是之甚也。是以君子恶居下流，天下之恶皆归焉。"人还是不犯错误为好，一旦染上污点，不但清洗不掉，而且还会不断被放大，所有的坏事都往你身上堆。犯有前科的人，说什么都没人敢相信，做什么都不会落好。古罗马 Cornelius Tacitus《塔西佗历史·第一卷》中说："一旦皇帝成了人们憎恨的对象，他做的好事和坏事就同样会引起人们对他的厌恶。"后世学者遂有"塔西佗陷阱"一说。与之相应，子贡对纣王"不善"的质疑也被今天的中国人戏称为"子贡陷阱"。在王权合法性的社会评价和舆论导向上，好人与罪人之间，公信力、信誉度总维持一种反比例的关系，而呈现出别样的"马太效应"，好的越好，差的越差。可见，作恶的成本太高，必须承担行为上、责任上、心理上、声誉上的多重风险。战国时代的杨朱尽管比子贡概括得更准确，但他却是致力于消解善恶、泯灭好坏的。《列子·杨朱篇》中，杨朱曰："天下之美，归之舜、禹、周、孔；天下之恶，归之桀、纣。"前四圣"生无一日之欢，死有万世之名"。而后二凶"生犹纵欲之欢，死被愚暴之名"。但"苦以至终""乐以至终"，最后都还不是"同归于死"吗！作为早期道家的杨朱学派对人伦价值、世道正义的拒斥与否弃，于此可见一斑。然而，儒家却并不这么认为，如果行善也是一死、作恶也是一死，结果都差不多，那么人世生活的秩序还怎么建构和维持呢?！所以，做人还得要劝善止恶，勉求道德。更何况，一如刘宝楠《论语正义·子张》所揭示："《孟子·滕文公篇》言纣臣有飞廉，《墨子·明鬼下》有费中、恶来、崇侯虎，《淮南·览冥训》有左强，《道应训》有屈商，是纣时恶人皆归之证。"一朝天子身边出个把奸佞之臣是正常的，但这么多恶人都集中在纣王周围，那就说明纣王的治政策略和用人路线肯定都出了问题，后世帝王不得不深以为鉴。

④ 聚珍本影印版，董仲舒：《春秋繁露·王道》，上海：上海古籍出版社 1989 年，第 24 页。

姓怨望而诸侯有畔者，于是纣乃重刑辟，有炮格之法。”① 感官刺激，淋漓尽致，场面之污秽足以让常人不忍直视，已大大突破、背离乃至挑战了人伦纲常所能够接受的范围与限度。更何况，纣王只许自己放纵淫逸，而不准百姓有任何的不满和反抗，否则就一律处置以严刑峻法。以恐治国，只能靠铁腕维持其政权统治，这是古今独夫民贼的共同特征。

中国历史上的皇帝们，在丢江山和淫乱这两件事上，如果只丢江山而不淫乱，如献帝、崇祯、宣统，人们充其量只骂他是一个无能的败家皇帝。如果在权在位，江山还在，但很淫乱，如武则天、唐玄宗、清雍正，人们仍然会给予适当的同情，皇上只是利用特权，好玩而已，虽然有点烂，但还不至于太坏嘛，还能接受。而如果既丢江山，又很淫荡，不是一般的乱，如商纣王、隋炀帝，其罪名则一定无以复加，必须是一个十恶不赦的坏皇帝，非骂名千载，非死无葬身之地，则不足以发泄民众心头之愤怒。

所以，值得注意的是，历代周王竭力呼吁禁酒、戒酒和止酒，还有一个重要原因则是酒总与色密切关联、勾搭在一起的。《论语·乡党》中，孔子要求“酒不及乱”，其所谓乱，钱穆解作“醉乱”②，指人在醉酒之后，意志失控而出现的非礼与非常的精神状态和行为状态。刘宝楠《正义》曰：“虽醉，不忘礼也。”③ 始终为儒家所惦记和所强调的则是醉酒之后人们对礼的干扰和破坏。酒后失礼，当然不对，有违体统。而酒后所乱的最大危险和威胁往往就是性生活的紊乱和性关系的失当。人在酒后往往不能自制，在意志力麻痹的状态下，一旦涉性，则必然放纵而无所节，于身、于心、于家、于社会、于纲常都容易埋下祸根，古今世界始终都不乏因酒乱性而成千古恨的悲剧故事。所以，酒、色大忌，正人君子不得不引以为鉴。

---

① 李金华标点：《史记·殷本纪》，长沙：岳麓书社 1988 年，第 18 页。

② 钱穆：《论语新解·乡党》，北京：生活·读书·新知三联书店 2002 年，第 259 页。

③ 刘宝楠：《论语正义·乡党》，北京：中华书局 1990 年，第 412 页。

因酒灭国，人神共愤

第三，“纣大惟其纵淫泆于非常，用燕安丧其威仪，民无不衋然痛伤其心”。[①] 作为一邦之主的纣王，非但不能言传身教，而且还纵欲恣肆，没有分寸，燕宴群饮，不尊体统，大大降低了朝廷的权威性和影响力，葬送殷王政权合法性，连普通百姓都为之惋惜、痛心。曾运乾《正读》批评说，“商纣湎于酒以至亡国”“殷之亡，由于酒”[②]。中国历史上，每个王朝的覆灭皆有自己的一篇心酸故事，如果按照出于皇帝自身和朝政路线特征方面的原因划分，则大致可以归纳为殷商亡于酒，隋唐亡于色，两宋亡于文弱，清亡于自大。

第四，纣王在酒方面的任性，具体表现在，“大厚于酒，昼夜不念自息，乃过差”。[③] 纣王之于酒，不仅毫无禁忌，而已经到了见酒便走不动路的程度，而且，喝起来还不分昼夜，不能自止。纣王喝酒，可能远不止一日三餐，上朝理政、批阅上奏、外出巡游、宫内信步，无论何时何处，只要他一出现，就必须有酒，以保证他随手可以举杯。如果是这样，纣王很可能是中国历史上第一个提倡并实施朝纲喝酒化、办公娱乐化的人。正题酒说，凭酒取人，以酒断案，把酒接物，借酒行欢，内政外交、大事小务，都离不开酒，完全是一副以酒精主导世界的架势，可以成为一个“泛酒主义”的先驱。

第五，“纣疾很其心，不能畏死。言无忌惮”。[④] 作为君王，纣内无善质，心底歹毒，不敬天，不畏地，不怕人，做起事情来心狠手辣，了无顾忌。这样的主儿，是相当可怕的。因为其占据王位，一旦施行起恶政，则必将大祸害于天

---

① 十三经注疏（标点本），孔安国，孔颖达：《尚书正义·酒诰》，北京：北京大学出版社1999年，第379页。

② 曾运乾：《尚书正读·酒诰》，上海：华东师范大学出版社2011年，第188、189页。

③ 十三经注疏（标点本），孔安国，孔颖达：《尚书正义·酒诰》，北京：北京大学出版社1999年，第380页。

④ 十三经注疏（标点本），孔安国，孔颖达：《尚书正义·酒诰》，北京：北京大学出版社1999年，第380页。

下，其罪孽是普通人的千万倍。“纣惟大美于酒，不思自止过，其心疾害乖戾，恃有命在天，不能畏死。”① 而前谓“酣身厥命”，如果按照臧克和所解：身通㑗，《说文·人部》：㑗，神也。身厥命，即神厥命，谓我有命在天。那么，纣王简直就是有恃无恐了，以为自己命好，上苍就一定会始终眷顾他、护佑他，于是就啥都不怕、为所欲为了。其实这只是纣王自我膨胀后所形成的幻想，很不真切。

第六，“纣聚罪人在都邑而任之，于殷国灭亡无忧惧”。② 因为沉溺于酒，一群已经犯下误国误民大罪的殷商君臣太过放纵自己，以至于到了亡国、灭族的紧要关头，他们仍然没有丝毫的畏惧反应和警醒，行动上更是一无所为，没有任何危机处理预案，不采取任何积极的补救措施。“尔不克敬，尔不啻不有尔土”③，不敬事，不敬物，不敬人，失去江山社稷还只是上天惩罚的第一步。被酒麻醉了的躯体已经挺立不起来了，整个社会的意志力、动员力都已经消散在酒池肉林之中了。显然是可恨之极，他们才是殷商的罪人。

第七，“纣不念发闻其德，使祀见享，升闻于天，大行淫虐，惟为民所怨咎”。④ 并且，“纣众群臣用酒沈荒，腥秽闻在上天，故天下丧亡于殷，无爱于殷，惟以纣奢逸故”。上古中国人很早就非常相信，天、人之间是可以相互感通的。但现在纣王作为君王，始终不能以自己美好的德行而感动上苍，以至于即使他装装样子偶尔祭祀一回上天，试图祈祷诸神保佑，上天也不愿意享用其供奉，《国语·周语》曰：“其政腥臊，馨香不登。”老天不愿意接受的祭祀。你心不诚、行不端，怎么可能感动上苍呢！更何况，纣王与群臣酒醉饭饱之后的腥臊气味冒犯了天神，于是，不再眷顾殷族，而降下灾祸，使其灭邦、亡国，剥

---

① 孙星衍：《尚书今古文注·酒诰》，北京：中华书局 1986 年，第 381 页。

② 十三经注疏（标点本），孔安国，孔颖达：《尚书正义·酒诰》，北京：北京大学出版社 1999 年，第 380 页。

③ 参见黄怀信：《尚书注训·多士》，济南：齐鲁书社 2002 年，第 307 页。

④ 十三经注疏（标点本），孔安国，孔颖达：《尚书正义·酒诰》，北京：北京大学出版社 1999 年，第 380 页。

夺其权柄，而交给后来的有德之主。孙星衍曰：“芳馨不上闻于天，神不飨也。”① 可见，纣王之恶行已经人神共愤，为天道、天理和人伦、道德所不能容忍。

那么，天是如何通过馨香升与不升、供奉飨与不飨的方式而甄别明君与昏君、国兴与国亡的呢？《国语·周语上》有一段记载，内史过在答周王问时说过：“国之将兴，其君齐明、衷正、精洁、惠和，其德足以昭其馨香，其惠足以同其民人。神飨而民听，民、神无怨，故明神降之，观其政德而均布福焉。国之将亡，其君贪冒、辟邪、淫佚、荒怠、粗秽、暴虐；其政腥臊，馨香不登，其刑矫诬，百姓携贰。明神不蠲②而民有远志，民、神怨痛，无所依怀，故神亦往焉，观其苛慝而降之祸。”

显然，明君与昏君因为自身品格、德性觉悟和行事方式的不同，一个是“齐明、衷正、精洁、惠和”，一个则是“贪冒、辟邪、淫佚、荒怠、粗秽、暴虐”，上苍、天神对他们的感应程度及其回馈也不一样，前者“其德足以昭其馨香，其惠足以同其民人”，后者则“其政腥臊，馨香不登，其刑矫诬，百姓携贰”；而从现实的统治效果上看，明君善政，故而“神飨而民听，民、神无怨，故明神降之，观其政德而均布福焉”；而昏君非为，则“明神不蠲而民有远志，民、神怨痛，无所依怀，故神亦往焉，观其苛慝而降之祸”。

夏、商、周三代的兴衰史不妨看作是上苍、天神在不同时点上对君王、邦国分别进行褒贬和赏罚的动态过程，“是以或见神以兴，亦或以亡。昔夏之兴也，融降于崇山；其亡也，回禄信于聆隧。商之兴也，梼杌次于丕山；其亡也，夷羊在牧。周之兴也，鸑鷟鸣于岐山；其衰也，杜伯射王于鄗。是皆明神之志者也”③。在内史过这里，神与民始终是站在一起的，神飨而观德，进而布福，民听、民惠，则人神无怨。但在本质上，世间哪有什么神，王权转移、邦国存废的决定性力量，归根到底还是人，唯有民心的向背才可以真正决定一个政权

① 孙星衍：《尚书今古文注·酒诰》，北京：中华书局 1986 年，第 381 页。

② 蠲，洁也。引文见上海师范大学古籍整理研究所校点《国语·周语上》，上海：上海古籍出版社 1998 年，第 31 页。

③ 李维琦标点：《国语·周语上·内史过论神》，长沙：岳麓书社 1988 年，第 8 页。

的兴亡成败，而不是其他。这是儒家所始终坚信的一点。

最后，孔安国总结出一条颠扑不破的历史真理，即“凡为天所亡，天非虐民，为民行恶召罪”。茫茫苍天，哪有什么灾异谴告的功能，完全是由于人自己的恶言劣行才真正导致了灭身灭国的罪祸。殷亡，是纣王咎由自取，于天何干？于周人何干？帝乙以上的君王“慎酒以存”的历史非常清楚地告诉人们，为政而治理天下就必须严肃待酒，不可放纵。而纣王“嗜酒而灭”① 的惨痛教训，同样也非常清楚地告诉人们，为仁由己，自作孽不可活。所以，孙星衍说：“天非暴虐，惟人自召罪耳。”②

王充用理性主义为纣王辩诬

周公在《酒诰》中，抨击纣王可谓不留情面、不遗余力，意在教育康叔戒酒、禁酒。然而，到了东汉，王充却用自己清醒的理性对长期以来所流行的关于纣王湎酒的各种传言进行了逐一分析和辩诬。王充首先驳斥的就是所谓“酒池、牛饮”说。《论衡·语增》篇曰：

> 传语曰：“纣沉湎于酒，以糟为丘，以酒为池，牛饮者三千人，为长夜之饮，亡其甲子。”夫纣虽嗜酒，亦欲以为乐。令酒池在中庭乎？则不当言“为长夜之饮”。坐在深室之中，闭窗举烛，故曰长夜。令坐于室乎？每当饮者起之中庭，乃复还坐，则是烦苦相踏藉，不能甚乐。令池在深室之中，则三千人宜临池坐，前俯饮池酒，仰食肴膳，倡乐在前，乃为乐耳。如审临池而坐，则前饮害于肴膳，倡乐之作不得在前。夫饮食既不以礼，临池牛饮，则其啖肴不复用杯，亦宜就鱼肉而虎食。则知夫酒池、牛饮，非其实也。③

---

① 十三经注疏（标点本），孔安国，孔颖达：《尚书正义·酒诰》，北京：北京大学出版社 1999 年，第 380 页。

② 孙星衍：《尚书今古文注·酒诰》，北京：中华书局 1986 年，第 381 页。

③ 王充：《论衡·语增》，见《百子全书》第四册，长沙：岳麓书社 1993 年，第 3286 页。

流传的话有时总似是而非，经不起深究，因而不可轻信。譬如人们说，纣王沉溺于酒已经到了酒糟堆成山丘、用个池子来盛酒才够喝、狂饮者竟然有三千人的程度，他们可以通宵达旦地喝酒，几乎忘记了天日年岁。纣王的确十分喜欢喝酒，也想以酒作乐、取乐。但只要人们稍微想一下就不难发现，假如酒池子建在宫廷的中央位置，那就不能说他们是通宵达旦地喝酒了。因为里里外外、来回走路也得耗费掉很多时间。而只有那种坐在幽深的宫室里，关上门窗，点上蜡烛，坐着不动，一直喝个不停，才可以叫通宵达旦的“长夜之饮”①。而假如他们是坐在宫室房间里，要喝酒的人每次都得站起身来，走到庭院中去舀酒，然后又得回来坐下继续喝，那就既很厌烦劳累，又容易互相踩着碰着，一定不会很快乐。而不快乐的事情，他们应该是不会重复第二次的。

在王充看来，假如酒池子造在幽深的宫室里面，那么三千人就该坐在池边上了，面朝前低头喝池中的酒，抬头吃着桌上的菜，还可以面对歌舞音乐，这样的场景才有乐趣。然而，如果真的是这样，大家都在池边上坐着，菜就放不到人的面前了，歌舞音乐的表演也不能展示在人的面前了。那样，吃喝就完全没了礼法规矩，在池边像牛饮水一样狂喝，吃菜也不再用餐具，已经围着鱼肉像老虎一样吞食了。这哪里是人类在用餐、在饮酒啊?！一点文明素养都没有了。由此可知所谓“酒池牛饮”的传言，并不是事实，不足为信。

其次，王充驳斥了所谓“男女倮逐”的传闻。

> 传又言：“纣悬肉以为林，令男女倮而相逐其间。”是为醉乐、淫戏无

---

① 其实，王充的质疑，其逻辑也未必严丝合缝、没有漏洞。“酒池在中庭”也是可以无碍于“长夜之饮”的。因为能够被邀请到王者宫室聚饮者，皆当非权即贵。至于取酒、舀酒、执酒、斟酒，乃至喂酒，以及上菜、端菜、夹菜、撤盘、换碟、打扫餐桌卫生之类，当属太监、奴仆之事，不必有劳权贵大驾。酒池子再远也没关系，根本不会影响到他们喝酒的兴致。有太监、奴仆的小心侍候和服务，权贵们则还是可以持久作战、彻夜豪饮的。所以，酒池子的位置与聚饮时间的长短也可能并无关联。即便是受邀的权贵们亲自到中庭池子里去舀酒，也不可能是喝一杯跑一趟的。盛酒的容器大一点，还是可以省跑很多趟的嘛。

> 节度也。夫肉当内于口，口之所食，宜洁不辱。今言男女倮相逐其间，何等洁者？如以醉而不计洁辱，则当其浴于酒中。而倮相逐于肉间，何为不肯浴于酒中？以不言浴于酒，知不倮相逐于肉间。①

人们关于纣王把烧烤好的肉悬挂起来形成肉林，让男女裸露着身体在里面互相追逐、游戏的传闻，从食物清洁、卫生的角度分析，在王充看来，是经不起推敲的。如果真的是这样，说明纣王醉酒、享乐、淫荡、嬉戏已经到没有了任何节制、没有任何自限的程度。王充对饮酒也是强调“节度”的。烧烤好的肉是入口的食物，口里吃的东西则应该是干净的，而不能弄脏。如果按照传闻所说的那样，男女真的裸露着身体在肉林里相互追逐、游戏，肉又怎么可能干净呢?！如果是因为酒醉了才不计较干净与否的，那么他们就该干脆一起跳进酒池中洗澡、打闹才对，因为那样才尽兴、才疯狂嘛。既然能裸露着身体在肉林中互相追逐、游戏，那为什么又不能索性在酒池里洗澡、打闹呢？有理性的人仅从不交代在酒池里洗澡、打闹之事，就足以断定他们不可能裸露着身体在肉林中互相追逐、游戏了。②

再次，传闻往往听到风便是雨，最容易以讹传讹，言过其实。圣人没有说过的话，就不要轻易予以相信。

> 传者之说，或言：“车行酒，骑行炙，百二十日为一夜。”夫言“用酒为池”，则言其“车行酒”非也；言其“悬肉为林”，即言“骑行炙”非也。

---

① 王充：《论衡·语增》，见《百子全书》第四册，长沙：岳麓书社 1993 年，第 3287 页。

② 王充的分析是有一定道理的，是食物都应该讲究卫生，否则人吃了是要生病的。但他似乎也忽略了另外两点。一是，群饮、豪饮过程中，在宫廷里的扬尘污染指标相同的情况下，烧烤好的肉悬挂起来，只要游戏、打闹的人身体不碰上去，与放在盘子里端上餐桌的肉，卫生、清洁的程度是一样的。甚至，悬挂着的肉还有可能比盘中的肉更干净，因为肉与挂钩的接触面积要远比盘子小很多。二是，人如果跳下酒池子，因为身体是脏的，酒也便脏了，毕竟从头到脚哪里都可以搓出灰尘下来，男女激情过后还会有体液排泄出来，于是，池子里的酒根本就没法喝了。更何况如果泡在酒池子里，人的皮肤也会辣得难受，这显然不是一件快乐、享受的事儿。纣王嗜酒，已经超越了正常的吃喝，目的无非是想寻找感官刺激，不快乐、不享受的事情则是一定不会去做的。

> 或时纣沉湎覆酒，滂沲于地，即言以酒为池。酿酒糟积聚，则言糟为丘。悬肉以林，则言肉为林。林中幽冥，人时走戏其中，则言倮相逐。或时载酒用鹿车，则言车行酒、骑行炙。或时十数夜，则言其百二十。或时醉不知问日数，则言其亡甲子。周公封康叔，告以纣用酒，期于悉极，欲以戒之也，而不言“糟丘酒池，悬肉为林，长夜之饮，亡其甲子”。圣人不言，殆非实也。①

有人传话说：驾着车给喝酒的人送酒，骑着马给喝酒的人送肉，一连狂饮一百二十天才算一夜。这话需要好好推敲一番。按照王充的剖解，这种传话显然充满了逻辑矛盾。如果说“用酒为池”，那么说“驾着车给他们送酒”就不对了。如果说“悬肉为林”，那么说“骑着马给他们送肉”就不对了。因为既然酒在池中、肉已挂上，就不需要再安排车、马专程送过来了②。王充指出，误传的原因就在于：也许纣王曾经因为酒醉而打翻了酒缸，酒顿时倾泻了遍地，就被人们放大成：酒流成池。酒糟堆积在一起，就被人们说作：酒糟堆成了山丘。悬挂的烤肉有点多，像树林，就被说为：肉成了树林。肉林中有些昏暗，喝酒的人有时跑到里面嬉戏，就被夸张为：裸露着身体相互追逐。有时装酒用的是鹿车，就被说成：驾着车送酒，骑着马送肉。有时一连喝了十几个晚上的酒，就被说成：一连喝了一百二十夜。有时酒醉了不晓得问时间，就被说成忘记了天日。传言往往都是这样，逮住一点事实就没完没了地添油加醋，捕风捉影的内容很多。

周公当初分封康叔，就把纣王酗酒亡国的教训告诉了康叔，目的无非是要把酒的危害和盘托出，不把话说得严重一些，康叔可能还不知轻重。然而，周公却绝对没有说——酒糟堆成山丘，酒流成池，悬挂的肉成了树林，通宵达旦地喝酒，忘记了天日——这种话。圣人都没有说的事情，大概都不应该是事实吧。而按照正常的逻辑，王充是不应该相信圣人之言的，他始终只相信自己的

---

① 王充：《论衡·语增》，见《百子全书》第四册，长沙：岳麓书社 1993 年，第 3287 页。

② 那么，酒是怎么到池子里来的，肉又是怎么挂起来的呢？仍然需要车、马运来。很可能，流言只看到过程，王充只看到结果。

理性。但这里为什么王充却抬出了圣人，可能是由于常人很相信圣人之言的缘故吧。

最后，王充否定了纣王与三千人牛饮的可能性。

> 传言曰："纣非时与三千人牛饮于酒池。"夫夏官百，殷二百，周三百。纣之所与相乐，非民，必臣也；非小臣，必大官，其数不能满三千人。传书家欲恶纣，故言三千人，增其实也。①

至于人们传言说，纣王不分时间、不按天时，经常跟三千人一起在酒池边狂饮取乐，也有点夸大其词了。按照王充的估计，夏朝的官职只有一百，殷朝只有二百，周朝只有三百。能够被纣王所邀请一起饮酒作乐的人，不是老百姓，就是大臣；不是小臣，就是大官，那么数量不可能满三千人。历史上作传书的人想把纣王说得很坏，故意说有三千人，显然是夸大了事实。在王充之所言中，殷商时代，中央政府的官员数量未必能满三千，但如果纣王喝酒恩宠下垂，甚至直接邀请"民""小官"，则显然随便都可以凑足三千。如果"纣非时与三千人牛饮"这件事情属实，那么至少还可以说明纣王还是挺善于跟别人分享酒乐的。今日中国民间仍然流传着"一人不喝酒，两人不赌钱"的说法。人们在喝酒的时候，独自一个人喝闷酒是很容易醉的，小聚显然没有群饮那般喧嚣、热闹。因为酒的价值似乎只有在共享中才能够获得体现和放大。在群聚同饮的过程中，人们可以相互激发、相互模仿、相互促进，争相做出积极、活跃的表现，性情、胆略则更为奔放、更为张扬，于是便共同制造出一种情感浓烈的氛围，尽管时常掺杂着令人难以忍受的乌烟瘴气。这样，酒也便喝得更多，因为酒精在摇唇鼓舌、滔滔不绝、唾星四溅的说话中往往从身体内挥发得也更快。

王充虽然为纣王做了辩诬，但并不是要遮蔽和否认纣王嗜酒淫乐、亡国败德的事实，而只是不满于时人传闻、传言的夸张与放大程度。他对纣王的定性是没有争议的，有争议的只是其违反酒禁忌、所犯罪恶的轻重深浅。王充毕竟

---

① 王充：《论衡·语增》，见《百子全书》第四册，长沙：岳麓书社 1993 年，第 3287 页。

还是一个儒者，尽管胡适说他是“提倡道家的自然的宇宙论，来代替儒家的天人感应论”，张岱年说他“所信的则是道家的自然论”[①]，因为他尊孔尊圣，仍然在强调“醉乐、淫戏”应该有“节度”，非常切合儒家的基本立场与意旨要求，但他也明确反对部分儒者肆意把纣王脸谱化、刻板化、妖魔化，而始终定格为一个十恶不赦、罪大恶极的禽兽。王充撰写《语增》，体现出他“疾虚妄”的深刻批判精神，整篇的目的就是要揭发、戳穿那些歪曲事实、添油加醋的流言，廓清当时一切虚妄的迷信和伪造的假书，纠正那些看上去正确、但却似是而非的误解和偏见。胡适在《中国中古思想小史》中说过：“《论衡》代表一种批评的精神，对于当时的宗教迷信和世俗流传的书籍，都要‘订其真伪，辨其实虚’。”[②] 徐复观也说过，王充的学术特点是“崇疑、重证，以知性的判断，代替偶像权威，并由此以立真破妄”[③]。在谶纬之儒学最为盛行的东汉时代，读一读王充的《论衡》，头脑则可以保持足够的清醒。

揭穿“文王千钟”的“高级黑”

上古中国，酒的发明和使用多与祭祀活动直接有关。周公对康叔说：“乃穆考文王，肇国在西土。厥诰毖庶邦、庶士越少正、御事朝夕曰：祀兹酒。”孔安国注曰：“文王其所告慎众士于少正官、御治事吏，朝夕敕之：‘惟祭祀而用此酒，不常饮。’”文王戒酒，朝夕谨慎。祭祀才用酒，自己则不饮。孔颖达疏曰：“所以不常为饮者，以惟天之下敕命，始令我民知作酒者，惟为大祭祀，故以酒为祭，不主饮。”[④] 文王“不常饮”酒，并非自己不想喝、不能喝，他自己还是有喝酒的欲望的，只是他能够非常恭敬地遵从上天的敕命与教导罢了。孙

---

① 参阅邓红：《王充新八论》，北京：中国社会科学出版社2003年，第28、29页。

② 胡适：《中国中古思想小史》，见姜义华主编：《胡适学术文集·中国哲学史（上）》，北京：中华书局1991年，第487、488页。

③ 徐复观：《两汉思想史》第二卷，上海：华东师范大学出版社2001年，第363页。

④ 十三经注疏（标点本），孔安国，孔颖达：《尚书正义》，北京：北京大学出版社1999年，第373页。

星衍引王充《论衡·语增》曰："《酒诰》之篇'朝夕曰祀兹酒'，此言文王戒慎酒也。朝夕戒慎，则民化之。"① 文王谨慎戒酒、断酒，天下民风则为之一转。

商周时代，农业耕作技术不稳定、不成熟，粮食的正常供应与食用尚且匮乏，可以直接投入窖池而酿造成酒的，则甚少。而酒之使用，大多与先民的宗教生活密切有关，非祭非祀皆不得轻易用酒。明人陆键曰："因祀而有酒，重在祀，不在酒也。用之祀，则为降命；用之人，则为降威。可见，酒只宜于祀，不宜于人。"② 酒是祭祀之礼的必备品，但祭祀之礼又并不特别在乎酒的质量好坏与数量多少，表达一下心意就足够了。用酒祭祀的目的就在于请求上天赐予命令，可以引领苍生；人喝了酒则可以提升自己的威力影响。但在根本上，酒是不适合被人所享用的，而只适合于祭祀天帝、神明之类的绝对存在者。至于酒在民间的大规模消费行为，则显然是后来的事情。

孙星衍曰，"文王但祭之，不崇饮也。"文王贵为天子，天子当遵从天命，如同子尊于父。祭祀之用酒，乃孝敬上苍天帝之物，自己是绝对不会饮用的。"或为诰勑众邦群臣朝夕戒之，言惟祭祀可用此酒耳。"③ 文王是在以身作则，其用意就在于，要告诫朝廷百官和天下百姓：酒当用于祭祀，人是不可以常喝的，否则，就必然败坏人心和社会风气。"祀兹酒"一句，是周王对酒的正当使用所提出的一项原则性、前提性、规范性的要求，还没具体、细化，仍属于粗线条的指导意见。及至下一段诰文，周公则针对在诸侯国任职的周族官员，明确要求其以德戒酒，做到"饮惟祀"，不是祭祀活动，则一律不能喝酒。

然而，汉代的王充却持另一种观点。皮锡瑞《今文尚书考证》引《论衡》之《谴告》篇曰："纣为长夜之饮，文王朝夕曰：'祀兹酒'。齐奢于祀，晏子祭庙，豚不掩俎。何则？非疾之者，宜有以改易之也。"④ 在王充看来，商纣王钟爱于酒，已经做过了头，彻夜喝酒，以至于伤身亡国。及至文王治政则不得不

---

① 王充：《论衡·语增》，见《百子全书》第四册，长沙：岳麓书社 1993 年，第 3286 页。

② 陆键：《尚书传翼·酒诰》，见《四库全书存目丛书》经部五三，清华大学图书馆藏明刻本影印本，济南：齐鲁书社 1997 年，第 105 页。

③ 孙星衍：《尚书今古文注疏·酒诰》，北京：中华书局 2004 年，第 375 页。

④ 王充：《论衡·谴告》，见《百子全书》第四册，长沙：岳麓书社 1993 年，第 3359 页。

有所改变，而经常强调只有在祭祀的时候，人们才可以喝点酒。齐国的君王之于祭祀，太过奢侈，浪费严重，等到晏子做了上大夫之后则厉行节俭，他的庙祭，所用的猪竟然还没有砧板大。为什么呢？原因并不是他想要批评前任，而是已经到了必须适当更易的时候了。

《语增》篇曰："案《酒诰》之篇，'朝夕曰：祀兹酒'，此言文王戒慎酒也。朝夕戒慎，则民化之。"文王朝夕戒慎的目的无疑是要教化好天下百姓，倡导良好的世风，因而让社会成其为社会。但如果文王自己"外出戒慎之教，内饮酒尽千钟"，表面是一套，背后则是另一套，则必然会滋生诸多问题，诸如"导民率下，何以致化?"君王自己朝夕戒慎，以身作则，才能感化民众，教成礼乐，否则拿什么达到这样的效果呢。"承纣疾恶，何以自别?"于是便无异于跟纣王同流合污，学了他最坏的恶行。并且，"千钟之效、百觚之验，何时用哉?"① 那些所谓"文王千钟""孔子百觚"的溢美之词，也根本经不起实证检验。

汉儒伏胜撰《尚书大传》曰："天子有事，诸侯皆侍，尊卑之义。宗室有事，族人皆侍，终日，大宗已侍于宾奠，然后燕私。燕私者，何也？已而与族人饮也。"又："饮而醉者，宗室之意也。德将无醉，族人之志也。"② 饮酒活动，经过伏胜这么一解释，不仅具有了上下尊卑的伦理意义，而且，也在醉与不醉的分寸把握上区别出"宗室之意"与"族人之志"的不同。汉人对待酒，已经不像周人那么严格戒备、高度紧张到神经过敏的程度了。有事没事，官、民皆可以喝，只是公开场合只能小喝，而背后则可以大喝罢了。饮而醉，是主家好客的表现，客人轻易不可酩酊大醉。否则，"德将无醉"就会沦为喝酒人的一个主观动机和一句空洞的道德要求。

强调德性修养对喝酒的控制是必需的，但如果把德性修养在喝酒过程中所发挥的作用吹过了头，则效果也会适得其反，没有人信。王充在《论衡·语增》中，曾驳斥过"文王饮酒千钟，孔子百觚"的传言，这话原本是想表明"圣人德盛，能以德将酒"，可惜却成了对两位圣人的一种"高级黑"。文王、孔子如

---

① 王充：《论衡·语增》，见《百子全书》第四册，长沙：岳麓书社 1993 年，第 3286 页。

② 转引自孙星衍：《尚书今古文注·酒诰》，北京：中华书局 1986 年，第 373 页。

果真的可以“一坐千钟、百觚”，那么，他们也就一定是“酒徒，而非圣人”了，算个酒囊饭袋还差不多。王充认为，“饮酒有法，胸腹小大，与人均等”，人要喝下千钟、百觚的酒，下酒菜分别也得一百头牛、十只羊，那么，照此推算下来，文王的高度起码也赶得上“防风之君”的三丈三了[①]，孔子起码也有“长狄之人”高大威猛的躯体了，但可惜他们两位分别还都不是。“世闻‘德将无醉’之言，见圣人有多德之效，则虚增文王以为千钟，空益孔子以百觚矣。”[②]面对儒家的道德宣教，王充还是十分冷静而理性的，他善于用严密的逻辑思维去做认真的分析、推理和论证。王充是儒家队伍里的清醒者。

---

① “防风之君”，即防风氏，或汪芒氏，盖为汪姓始祖。上古尧舜禹时代的神话传说人物，防风国（今浙江德清）创始人，是巨人族，身高三丈三尺。因为生活在一片汪洋的沼泽地里，其后代则姓汪。《史记·孔子世家》载：“吴伐越，堕会稽，得骨节专车。吴使使问仲尼：‘骨何者最大?’仲尼曰：‘禹致群神于会稽山，防风氏后至，禹杀而戮之，其节专车，此为大矣。’吴客曰：‘谁为神?’仲尼曰：‘山川之神足以纲纪天下，其守为神，社稷为公侯，皆属于王者。’客曰：‘防风何守?’仲尼曰：‘汪罔氏之君，守封、禺之山，为釐姓。在虞、夏、商为汪罔，于周为长翟，今谓之大人。’客曰：‘人长几何?’仲尼曰：‘僬侥氏三尺，短之至也。长者不过十之，数之极也。’于是吴客曰：‘善哉圣人!’”《国语·鲁语下·仲尼论大骨》中，孔子曰：“昔禹致群神于会稽之山，防风氏后至，禹杀而戮之，其骨节专车。’大禹杀防风氏的借口是开会迟到，其实是嫉妒这位顶天立地、威信很高的治水英雄。不久又予以平反昭雪，并亲自拜祭。《述异记·卷上》：“越俗，祭防风神，奏防风古乐，截竹长之三尺，吹之如嗥，三人披发而舞。”吴越地区至今依然把防风氏当作神祖来祭祀。

② 王充：《论衡·语增》，见《百子全书》第四册，长沙：岳麓书社 1993 年，第 3286 页。

The Facialization of King Zhou and Wang Chong's Debate ——Taking the Interpretation of Confucian Classics on *Jiu Gao* as an example

YU Zhiping

(Faculty of Humanities, Shanghai Jiao Tong University,
Shanghai, 200030, China)

Abstract: Zhou Gong wrote *Jiu Gao*, organically linking wine with the legitimacy of the king's power, which is the morality, legitimacy and appropriateness of power inheritance and governance. In order to consolidate the political order of the Zhou Dynasty, Zhou Gong urged the descendants of Zhou royal family to learn from history and warned them against wine. In view of a strong and sober spirit of rationalism, Wang Chong analyzed and criticized the exaggeration and false comment of *Jiu Gao* concerned with King Zhou and King Wen. Wang Chong's feelings and thoughts of seeking truth are worth being sorted, developed and inherited.

Key words: *Jiu Gao*; King Zhou; Wang Chong; the interpretation of Confucian Classics

近现代儒学

萧萐父先生的“诗化哲学”及其人生追求

吴根友*

（武汉大学　哲学学院，湖北　武汉　430072）

摘要： 萧萐父先生是当代中国少有的几个提倡并践行“诗化哲学”的哲学史家与哲学家。他将“双L情结”规定为诗化哲学的根本特质，是在综合了中西哲学史之后得出的具有高度概括力，又具有生动形象的诗化哲学之描述性的定义。诗化哲学所具有的情理交融的特质，既可以让哲学避免走向宗教迷狂，又可以让哲学避免走向狭隘的科学实证。传统中国哲学所具有诗化哲学特质，恰恰可以为中国哲学在世界哲学之林保持自己民族的特有风貌。从诗化哲学的角度改写中国哲学史的叙事方式与叙事框架，也许是一条值得探索之路。

关键词： 萧萐父；诗化哲学；情理交融；中国哲学特质

一般而言，哲学主要体现人类运用概念进行抽象思维的能力，其中也包含了历史理性与反思理性。作为一种知识或学问体系，哲学主要体现人类思维中重视理性、逻辑的面向或维度。哲学思维中也有想象或联想，但哲学的想象与联想，主要是一种运用概念进行普遍化思考的能力，与文学艺术中运用具体形象进行比喻性的思考极不相同。如果以艾儒略《西学凡》一书的出版为标志，

---

* 吴根友（1963—），哲学博士、博士生导师，武汉大学文明对话高等研究院院长，中国传统文化研究中心兼职研究员，教育部长江学者特聘教授，研究领域为明清哲学、中西比较哲学等。

西方哲学传入中国实际上已经有四百余年的历史了。如果从学科建制——北大哲学门的成立为标志，也有一百余年的历史了。但对于中国有没有哲学，中国哲学是不是哲学等的质疑，时常还是会冒出来。而这些问题的实质，其实是说，中国哲学究竟具有什么样的独特性。

作为人类理性思维方式的一种，或者说作为一种人文知识与思维方式而言，哲学具有普遍性是不言而喻的。黑格尔在其《哲学史讲演录》中说“中国没有哲学”，其真实的意思是说中国没有自由。因为黑格尔的哲学观是，哲学是人类自由的思想。德里达认为中国没有哲学，其实是说中国没有他要批评的西方传统中的“形而上学”那一类的哲学。他认为西方形而上学是哲学的堕落，他要的是思想而不是西方哲学传统中的形而上学的说法。但他认为中国有思想。不管是黑格尔所说的“哲学”，还是德里达所说的“哲学”，作为理性思维方式的哲学，中西哲学都有大体类似的哲学思想。但不可否认的是，在人类文明的漫长发展历史过程中，哲学是深深地打上了民族文化的特色。简洁地说，若以古希腊哲学为比较与参照对象，中国先秦哲学则更多地表现为对社会政治与伦理的关注，古希腊哲学则表现出对形而上学以及普遍的哲学方法的关注。如果以欧洲哲学为参照系，漫长的中世纪哲学，公元三世纪以前主要表现为希腊化的哲学风格，公元三世纪到公元十六世纪后半叶，大约有一千四百余年的哲学历史，则主要表现为基督教的经院哲学，这一点与中国“经学时代”（冯友兰语）汉魏晋隋唐宋元明哲学的丰富性与多样性相比，反而略显逊色。在当代中国人的一般意识之中，一谈到哲学，人们往往自觉不自觉地想到希腊哲学和近现代哲学。然后用这种不甚全面的西方哲学发展史来作为西方哲学的全貌，以之反观中国哲学，进而对中国哲学进行判教，或说中国哲学不是哲学，或说中国没有哲学。二十一世纪初的中国哲学界，曾经短暂地兴起过有关“中国哲学合法性”问题的讨论①，实际上与这种哲学观或哲学史观有关。实际上，古希腊哲学与近现代西方哲学，主要表现为以理性思维为特征的哲学形态，其主流是英国

① 参见姚新中主编《中国哲学创新研究》第一卷第二章何谓“中国哲学”的相关讨论。北京：中国人民大学出版社 2019 年。

的经验主义和法国、德国的理性主义①。但其中也有一些非主流的浪漫主义的哲学家和哲学思想，其中德国的浪漫派哲学思想，就是以诗化的哲学为追求目标，反省并批判现代科学技术对于人生的伤害，试图以人的感性、情感来代替哲学的理性与科技的理性②。因此，如果比较完整而全面地考察西方哲学史，我们就会发现，哲学大家庭里有诸多成员，而哲学本身的面貌是多元而复杂的，并非一种刻板、生硬、冷峻的理性面孔。理性无疑是哲学的主要面向，但哲学也包含着情感与诗性的内容。诗化哲学与哲学的诗化，不仅是可欲与可能的，它本身就是丰富复杂的哲学史的重要组成部分。

更进一步地说，哲学不只是所谓哲学家的专利品，一些诗人也可以通过诗的形式表达哲学思想而成为“哲学诗人”，按照维基百科的说法，“哲学诗人是指那些运用诗歌的手法、风格或形式来探索哲学领域的共同主题的作家或学者。他们的作品经常涉及生命的意义、存在的本质（本体论）、知识和认识论（认识论）、美的原则（美学）、事物的首要原则（形而上学）或上帝的存在等有关的问题。有些人在诗歌中会进行广泛的哲学探究，涉及不同的哲学主题，而有些人则会集中在哲学诗歌的一个分支中。例如，但丁在一般意义上被一些人认为既是一个哲学诗人，也是一位进行形而上学探索的诗人。”在我看来，这些哲学诗人所创作的哲学诗，显然是诗化哲学。在现当代中国哲学界，萧萐父先生就是较早关注诗化哲学，并从诗化哲学的角度考察中国哲学特质，在学术与理论的创作中践行“诗化哲学”的少数哲学史家与诗人哲学家之一③。

一、“诗化哲学”与中国哲学的特质

哲学是一个大家庭，其中包括各种分支学科，如科学哲学、语言哲学、历

① 有关中西比较哲学研究较为系统的历史，可参看许苏民《中西哲学比较研究史》，南京：南京大学出版社 2014 年。

② 参见刘小枫《诗化哲学》一书，上海：华东师范大学出版社 2011 年（重订）。

③ 方东美先生是较早关注中国哲学诗性特质的现代新儒家重要人物之一。参见许苏民《中西哲学比较研究史》第 1119—1127 页。本文是对 13 年前给萧先生《萧氏文心》《火凤凰吟》所作之序中许下诺言之初步践履。

史哲学、宗教哲学等，而“诗化哲学”就是哲学大家庭中的成员之一。但是，作为哲学大家庭中诸成员之一的“诗化哲学”，其概念的构成本身似乎就包含着某种悖论的内容，即将以诗为代表的一切艺术性的形象思维与概念化的抽象思维结合在一起，构成了一种既哲学又非哲学的哲学形态。

如众所知，“哲学”这门学问体系或曰知识体系是从欧洲传入中国的，而且一开始是以理性思考的特征进入中国的思想界，因此，在汉语学术界，哲学与诗一开始就是分离的。然而，全面考察中西哲学发展实际历史进程就会发现，哲学从一开始就不排斥“诗化”的形象思维。从一个侧面讲，哲学可以通过诗化的方式展示自己的理性思考特征。在古希腊的史诗与悲剧之中，哲学就是通过诗的形式表达出来的。现代西方哲学史上，典型的人物尼采，其著名的《查拉图斯特拉如是说》一书，就是采用诗的形式来表达他的哲学思想。而从另一个侧面讲，诗人的作品中也包含着大量的哲学思考，如屈原的《天问》、歌德的《浮士德》、艾略特的《荒原》等，都可以看作是诗歌当中包含深刻而丰富的哲学思想的典范之作。因此，在哲学的大家庭里，实际上是长期存在着“诗化哲学”。

在当代中国哲学界，较早系统地研究了德国“诗化哲学”问题的学者，当属刘小枫。他在早年攻读硕士研究生学位时，就开始研究了以德国浪漫派思想为主体的“诗化哲学”问题，后成书并修订扩充的《诗化哲学》一书，以粗线条的方式勾勒了德国浪漫派的诗化哲学思想发展脉络，在少数地方也提及了中国传统的“诗化哲学”的片断内容。如果纵观现当代中国哲学的发展历史，萧萐父先生则是较早关注并实践诗化哲学的少数哲学家之一①。

一九四八年，萧先生发表了《原美》一文。该文扬榷古今中西，特别是西方近现代以来的各种美学思想，以感性与理性的高度整合为理想目标，扬弃中西思想传统中静态的和谐观，追求一种具有现代性的动态的和谐，进而实现创造与创化的人生目标。此文虽然写于萧先生的青年时代，但大体上奠定了萧先

① 现代新儒家方东美，思想家、诗人苏渊雷，均是中国现代哲学史关注诗化哲学的少数哲学家。张世英先生晚年也特别关注哲学的诗性特质，其对语言的诗性与诗性的语言的研究与阐发，可以看作是对“诗化哲学”进行深入阐述的内容之一。

生“诗化哲学”的理论结构，即他后来总结的“双L情结”——第一个L是指逻辑（Logic），第二个L是指一种二弦的竖琴（Lyric），代指艺术，追求理与情的高度统一。理与情的高度统一的“诗化哲学”是萧先生对于哲学的理论追求，也是他的人生实践。这种理论追求，在一九九五年给方任安《诗评中国著名哲学家》一书作序的时候，更进一步地做了系统、深入的阐发，并将其看作是中华哲人与诗人共同塑造出的一种优秀的精神传统。他说：

> 在情与理的冲突中求和谐，在形象思维与逻辑思维的互斥中求互补，在诗与哲学的差异中求统一，乃是中华哲人与诗人们共同缔造的优秀传统。他们在这一心灵创造活动中实现着美和真的合一，使中国哲学走一条独特的追求最高价值理想的形而上学的道路，既避免把哲学最后引向宗教迷狂，又超越了使哲学最后仅局限于科学实证，而是把哲学所追求的终极目标归结为一种诗化的人生境界，即审美与契真合而为一的境界。中国哲学的致思取向，从总体上乃是诗化的哲学。①

在上述的序文中，萧先生对于中国哲学的特质问题至少提出了以下三个层面的问题，其一，中国哲学是两种性质东西的高度结合，如情与理、形象思维与逻辑思维、诗与哲学的高度结合。其二是这种多层次、多侧面的结合形成了中国哲学特色，即求美与求真的结合。其优势是避免了哲学最后走向宗教迷狂，也超越了狭隘的科学实证。其三是形成了中国哲学的整体特征是“诗化的哲学”这一结论。

二、中国“诗化哲学”的三种形态及相关补充性的思考

萧先生不仅揭示了中国哲学的“诗化”特征，还初步勾勒了中国“诗化哲学”的三条主要路径（或曰表现形式）。其一是哲学著作中就包含了诗的内容，

---

① 萧萐父：《吹沙二集》，成都：巴蜀书社1999年，第512页（按：下引此集只注书名与页码）。

有些哲学作者本身就是用诗的韵语和文学的形象创作而成的，像《周易》《尚书》《逸周书》等古典哲学、史学著作中保存的不少富有哲理的古歌谣，《老子》一书“全可韵读的哲学诗篇”，《庄子》《列子》等道家诸子，“多用诗的文辞或充满诗意的卮言、寓言等来展示他们的智慧”。另外，孔子的“逝者如斯，不舍昼夜”的感叹，孟子的“观水有术，必观其澜”，荀子的《成相》《赋》篇等①，都是哲学作品有诗，或直接就是诗的形式，或借助诗歌艺术形象的手段，要而言之，是哲学与诗高度结合的典范。

其二，诗歌作品中包含大量哲学思想，如《诗经》中的颂诗与大雅部分的诗作、“国风”中的少量作品。屈原的《天问》，贾谊的《鹏鸟赋》，其他诗人，“陶、谢、嵇、阮，各有名篇，李、杜、王、孟，纷呈异彩，直到晦翁的‘源头活水’，阳明‘海涛天风’，梨洲的‘此意无穷，海怒鹏骞’，船山的‘光芒烛天，芳菲匝地’……春兰秋菊，葳蕤不绝，神思慧命，绵延至今。”②

其三，除了这两种形式的诗化哲学形态之外，另外还有哲理诗，像程伊川用“数点梅花天地心”来绎解他所悟得的《周易》复卦的义理。③ 还有诗化的哲学评论，这些具有哲学意味的评论，往往“以简御繁，由一显多，为历代圣哲的灵魂‘画像’，寥寥数语，往往传神”④。陶渊明的《咏贫士》《读史述九章》等作品，论述荣启期、原宪等高士和伯夷、叔齐、箕子、七十二弟子、屈原、贾谊、韩非、鲁二儒等哲人。还有正史中《史赞》，虽然类多浅近，但也有少数涉及思想家画赞的，如朱熹的《六先生画像赞》，分别赞述了濂溪（周敦颐）、明道（程颢）、伊川（程颐）、康节（邵雍）、横渠（张载）、涑水（司马光）等六位哲学家。后来类似的哲人画像赞作品还有，如清代的思想家焦循所作的人物画像赞等。今苏渊雷先生的《风流人物无双谱》，一共选了三十六位人物，半属哲学家，半属文学家。安徽枞阳县人氏方任安先生著《诗评中国著名哲学家》一书，可以说是最为系统的诗评类哲学史著作。

---

① 《吹沙二集》，第 512—513 页。

② 《吹沙二集》，第 513 页。

③ 《吹沙二集》，第 513 页。

④ 《吹沙二集》，第 513—514 页。

实际上，除上述萧先生勾勒出的三类诗化哲学家和诗化哲学作品之外，像司马迁的《史记》则又另当别论。依鲁迅先生的观点，《史记》为“史家之绝唱，无韵之《离骚》”。这部著作从图书分类的角度看当然首先是历史作品，但富有诗人的激情在其中，也饱含着深厚的历史哲学思想——“究天人之际，通古今之变，成一家之言”。因而当然是一部有着深刻的哲学思想而同时又具有诗人激情与特殊历史情感的史学著作。因此，诗化哲学，就其作品的形式而言，还有像《史记》这样的史学作品，至于像钟嵘的《诗品》、刘勰的《文心雕龙》、司空图的《二十四诗品》等，亦当是诗化哲学类的文艺美学作品。现代中国大文豪鲁迅先生的《野草》本身，亦可以视为诗化哲学的代表作品。因此，对于“诗化哲学”的理解与解读，我们完全可以不必将“诗”狭隘化，将诗仅仅理解为诗歌作品，而是应当理解为一种将具有普遍的哲学问题以浸透着个人独特情感的文学化的方式表达出来的一切文学、哲学、历史作品，这些作品均可以视为“诗化哲学”类的作品。刘小枫早年提及的“本体论的诗”“诗化的思”，大体可以揭示“诗化哲学”的主要特点。

三、萧萐父对“诗化哲学”的自觉追求与实践

简洁地讲，萧先生本人对诗化哲学的追求主要表现在三个方面。一是通过诗歌创作的形式表达对哲学的思考。像“世纪桥头之思”，唤起莱翁共圆中西文化交流的梦想等诗作①，均是以情化理，以理入诗。

二是在一些哲学史的作品中，尝试融入诗歌艺术的画魂手段与艺术追求，让哲学史的人物灌注生气，看到其完整的人格形象与精神风貌。这主要体现在《王夫之评传》一书的序言与选出的与船山精神相契合的诗作。

三是萧先生对历史上富有人格魅力的哲学家的礼赞，以及他本人在社会生活、教育生涯中所持守的仁智兼修的人格形象。在当代的中国哲学界，萧先生的人格风范得到同行中的长辈、同辈以及学生辈的公认。这一人格形象本身就

---

① 《访德杂诗之二》：“唤起莱翁共商酌，东西慧梦几时圆？”（《吹沙二集》第749页。）

是一首无字的长篇叙事抒情诗，其中有着一般学者不具有的波澜与曲折。

(一) 诗作中的哲理追求

明末清初的哲学家方以智，他本人能诗、知诗，在评诗方面亦有独到的见解。但他谈到以诗来表达哲理时，却表现出十分谨慎的态度。在《通雅》中，方以智这样说道：“诗未尝不可以析理，析理之诗，非诗之胜地也。”① 萧先生通过诗的形式来表达哲学思考，可见是选择了一件十分困难的事情。然以“慧境托诗心”②，是萧先生一生哲学的一种追求，体现了他本人以诗化的方式从事哲学思考的特点。慧境，主要是哲学的慧解，诗心主要是对自然、社会、历史等个人化的高尚、纯粹而美好的情感与领悟。“慧境”让“诗心”具有深刻的精神内涵，不再停留于个人的得失、荣辱与悲欢；“诗心”让“慧境”充满着具体而丰富的人文、历史的质感与当下的亲在特质。通过初步的研究，我将从以下五组充满哲理的诗歌意象之词汇来揭示萧先生一些诗作中的哲学思考。

其一，心火。在《吹沙集》的《后记》中，萧先生特别提到“心火”，他曾经问学于汤用彤、贺自昭、冯芝生、张岱年、任继愈诸先生，又从李达老、杜国庠、侯外庐、吕振羽诸前辈的立身风范中得窥矩矱，他也希望后学能够从他的《吹沙集》中感受到这种“心火”之传③。这种“心火之传”，既依托文字，又超出文字。

其二，道真。在纪念李达的诗中，萧公说道：“百年龙种经忧患，四卷犀芒烛道真。”④“道真”之真，超越了一般认识论意义的主观认知与客观事物的高度符合的认识论真理，而是一种系统的正确理论，揭示了某种深刻而复杂的社会现象与人生道理。

其三，天心、童心、兰心、慧心、心史等。戊午、辛酉杂诗之一有“复见天心蕴雪梅”，之二有“飘坠尘寰未化泥，童心诗骨两嵚嵜”句，之四有“童心

① 黄德宽、诸伟奇主编，方以智撰：《方以智全书》第四册，合肥：黄山书社 2019 年，第 72 页。

② 萧萐父：《吹沙集》，成都：巴蜀书社 1991 年，第 608 页（按：下引此集只注书名与页码）。

③ 《吹沙集》，第 626 页。

④ 《吹沙集》，第 624 页。

诗梦桂桥边，说剑谈玄总惘然”① 的悲情。“童心”是萧先生诗中经常出现的词与意象。在《临江仙和韵答锦全、罗炽》的词中有“童心犹未眠，蝶梦醒应难”之句②。一九八〇年冬，九校合编《中国哲学史》书稿初成，作诗一首，并征和诗。其诗云：“九畹兰心凝史慧，五湖鸥梦入诗篇。”③ 在一九八一年步陈荣捷教授之韵所写的三首诗中，有“一瓣心香拜顾、王”之句，表明自己努力在精神实质上向明清启蒙学者学习。该组诗之三云：“自古慧心无国界，奘师千卷证菩提。”④ 在编写两卷本《中国哲学史》的过程中，定稿完成后，送别李锦全、（黄）兴华的诗云：“自有诗情通窅窕，岂因华盖失从容。六编心史鲛人泪，一卷行吟郢客风。”⑤ 一九八二年到南京评孙叔平先生的两卷本《中国哲学史》时，有诗赠孙先生，其中有两句道：“两卷呕心史，深情向未来。”⑥ 寅年夏（一九八六年）送别柴文华诸人毕业论文的诗中，对诸人论文所表现出的“双向神思，万殊史慧”给予了高度肯定。在送别李大华等人毕业的诗中，萧先生说道：“史路坎坷怜卞玉，心期曼窅觅玄珠。”⑦（“心史”“史慧”是其诗作中经常出现的两个概念，比较突出的体现了其历史哲学的精神气质，即契真融美的特色。即是萧先生自己总结的两句诗：“史慧欲承章氏学，诗魂欲扫瑷人愁。”⑧ ）

其四，心书、国魂。纪念熊十力诞辰百周年一诗赞扬熊先生道：“一卷心书昭学脉，千秋慧业蜕师门。深明体用标新义，笃衍乾坤续国魂。”⑨ 而且将熊氏的“白首丹心无限意”与当时改革开放的神州鼎革的时代精神结合起来。

萧先生非常重视“国魂”“民族魂”的重铸问题。在《人文易与民族魂》一文中，将“凝结在易学传统中的人文意识和价值理想”，看作是“易学和易学史

---

① 《吹沙集》，第 602 页。

② 《吹沙集》，第 611 页。

③ 《吹沙集》，第 608 页。

④ 《吹沙集》，第 610 页。

⑤ 《吹沙集》，第 611 页。

⑥ 《吹沙集》，第 613 页。

⑦ 《吹沙集》，第 623 页。

⑧ 《吹沙二集》，第 756 页。

⑨ 《吹沙集》，第 616 页。

研究的主干和灵魂”①。

其五，风骨。对傅山的风骨予以高度的赞扬：“云陶洞口怀风骨，羞对筀篌唱路难。”② 而对傅山自由奔放、多面的学术思想，也予以高度肯定：“龌龊奴儒须扫荡，汪洋学海任通观。”③ 晚年，萧先生本人也提倡：“漫汗通观儒释道，从容涵化印中西。”

上述五组带有浓厚哲理意味的诗歌词汇及其所表达的意象，非常典型地展示了诗化哲学的自身形态。“心火”不是经验中的火，但具有经验中的火所具有的蔓延与影响力等作用。它主要是指一种能动的精神与精神的能动性，但又借助庄子卮言的方式，使得火的形象进入抽象的哲学领域，让人们直观地理解到精神的影响力，仿佛看到了火光一样的明亮与热度，与纯粹的思辨理性对于人的影响极不相同。其他四组诗性的词汇所具有的感性化的意味，大体上同于“心火”一词。当然，萧先生众多诗作中还有很多具有哲理意味的词，如心炬、心史、心书、鸥梦、玄珠等，将哲学智慧形象化，使之获得生动的感性内容。

（二）哲学史著作中的诗性特质

在《王夫之评传》一书的《弁言》中，萧先生直接表达了对“评传”一类著作的理想性要求，他认为，对于王夫之这样“具有巨大历史感和崇高人格美的大思想家的传记”“不仅要据实以存真，更要体物以传神”④。

而所谓的“传神”，即要“走近传记人物的心灵，体察入微，与之含情相对，寂感互通，从而自有传神的手笔，为传主的灵魂画像。为了让这本“评传”达到“传神”的效果，他特意在《弁言》之后附上十首诗，使这本评传在“据

① 《吹沙集二》，第 71 页。

② 《吹沙集》，第 614 页。又，在《吹沙三集·湖海微吟》中收录的《读史纪怀二律》的两诗中，萧先生通过对历史上具有风骨的贤者，如卞和、司马迁、苌弘等人的歌颂，实际上表达了诗人自己面对历史的巨大误会而表现出的对于真理坚信的风骨与人格。仅录其一：“缧绁难移孺子心，无私无畏自坚贞。情痴宁效荆山哭，道直甘闻独漉行。蚕室谤书留信史，丹炉烈火炼金睛。雪郎少作西风颂，垂老狂吟泪欲倾。”《吹沙三集》，成都：巴蜀书社 2007 年，第 513 页（按：下引此书只注书名与页码）。

③ 《吹沙集》，第 614 页。

④ 萧萐父、许苏民：《王夫之评传·弁言》，南京：南京大学出版社 2002 年，第 1 页（按：下引此书只注书名与页码）。

实存真”与“体物传神”之间达到一种高度的融合。在《弁言》中，萧先生回顾了自己认识船山，研究船山，最终达到与船山神交的精神契合历程：自 1962 年以后，萧先生与两湖船山学的研究者一道，多次访问衡阳曲兰乡船山的故居、墓庐、祠堂与船山学社等，其间在湘西草堂阁楼上默坐多时，也曾经轻抚枫马，步漋溪，登石船山，游方广寺，参观岳麓书院、二贤祠、回雁峰及潇湘八景等，也曾偶有所感，行吟得句，或零星题壁，急就成章。“这些杂感诗，毕竟是触感成咏；而感之者，船山魂也。”① 在哲学史的个案研究过程中，要把握传主之魂。如果不是对哲学的诗性有执着追求的人，是不会将觅魂、传神作为自己著作的目标的。因此，萧先生的“诗化哲学”理念，也典型地体现在哲学史著作的书写之中。

实际上，即使在主编两卷本《中国哲学史》的过程中，萧先生也是充满着诗情的，他反复将自己与好友李锦全先生共同主持的《中国哲学史》的写作工作看作是“心史”，要体现“慧心”“史慧”，而不只是一般性的思想、观念的客观发展史的“存真”。正因为有如此高迈的诗化哲学的追求，这两本《中国哲学史》（第一版）虽然带有特定历史阶段的思想痕迹，但其中所展示出的哲人“史慧”，典型思想材料的选取、分析与评价，对带有异端思想色彩思想家的礼赞等，都带有鲜明的“别识心裁”（章学诚语）。编书组的同仁之间诗词唱和，恰恰将哲学史的理性思考与诗人哲学家的巨大历史情感高度结合起来了。兹录一首诗以显示当时萧先生的诗心与慧境两相扶持的状态：

相携海上听潮音，耻学成连独鼓琴。
千顷鸥波增慧解，百年龙种结童心。
圆圈逻辑宁难产，批判锋芒可断金。
同缫新丝结珠网，荀卿蚕赋费沉吟。
（《一九八〇年国庆，编书组欢聚广西北海市，即席吟》② ）

---

① 《王夫之评传·弁言》，第 3 页。

② 《吹沙集》，第 606 页。

这首诗反用俞伯牙向于成连学琴的典故，将中国哲学史的编写工作看作是合奏的乐队而不是独自演奏的俞伯牙，将大海波涛比拟为中国哲学智慧的波涛，要求编写者不受各种条条框框的束缚，要用自己的童心去理解中国哲学的智慧。全书的理论依据是经过列宁消化之后的哲学史发展的螺旋前进的思想，简称为哲学史的“圆圈逻辑”。而“难产”一词借用侯外庐先生研究明清早期启蒙思想的结论，认为中国近代化运动虽然萌芽于明清之际，但后面并没有得到充分的发展，使得中国在近代落后于西方，陷入被动挨打的境地。后来萧先生自己将此段“以清代明”的历史称之为“历史洄流”。宁难产，即是岂难产。所谓岂难产，即是说，依据列宁的哲学史发展的逻辑圆圈理论，对于中国哲学史自身的逻辑进程应当有一个恰当的分析、批判，必将会得出合理的理解。故曰“宁难产”。但这一过程需要耐心，并且需要深入到中国哲学史的内部，正如春蚕吐丝需要长时间的酝酿，蜘蛛结网需要细密的劳动，各位学者辛勤的思想活动，就像荀子《蚕赋》中的春蚕吐丝一样，是一种无私的奉献。

上述散文化的解读当然破坏了全诗的情理交融的境界，但透过散文化的解读，我们大体上可以体会到萧先生在主持两卷本《中国哲学史》编写工作时，实际上不是简单地当作一种任务，而是像带领一支乐队在演奏中国思想史的乐章，要求每位编写者拿出自己的真切人生体认来面对丰富而复杂的中国哲学史的思想材料，以童心增慧解，用慧解提纯童心，进而对于中国哲学发展的历史逻辑给出合理的解读。

（三）人格风范与诗性的人生

中国传统哲学十分强调“性与天道”的贯通，强调凝道而成德的人格养成。萧先生的“诗化哲学”在“融真契美”的过程中，将道德哲学之善不是化作一套理论的法则，而是转化成一种“充实而又光辉”的人格形象之美。因此，“融真契美”的诗化哲学原则，就不只是借助艺术的形象手法来表达哲学思想，也不只是在诗歌、文学性的散文中表达哲学性思考，更不是诗性的哲学家评论，而是通过对古代哲学家人格形象、灵魂的把握，来显示中国哲学对圣贤境界的追求。

萧先生的人格风范可以从有字之文与无字之行来体现。有字之文，主要是通过他对某一类人格形象的礼赞，间接地看出他本人的精神祈向。《吹沙集》《火凤凰吟》部分收录的少量纪念师辈、歌咏前贤，与同辈唱和的诗作，均可体认出他本人的人格追求。仅以他《奠鹤鸣师》组诗为例①。组诗之一高度肯定了李达先生“精研正论雄狮吼，敢斥歪风赤子心”的人格风范，组诗之二高度肯定了李达无限忠诚党的理论建设工作，直到晚年仍然笔耕不辍的奉献精神：“耿耿丹心凝古道，孜孜彤管著新编。《大纲》一卷荀卿赋，蚕颂依稀拟暮年。”组诗之三同情李达在“文革”期间遭受冲击的艰难处境，歌颂李达在艰难的环境中保持着坚定的革命理想以及坚持马克思主义真理的忠贞人格，将李达先生比拟为古代的忠臣苌弘与屈原：“珞珈愤贮苌弘血，湘水悲吟橘颂篇。”自责并谦逊地吟唱道：“难续史观惭后死，抚摩遗札泪如泉。”在敬赠同道孙叔平先生两卷本《中国哲学史稿》的诗作中，高度肯定了孙先生的人格之美：“疾风知劲草，雪后红梅开。固有坚贞操，方能灿烂开。”② 在 1983 年访问山西傅山的云陶洞时，作诗歌颂傅山的人格：“龌龊奴儒须扫荡，汪洋学海任通观。云陶洞口怀风骨，羞对箜篌唱路难。”③ 这些歌颂和肯定师辈、同道、前贤的理想人格的诗作，实际上也是作者本人的理想人格在些历史人物身上的投射。

在七十、八十岁的生日前后，萧先生以诗的形式总结、反省了自己的人生，这些诗作非常典型地体现了他的人格形象。七十自省之一云：“暂纪征程七癸周，童心独慕草玄楼。寥天鹤唳情宜远，空谷跫音意转幽。史慧欲承章氏学，诗魂难扫瑟人愁。迅翁牛喻平生志，喘月冲泥未肯休。”④ 此诗中对扬雄、刘禹锡、章学诚、龚自珍、鲁迅等诗化哲人的歌颂与肯定，实际上表达的就是自己的人格形象。而八十初度诗，则集中表达了对“童心”的依恋：“乾坤父母于兹藐，逝者如斯不可追。湖海微吟诗未老，童心依旧亦芳菲。”⑤ 我们知道，明末思想家李贽专门作有《童心说》一文，后来诗人龚自珍的诗中也反复使用“童

① 《吹沙集》，第 603—604 页。

② 《吹沙集》，第 612 页。

③ 《吹沙集》，第 614 页。

④ 《吹沙二集》，第 756 页。

⑤ 《吹沙三集》，第 526 页。

心”一词①，来表达自己的纯真理想。萧先生对于“童心”的特别关注，正是他对自己人生最初的纯真理想的坚持，体现了诗人哲学家自己对于心中理想坚贞不二的情怀。

有字之文易说，无字之文难言，只能通过他的一些具体言传身教、德行来体现。这就需要通过他身边的学生、同事、家人，还有学界的同行的点滴感受来把握。这里涉及中国传统今文经学提到的所见世、所闻世、所传闻世的几种经验来把握了。因此，这一方面，对于萧先生的“诗化哲学”的理解就进入了更为复杂、多面的领域了。文学诠释史上有“一千个读者有一千个哈姆雷特”的诠释原则，在此处似可适用于我们对于萧先生人格风格的理解与诠释，那就是说，我们不同的学人对于萧先生“诗化哲学”的一些个性化的侧面，将会出现多元的而可能是相互补充的，但不一定是相互矛盾的理解与解读。在《吹沙集》《吹沙二集》中，收录了萧先生为毕业生写的几首诗作，可以看作是萧先生“诗化哲学”在“行”方面的体现。《吹沙集》有赠毕业生柴文华等人诗作：“斐然狂简自知裁，秋菊春兰次第开。双向神思腾异彩，万殊史慧陷春雷。沉潜纬数探玄赜，剖判中庸说未来。唏起梦溪共筹画，神州旭日扫黔霾。”② 一九八九年夏，李炼、李大华等人毕业，萧先生亦有赠诗：“风雨声声伴读书，吹沙掘井意何如？三年灵艾绒难捣，一瓣痴葵蕊不枯。史路坎坷怜卞玉，心期曼窅觅玄珠。愿君深体愚公意，笠锄明朝绘远图。”③ 这些诗作，实际上既体现了先生对学生的关怀之情，同时也表达了对学生未来人生的期望，寄托着一种深远的人生理想。

据郭齐勇教授讲，萧先生讲课时很有激情，但往往讲着讲着就偏题了，但学生收获很多，也很喜欢听。这大约是诗性思维的联想性、发散性特征在哲学教育过程中的体现，使得他讲课时旁征博引，来证明或说明一个问题，其结果可能是博引的材料太多，课堂时间有限，要讲的主题反而淡化了。根据我个人

① 龚自珍诗云：“觅我童心廿六年”“六九童心尚未消”“童心来复梦中身”。参见陈铭《龚自珍评传》（南京大学出版社 1998 年）第 209—210 页。

② 《吹沙集》，第 618 页。

③ 《吹沙集》，第 623 页。

与萧先生参加学术会议的有限几次经历，大凡萧先生做大会发言时，会场下面都是静悄悄地在听他的报告。一九九一夏天在庐山举行的全国《周易》学术研讨会，会议的开幕式上先有各位领导致辞，如实地说会场不是很安静。但轮到萧先生讲话，会场立刻安静下来了。发言的时间大约十分钟左右，但大家都在专心听他说话。那安静的会场，仿佛掉一根针在地上也能听得到。二〇〇七国际中国哲学大会在武汉大学召开，此时萧先生身体已经很衰弱了，嗓子已经沙哑，不能做大会发言了，但他还是出席了大会的开幕式，写了一副对联：积杂成纯，漫汗通观儒释道；多元互动，从容涵化印中西。还是采用了诗的语言形式，在大会上表达了他对中国哲学未来的希望。在武汉大学前校长刘经南院士的支持下，二〇〇七年武汉大学出版社出版了《萧氏文心》一函四卷，其中《苔枝缀玉》卷收录了萧先生与夫人卢文筠教授合作诗画选集，“萧诗卢画”的诗意人生可以从《苔枝缀玉》中略窥一斑。这亦可以看作是萧先生“诗化哲学”之“思”见之于“行”的具体表现之一。

以上诸行，大体上均以不同的形态体现了萧先生“诗化哲学”在实践层面的面向，表明“诗化哲学”有时是慧在言外，而藏于行中。孟子所说的“充实而有光辉”的大人理想，不仅盎于四肢，而且具有“大而化之”、不拘于形的神妙状态。因此，“诗化哲学”更能体现中国哲学即功夫即本体、即功夫即境界的特色。

四、关于当代中国哲学形态的一点思考

荣休以后的萧先生，有较多的时间接待学生了。记得有一天下午去看望先生，闲谈中触及对真、善、美三者关系的理解，先生问我的最终意见，我说自己比较倾向以美来统摄真善，先生说他也是如此。后来我们都共同推崇庄子《天下》篇中的一句话：“天地有大美而不言。”这种闲谈的内容当然不能说明什么，但可以看出，作为一代哲人的萧萐父先生，其所理解的哲学不是冰冷的理性，更不是宗教的迷狂，而是一种诗性的、审美的人生境界。“诗化哲学”的观念对于他而言，并不只是一种学术与理论上的概念规定，而是一种人生的理想

在哲学方面的体现。先生有诗云：“书生自有逍遥处，苦乐忧愁尽化诗。”① 我想，这两句诗大约可以反映出萧先生诗化哲学的灵魂。人生的苦乐忧愁都融化于自己的诗歌之中，诗性的思考代替了宗教的慰藉。他在繁忙严肃的哲学教育、哲学创作、哲学史写作的过程之中所经历的一切，还有他人生所遭遇的多次波折，不可能都表现在他的学术论文中，而是可能会化作一种人生的情感，以诗的形式表现出来。“孤山诗梦梅魂洁，四海交游处士多”② 的两句诗句，比较能够体现萧先生这位风骨嶙峋、被褐怀玉、光风霁月的诗人哲学家形象。

中国古代的大哲学家当中，多数人都有非常丰富的诗歌作品。这些诗歌作品的艺术程度有高有低，但其中的“诗情”均可以作为他们哲学思想的一个有机组成部分。换一句话说，中国古代哲学家的哲学思想构成中，多数人都有诗化哲学的内容③。

近五十余年来，中国考古学成就斐然，出土了一批新的哲学史、思想史文献，当代中国学术界持续有人提出重写，或部分重写、改写中国哲学史的呼声。这一呼声有相当大的历史合理性。但是，如果我们接受并认真对待中国哲学的诗性特质这一重大而又真实的学术史问题，认真清理中国诗化哲学史的史料，这对于重写、改写中国哲学史必将起到重要的补充作用，而且也将以学术史的方式，郑重地回应中国哲学的民族特性问题④。实际上，在现代中国思想史、学术史上，重视诗歌作品的哲学思想的学者，并不是萧先生一人，侯外庐先生在《中国思想通史》（第四卷下册）第二十六章第二节，就是以方以智的诗赋作品为思想史的材料分析他的社会思想及其思想中的人民性，让思想史变得有血有肉，十分的生动。而当代思想史、学术史上的苏渊雷先生，本人就是一个诗化

---

① 《吹沙三集》，第 523 页。

② 见《萧氏文心·苔枝缀玉》“萐诗筠画”题款诗，武汉：武汉大学出版社 2007 年，第 14 页。

③ 最近，张昭炜出版了《中国儒学的缄默维度》（中国社会科学出版社 2020 年）一书，其中有关章节内容讨论了传统中国哲人以诗的形式表达哲学思想的特色。这与我从行的角度讨论“诗化哲学”的问题有相互发明之意。

④ 此问题曾经以“中国哲学的合法性”问题被提出来。“合法性”的提法不准确，但在不准确的名词下所彰显的问题是有价值的、有意义的——即何谓中国哲学？

思想家与学者。借用“德不孤，必有邻”的说法，我们也可以说，萧先生的“诗化哲学”追求，也有自己的时代同调或同路人。希望有一些青年才俊加入这个目前还比较冷清的学术领域，深入发掘中国的诗化哲学传统。

Mr. Xiao Jiefu's "Poetic Philosophy" and Life Pursuit

WU Genyou

(School of Philosophy, Wuhan University,

Wuhan, 430000, China)

Abstract: Mr. Xiao Jiefu is one of the few philosophical historians and philosophers who advocated and practiced "poetic philosophy" in contemporary China. He defined the "*Double L complex*" as the fundamental characteristic of poetic philosophy, which is a descriptive definition of poetic philosophy with a high degree of generality and vividness after synthesizing the history of Chinese and Western philosophy. Poetic philosophy has the characteristics of blending emotion and reason, which can not only prevent philosophy from going into religious madness, but also prevent philosophy from going into narrow scientific path. The poetic philosophical characteristics of traditional Chinese philosophy can maintain its own national style in the world of philosophy for Chinese philosophy. Rewriting the narrative method and narrative framework of the history of Chinese philosophy from the perspective of poetic philosophy may be a road worth exploring.

Key words: Xiao Jiefu; poetic philosophy; blending of emotion and reason; characteristics of Chinese philosophy

经典与诠释

回归经典、诠释生活、重建儒学：现代化之后的反思

——2020年明湖会讲："儒家、经典、诠释"主旨发言*

林安梧**

（山东大学　易学与中国古代哲学研究中心，山东　济南　250102）

摘要： 本论文旨在揭示儒学不离经典诠释、不离生活世界。儒学的教化离不开"天地亲君师"四个生命共同体。儒教是觉性的宗教，此不同于一神论之为"信靠的宗教"。我们应解开彻底反传统主义的悖谬，面对现代性之后人的疏离与异化之问题。从"本内圣以开新外王"转而为"由新外王的学习以调节新内圣"。点出中国人文诠释学的建构：道、意、象、构、言五层。如此，使得"经典诠释"与"生活世界"交融为一，进而做哲学诠释学的"本体探源"。人之作为生命觉性的存在，他当能通生死幽明，克服现代性工具性理性的异化。最后，呼吁提倡互联网的公德，克服世俗化的下堕，回归经典、诠释生活，重建儒学。

关键词： 觉性；宗教；人文；信靠；诠释；内圣；外王；互联网；异化

---

* 2020年1月18日，山东省图书馆安排了一个明湖会讲，由李西宁馆长主持，邀请了林安梧、黄玉顺、傅永军三位教授齐聚于大明湖畔，以"儒家、经典、诠释"三端展开会讲。此处刊出的为林安梧教授的主旨发言。

** 林安梧（1957—），山东大学易学与中国古代哲学研究中心特聘教授，台湾元亨书院院长，主要从事中国哲学、比较哲学研究。

一、儒学在“生活”之中

这几十年来，整个东亚地区大部分已经全面迈入现代化，值得注意的是，儒学还是保存着非常丰厚的生命力。认为儒学妨碍现代化，这样的论点，几乎已经慢慢失去了说服力。相对来说，认为儒学是可以伴随现代化而生长着的，这反而具有一定的说服力。这些年来，黄玉顺教授提出了生活儒学的理论，指出儒学是为生活而存在的，为生活而发展的，甚至我们可以说生活不只是形而下，而且是通到形而上的①。生活儒学这个语汇，我与龚鹏程在上个世纪 90 年代也在台湾提过②。这里可以看到海峡两岸的儒学发展，是有其同气相应、同类相和的倾向。但真正把它体系化，构成生活儒学学问体系的，黄玉顺教授是卓越而有成就的。

什么是生活儒学呢？我常解释这个“生”，“天地之大德曰生”（《易经·系辞下》），什么是“活”？“源泉滚滚，沛然莫之能御”是“活”③，所以生活是通现象、通本体的④。本体现象，道与器本是通而为一的。

我想儒学从原先的夏商周的长远发展，特别到周的宗法封建时期，到了秦汉以下的帝制、君主专制时期，一直到 1911 年，辛亥革命，民国创建以后，这

① 黄玉顺关于生活儒学著作颇多，他的《生活儒学与现代性问题》（四川人民出版社 2019 年），涉及面广而深，值得参看。另外请参看涂可国主编：《黄玉顺生活儒学研究》，济南：齐鲁书社 2017 年。我与黄玉顺教授曾有多次对话，较长的一次是 2013 年 4—5 月间的山东济南的“泉城对话”，主要是旧生活儒学与后新儒学的对话。载于《当代儒学》第 15 辑，第 3—78 页。

② 参见龚鹏程：《生活儒学的重建：以朱熹礼学为例》，《台湾儒学与现代生活国际研讨会论文集》，2000 年，第 79—138 页。另外，可参见林安梧：《论语：走向生活世界的儒学》，台北：明文出版社 1996 年。

③ 此二语前后出自《孟子·离娄下》：“源泉混混，不舍昼夜。”《孟子·尽心上》：“闻一善言，见一善行，若决江河，沛然莫之能御也。”我将之糅合起来诠释“活”。

④ 参见林安梧：《生活世界与意义诠释论纲：后新儒学的存有学与诠释学》，载林安梧：《儒学革命论：后新儒家哲学的问题向度》，台北：学生书局 1998 年，第 267—279 页。

三个时期大概来说，我的理解与黄玉顺教授的理解，基本上是接近的。虽然用的语汇有一点不同，但观念基本上是接近的。这中间有一个时间的变化历程，但是儒学却有着不可变的经典意涵，这一点我想是大家所肯定的，就是从孔老夫子所确立起来的，经典之为经典，是可以为常经、可以为典要。常经典要，说的就是经常之道。

二、儒学的教化离不开“天地亲君师”四个生命共同体

谈儒学最概括的怎么说？我这几年来喜欢从四个共同体来说——天地自然的共同体、血缘人伦的共同体、政治社会的共同体、文化教养的共同体。这刚好就是“天、地、亲、君、师”。你若顺《荀子》来讲：“礼有三本。天地者，生之本也；先祖者，类之本也；君师者，治之本也。”（《荀子·礼论》）这天、地、亲、君、师，刚好就是可以讲述出这四个共同体①。

明显地，儒学的基础是人在共同体中生活所生长出来的，人离不开天地自然，离不开人伦血缘，离不开政治社会，离不开文化教养，我们每个人的生命需置放在共同体之中，才能生长的。“生命”不能只就单的个人来说的生命，也不只是置放在政治社会共同体说的，还要有血缘人伦，还要有文化教养，还有我们通到自然天地，这点是重要的。

这大概从先秦孔老夫子年代已经确立了，《论语》说：“孝弟也者，其为仁之本欤!”（《论语·学而》）或者讲“吾日三省吾身，为人谋而不忠乎，与朋友交而不信乎，传不习乎”。（《论语·学而》）到曾子《大学》里面讲的，“大学之道，在明明德，在新民，在止于至善”。这已经把儒学推到更系统性的说了，“明明德”，“明德”是本心，“明明德”是明其本心，彰显其本心原来就具有的睿明之德。“新民”（或是亲民）那就是进到社群之中，而最后则至终极之至善。这里有一个“善的目的论”，作为整个人类生命的永恒的追求。他这一点是非常

① 关于儒家与共同体的理论，发轫于1994年写作《儒学与中国传统社会哲学省察》之时，于2016年在山大讲座《儒道佛三家思想与廿一世纪人类文明》（共十讲）才完全成熟。该书于2017年9月，由山东人民出版社印行。

重要的，所以我们就是从这个追求，做一个立足点说，正因为追求“止于至善”，“知止而后有定，定而后能静，静而后能安，安而后能虑，虑而后能得”。

这“修养论”很清楚了。这修养论说的是：你要朝向“止于至善”迈进，这时候，你“知止”就“有定”，“定而后能静”。《大学》这里跟佛教讲的“静在定先”不一样，儒家的功夫论是“定在静先”，知止而后有定，定而后能静，静而后能安，安而后能虑，虑而后能得，这很清楚。这叫“本末、先后、终始”①。

接下去，他讲“格物、致知、诚意、正心、修身、齐家、治国、平天下”（《大学》第一章），这基本上“内圣外王之道”已经讲全了。曾子真的是孔老夫子的好学生。“吾道一以贯之”“夫子之道，忠恕而已矣！”（《论语·里仁》）这些基本论点，在先秦都已经完备了。孔老夫子删诗书、订礼乐、赞周易、修春秋。诗言志，“温柔敦厚，诗之教也”；书以道事，“疏通致远，书之教也”。讲礼，“大礼，与天地同节也”；讲乐，“大乐，与天地同和也”。由“诗书”然后再经由“礼乐”，这是从生命性情的兴发，到人间智能的生长，进而学习分寸节度，乃至调适和谐生长。那么接下去，“赞周易”，这可是不得了的学问，参赞宇宙造化之源②。我讲《易经》二十余年，用三句话勉强来概括——“参造化之微，审心念之几，观事变之势”③，这里有天道论、心性论，还有实践论，颇为完整。所以夫子很重要的是赞周易，前面删诗书、订礼乐，可以说仍是“述而不作”，到“赞周易”，我们说这是“有述有作”。其实前面即使说他是“述而不作”，其实也是“以述为作”。进一步，夫子依据鲁国历史修《春秋》，《春秋》是“王者之事”，《春秋》“寓褒贬、别善恶、贬天子、退诸侯、讨大夫”，《春

① 参见林安梧：《关于〈大学〉“身”“心”问题之哲学省察——以〈大学〉经一章为核心的诠释兼及于程朱与陆王的讨论（上、下）》，《鹅湖月刊》2011 年第 9、10 期，第 4—13 页、2—10 页。

② 《礼记·经解》有言：“孔子曰：‘入其国，其教可知也。观其风俗，则知其所以教。其为人也温柔敦厚，《诗》教也。疏通知远，《书》教也。广博易良，《乐》教也。洁静精微，《易》教也。恭俭庄敬，《礼》教也。属辞比事，《春秋》教也。’”

③ 我的易经理解主要来自于船山学“乾坤并建”之说，参见林安梧：《对于船山哲学几个问题之深层反思：从劳思光对王船山哲学的误解说起》，载王兴国主编：《船山学新论》，长沙：湖南人民出版社 2005 年，第 222—231 页。

秋》意含着道德理想国度的追求，它有着世界大同、天下一家的理念①。这在《论语·尧曰》都已经点到了，所谓要“兴灭国，继绝世、举逸民”，能够让这个世界达到天下为公的境地。《论语·公冶长》“老者安之，朋友信之，少者怀之”，也表达了这样的理想。《礼记·礼运·大同》更直接标举了“大道之行也，天下为公”。我想这样的一个规模，到现在我们读它，仍然真实活泼、充满生命力的。它真的是“源泉混混，沛然莫之能御”，生意盎然，我们可以感受到夫子的胸怀如此宽广而伟大。

三、儒教是“觉性的宗教”，不同于一神论之为“信靠的宗教”

儒不只是学，也不只是思想的家派，儒也是教，是教化之教，也是宗教之教，它不是投向一神论这样信仰的“信靠的宗教”，它是一个回到天人合德，以内在的觉性为触动点这样所成的觉性的宗教②。这非常了不得。这是一个最为充实、最为饱满的一个教化型的宗教，它也是可以容纳诸多宗教的教。所以中国人宗教其实一直是“教出多元，道通为一”的型态。以儒教之作为教，通天地人之为圣人，能够接地气、通天道、入本心，能够布乎四体，能够通极于整个八方世界。这是非常了不得的一个充实饱满的宗教。

讲明儒学的基本义理是非常必要的。综观中国数千年的历史，儒学在整个发展过程里，宗法封建时期过了，君主专制长达两千年，这两千年的确是给儒学带来发展的，同时也带来严重的限制。本来儒学强调了五伦，到了君主专制时期，把五伦缩到三纲去说，五伦讲的是：父子有亲，君臣有义，夫妇有别，长幼有序，朋友有信。三纲则强调：君为臣纲，父为子纲，夫为妇纲。这时，兄弟、朋友这两伦好像被忽略了。当然，兄弟朋友之伦是很重要的，在君子专制时代，居然刻意地被忽略，这个地方你可要看到它的问题。三纲被无限上纲以后，君臣、父子、夫妇的关系就变得非常不合理，君主专制、父权高压、男

① 有关春秋学之看法，参见刘正浩：《试揭春秋神秘的面纱——对董生论春秋的阐释与商榷》，《教学与研究》1989 年第 11 期，第 27—41 页。

② 参见林安梧：《儒教释义：儒学、儒家与儒教的分际》，《当代儒学》第十辑。

性中心，与儒学几乎是紧密结合，而难分难解的。我认为去检讨数千年来的儒学，一定要正视到这一些。我们不赞成这个时代兴复儒学只谈三纲，我认为应该要由三纲回到五伦。三纲是强调那绝对的隶属关系，而五伦则强调合理地配称关系，两者是不同的①。

我们若能回溯到“五伦”这原始儒学的规模，接下来，要进入到近现代，我们谈民主宪政、公民社会，儒学必须重视作为一个公民的概念，这是一个发展。这个发展是必然的，但是它还是要回到我前面所说的那四个共同体，回到我们每一个人内在的本心。这样的生长，在儒学经典里，其实是很清楚的，儒学经典基本上是非常重要的。到底什么时候哪些可算儒学经典呢？我们说经过孔老夫子整理之后的，孔子“删诗书、订礼乐、赞周易、修春秋”，这六经传统算是儒学的基本经典。在孔老夫子之前，周公制礼作乐，那当然是，但是真正发芽，真正使儒学发煌，真正使儒学生长起来，揭示“仁”的是孔子。经过孔子、颜回，颜回因为早过世了，没留下多少东西，曾子、子思、孟子，后来到南宋的朱熹就依序孔子、曾子、子思、孟子把《论语》《大学》《中庸》《孟子》，合而为一，定为《四书》。

我想《论语》基本上是总括，它是交谈的、对话的方式。到了《大学》基本上系统已经确立了。《中庸》更深化《大学》的意理，它讲“致中和，天地位焉，万物育焉。”“中也者，天下之大本也，和也者，天下之达道也。”这个“中和”的大本达道从哪来？《中庸》开首便说：“天命之谓性，率性之谓道，修道之谓教。”我要说，这也是《易经》的传统：“一阴一阳之谓道，继之者善也，成之者性也。”三句话就道尽了。一阴一阳之谓道，天道论；继之者善，实践论；成之者性也，文化教养论。这了不得。中国这些经典的文字，它基本上意蕴是很深厚的。

要回到文言文里，仔细地去体会玩味。这些年来讲学，我一直在和很多朋

---

① 参见林安梧：《后新儒学的新思考：从“外王”到“内圣”——以“社会公义”论为核心的儒学可能》，《鹅湖月刊》2004 年第 350 期，第 16—25 页。

友一起探索怎么读文言文，“感其意味，体其意韵，明其意义”是我的一些体会①，读之、诵之、学之、习之，一步一步深入，便可以逐渐契入。在这样一个过程里，我们把儒学置放到当代里讲，儒学其实不断地与时俱进，它不只是改良而已，有时它是革命，不断地革命。它的革命是宁静的，有时看不出来，但等过了些时日，您发觉轻舟已过万重山，此中似乎有一宁静革命在。早在晚周春秋时期，孔老夫子点出了“君子”这个概念，君子不再只是社会的阶层概念而已。君子原先是管理者、领导者，孔老夫子说管理者、领导者是每一个人都应该管理好自己，领导好自己，这么一来，君子那就成为须讲求德行的概念。这么一来，君子变成了德行的阶位概念，不再只是社会的阶层概念。德行强调的是生命的自我完善历程。它是一个生生不息的一个生长，孔子自己就说他自己的生命长育历程，他说：“吾十有五而志于学，三十而立，四十而不惑，五十而知天命，六十而耳顺，七十而从心所欲，不逾矩。”（《论语·为政》）生命自有其生长的进程，有一次与一个朋友提到这里，他说《易经》每个卦有三个爻，“由始而壮而究”，始壮究，始是起点，壮是茁壮，究是终点。由起点，再茁壮，再终止。这是生命必然的生长历程。一个卦，由两个卦相重迭而成，这便有六个爻，始壮究，始壮究。这六爻刚好就是孔子所说的生命的历程，共有六个阶段。

以六爻构成的六十四卦系统来说，每卦的三爻、四爻，说的正是由下卦要跨到上卦，要由前阶段跨到后阶段，这第三爻、第四爻，是最尴尬的。所谓上不在天、下不在田的情况。《易经》传述者多半认为“三多凶、四多惧”。其实，你可以说这就象征着时下所说的中年危机，这没错。这说的是我们具体生命的生长。所以我们现在读儒学的人，只要直面生活、深入经典，一读就觉得有感应。最害怕的是什么？我们对经典不熟悉，特别很多夸夸其谈、大有盛名的学者，他们对儒学严加批判。他们批判或者也是有道理的，仔细了解，他批判的并不是真正的儒学，他批判的儒学其实正也是儒学本身要去批判的对象。比如

① 林安梧：《我读经典、经典读我——关于“经典教育”所涉“诠释学”及“治疗学”的一些思考》，《语文教育学报》2013年第1期，第45—58页。

说，中国历史上的君主专制、父权高压、男性中心，这并不是儒学，这是在长久的专制政体，与儒学相伴的业力习气。它纠缠在儒学身上，但你不能说它就是儒学，儒学也是受害者，也因为这样阻隔着、异化了，甚至形成严重的反控。

四、解开彻底反传统主义的悖谬，面对现代性之后人的疏离问题

我常说儒学，至少你要从三个相度去看，有帝制式儒学，有批判性的儒学，有生活化的儒学，而这三个向度纠结在一块儿①。但是你必须从理上去做区隔，去处理，然后才能消解、调节。我们现在真到了一个新的年代，从民国初年五四，五四新文化运动全面地反传统，正因为反传统主义的高张，因而作为它的对立面的新传统主义也伴随出现了。新传统主义可以说这已经是一个新的发展了。从马一浮、熊十力、梁漱溟、唐君毅、徐复观、牟宗三，这几代人继续生长，特别是在台湾的新儒学发展，我们是继承这个脉络，一样是要“承天命，继道统、立人伦、传斯文”这样的生长②。我们要说，它是在这样的发展过程里，进到当代了，儒学当代的意识很强。虽然当代意识很强，但却免不了遭遇到严重的挑战。一方面是来自现代性工具性合理性的挑战，它让人们被工具化，被扭曲成一单面向的人，甚至被掏空成一个非人的存在。

严格地说，现代性下的当代，往往有文明而没有文化，有理性而没有伦理，即使有伦理也是工具性的，而不像以前那样的人伦。简单地说，现代人似乎只求工作，工作之余，很少真懂得生活，即使所谓懂得生活也是工具性的、浮面的，大体来说，现代性的人不懂得生活是要通到生命根源的本体，才不会如浮根的漂萍。现代人也往往不学习经典。认为经典已经故去了，是与自己的生活无关的。这些都是误解，但误解久了，就这样被认定了。

其实，经典就在生活之中，生活就在经典之中，两者合而为一。须知：生活有生存的，有生活的，有生命的，诸多层次。基本上，就生存这个层次我们

---

① 参见林安梧：《血缘性纵贯轴：解开帝制、重建儒学》，台北：学生书局 2016 年。

② 参见林安梧：《儒道经典智慧与廿一世纪的人类文明》，《经学研究集刊》2019 年第 26 期，第 1—16 页。

曾经过艰难的斗争，现在的中国，终于能够茁壮，立起来了，它的生活也慢慢舒适了。更重要的是生命的终极意义的探索。我们须得强化由生命终极的止于至善的一个探索，再落实到未来的生活中，调适着在整个制度结构组织各方面，包括整个风俗习气的调节，我想是到了一个新的年代。

五、从“本内圣以开新外王”到“由新外王的学习以调节新内圣”

这个新的年代，我们回头去看，以前因为面对了彻底反传统主义者，我的老师辈们，如唐君毅、牟宗三诸位先生，提倡了一个返本开新的路向，这是很对的。这就是所谓的“本内圣以开新外王”的理论格局。其实，更为落实而具体地去考察，我们也就在“新外王”的学习过程中，好好学习。我们不只本内圣而去开新外王，我们是在新外王的学习过程里，重新调节内圣①。这么一来，内圣的方式也就和以前不同。或者说，前后的本质是通的，基本上方式却不相同。以前传统父亲对儿子的方式，儿子对父亲的方式，与现在就会有许多的差异。“父慈子孝”是对的，这是个通理。但是就具体的情境便会随着世代的不同而有变迁，我跟我儿子是朋友的关系，这是很真实而平易的，但父子的关系那是终究不会改变的，这是很清楚的。包括夫妇，包括朋友，包括兄弟，包括君臣，都有确定处。须知。再者，我要说君臣这一伦也是很重要的，现在，大家因为一想就想到民国初年如何推翻专制，一想就想到专制时代的君臣，这就把它搞错了，把“君臣”一伦拧死了，君就是那个皇上，臣就是那个臣下。其实君就是领导者，臣就是辅佐者。譬如，你去拿中医药帖去抓药，也得讲君臣，进一步讲佐使。什么药为君，什么药为臣呢？就是一个是领导者，一个是辅佐者，或者说是管理者与执行者的关系。君臣有义，君臣彼此恰当地把这个义实现出来。君臣，现代的君臣有义是一个正义公义的概念，不是以前的君主专制时代的君臣，所以不要怕谈君臣，要把君臣这两个字作恰当的理解。我认为“天地亲君师”，这个“君”大家可以谈，而且必须要进到现代化的境遇中来谈。

---

① 参见林安梧：《儒家伦理与社会正义》，北京：言实出版社 2005 年。

很多朋友以为现在“君”不能谈，就把这个“君”用“国”字去取代，直接讲成“天地国亲师”。像我们前辈先生们便是如此，也就是这个“君”，因为脑袋里面想到君都想成君主专制。其实，不该如此，君不只是如此。荀子说得很清楚：“君者，能群者也。”（《荀子·君道》）“心居中虚，以治五官，夫是之谓天君。”（《荀子·天论》）“君”就是管理者，我们每个人也是自己的君，这基本上是很重要的。君臣就是领导者跟辅佐者的关系，各有其君、各有其臣，你有君的身份，有臣的身份，扩大以后它就可以变成一个公民社会的公民的概念，那公民也是君也是臣的。这样的话，五伦都还是可以用的，还是可以好好的发展。

整个来讲，人类文明发展到现在，一般我们所说的儒家（教）文明，其实不指狭义的儒家而已，它往往已包蕴了儒、道、佛三教的文明，基本上这三教文明对 21 世纪人类文明起了一个重要的贡献。我在 2016 年到 2017 年，在山东大学做客座教授，就谈了十讲，讲“儒道佛三家思想与 21 世纪人类文明”序列讲座。而且已经记录成稿，由山东人民出版社在 2017 年出版了①！基本上我们探讨这个问题，我认为有儒道佛这样的文明，对人类的文明来讲非常重要，因为我们这个文明与西方的文明有很大不同，西方的文明以“逻辑”为核心，我们是以“存在”为本位的。我们真正能够回到天地人我万物通而为一的源头。现在有人说儒学是人文主义，我说还要阐释一下，儒学是“通天地人的人文主义”，你要强化一下是“通天地人”，它不是以人为中心的，它是通天接地，以人为触动点的，人是参赞天地，参是参与，赞者助成也。

六、朝向中国人文诠释学的建构：道、意、象、构、言

除了黄玉顺教授的生活儒学之外，在山东大学与我论学最多的应该是傅永军教授，他特别关注诠释学、中国经典诠释传统现代转型、中国经典诠释学建构及儒家经典诠释学的研究，他也留意到我有关《人文学方法论：诠释的存有

---

① 参见林安梧：《儒道佛三家思想与二十一世纪人类文明》，济南：山东人民出版社 2017 年。

学探源》，我觉得傅教授对于中国人文诠释学的建构方法论意识是极为强烈而鲜明的。以经为史，后来把史限于史料，这大概是整个中国当代人文学所面临的贫乏困境，傅永军对这个困境的思考很深刻①。

从这困境反推回去，去思想，我们发现其实就是要好好去理解经典。因为经典不离生活世界，经典不离整个历史社会的共同体。在这个过程里面，可能就可以再深入地去看中国整个人文诠释学，看该当如何。整个中国人文诠释学，现在在诠释学发展过程里面，大陆现在慢慢地梳理了，台湾虽然诠释学引进更早一点，但台湾基本上并没有好好将西学和中学结合，它们反而在体制上切割得严重一点。虽然个别的学者还是中西兼治的，譬如说我是很重视中西的比较，做对比的，但是大家总是把你归为儒家学者，其实，我们还是学道家、学佛教的。中国哲学学者，其实我们也学西方哲学的。

基本上我认为，“舜何人也，予何人也，有为者亦若是”。（《孟子·滕文公上》）西方哲学家，人也；中国哲学家，人也。一样的，我们做出来的东西不会比他们少，比他们差。其实往前追溯，早在王夫之的年代，就非常丰富了。船山先生他连书名都要标上诠释的向度，他诸多经典的诠释，无比丰富，他有：《庄子通》《庄子解》《周易外传》《周易内传》《老子衍》《尚书引义》《春秋家说》《诗广传》《周易大象解》《四书训义》《读四书大全说》《宋论》《读通鉴论》《相宗络索》。我常称赞王船山是最有诠释学方法论意识的哲学家②。

要怎样去爬梳中国诠释学史，这工程非常的艰难，这绝对不是西学就够，也不是中学就够，这得中西学乃至其他诸学大家一起合作。这一点我和傅永军及许多朋友，都有这样的体验，所以我们彼此也常谈论到这个问题，这一点也是很重要的。中国诠释学在这里它有很多重的，有训诂技艺的层次、诠释哲学层次，用我的说法就是中国人文诠释学有五大层面，“道、意、象、构、言”，道为根源、本体；意是意向、取向；象是图像、想象；构是结构、形构；言是

① 参见傅永军：《论中国经典诠释传统现代转型的路径选择》，《哲学研究》2020 年第 1 期。

② 参见林安梧：《王船山“经典诠释学”衍申的一些思考——兼论“本体”与“方法”的辩证（上、下）》，《鹅湖月刊》2012 年第 443、444 期，第 22—28 页、第 17—22 页。

话语、文字。基本上符合这些方面，中国经典诠释学的意涵非常的丰富①。现代以来，理解中国、诠释中国，基本上受到西方欧美中心主义的话语霸权的影响，这影响到现在都还很深。正因如此，他们对中国文化的总体理解一直是有偏差的。这个问题很严重，一偏差下来的话，你就没有办法真正“观其全豹”，甚至“只见一斑”，那“一斑”也是有问题的。比如说，你用哲学分析的方法，即使你分析得很清楚，虽然状况这样，那我们又该当如何呢？问题是，很清楚并不代表正确，很清楚有可能是很贫乏，有可能是框架很完整，成见早已固化，这是我最关心的。这也就是我几十年来致力于这个工作，我何以强调要把经典诠释出来。至于说：经典的诠释当然有技艺的层次，有训诂技艺的层次，还有哲学诠释的层次，也有回到存在的本身的层次。感其意味、体其意韵、明其意义，一步步上升，一直上升，上升到最后的源头，那叫“道”。

须要留意的是：即使两千年君主专制，儒学之为儒学，虽然不免被专制化，但一样地，它还有批判的向度，而生活儒学是遍及于整个伦常日用的。经典的诠释它不是只为君主专制，也不是君主专制能够控制的，基本上是“上契于道”，须知：有皇命、有天命。你有政治传统的，我这边有文化道统。

宋代以来，儒者在这里就很清楚了，非常可惜的是，到了清朝由于专制的加重，这力量被斩杀了，斩杀以后《四库全书》《皇清经解》统由官方处理了。不过，也不能太失望，因为民间这个传统仍然生长着、延续着。到了民国，民国以来中国面临非常大的变化，有所谓“三千年从未曾有之变局”，牟宗三先生曾以长江为做比喻，说这叫长江出三峡。长江出了三峡以后，就可以宽广深平，我期望中国又再过六十年太平，百年太平，那对于整个文化的生长肯定非常好，这一点非常非常重要。

历代我们讲儒、道、佛，经过不断的哲学诠释过程和融合，我们讲儒家，我们讲得很清楚，“敬而无妄”，道家讲“静为躁君”，佛家讲“净而无染”。这三个“敬”“静”“净”概括了它们的功夫。围绕这个功夫进一步讲儒家重在

① 关于中国诠释学在近现代的发展，海外华人学者从傅伟勋的“五谓”说、成中英的“本体诠释学”，林安梧进一步提出“道意象构言”五阶之说。参看林安梧：《人文学方法论：诠释的存有学探源》，上海：上海人民出版社 2016 年。

“主体的自觉”，道家强调整个天地，重在“场域的自然”，佛教讲我法二空，重在“当下的自在”，三个字“敬”“静”“净”，简单地概括了三个教的教相和融通的可能。这在人类文明是少有的[①]。

这么说来，并不是我们要去取代西方的霸权，面对西方的话语霸权，我们要以它为朋友，不是把它当敌人，和它相对待地交谈。千万不能以它为傅，师傅这个傅已经很严重了，如果是以父亲的父那就更严重了。依目前来讲的话，我觉得像傅永军教授这么自觉地想到这个问题了，把诠释学放到整个人类文明的脉络，回到自己本土的脉络去想我们的传统，想我们整个生活世界来思考这个问题，我觉得非常可贵。

七、“经典诠释”交融“生活世界”进而“本体探源”

近三十余年来，我一直探索着：“经典诠释”如何交融于“生活世界”，并进而“本体探源”，契入造化。我以为这些问题极为重要。诠释学如果你靠着西方的诠释学脉络来看中国的话，那硬套进去以后，什么时候分割，怎么处理，是会有很多问题的。这个部分这样理解和对比，特别强调哲学诠释学，以西方的诠释学为友，我非常非常赞成。读书为学不能够没有盟友，所以洋朋友也是很重要的，像做中国学问有一些原教旨主义者就认为我们不要，要纯，要老实，老、大、纯。他们就是说要“老实读经”“大量读经”“纯粹读经”，只“读经”，其实只“读经”不行。

年轻的时候，我在清华大学任教，我和学生说，不读原典就回不到原点，但是如果只以原典为阅读的核心，将原始之经典自困在坐标原点的话，你就走不出原点了[②]。你走不出原点，你就没有成个坐标系，你就不能够有脉络，你就

① 参见林安梧：《论“儒道佛”三教文化教养与人格建构》，《鹅湖月刊》2009 年第 4 期，第 22—32 页。

② 参见林安梧：《中国哲学研究的“话语”与“方法”：关于“经典诠释”“生活世界”及“本体探源”的深层反思》，《中华思想文化术语学术论文集》（第一辑），北京：外语教学与研究出版社 2018 年。

不能进到整个当代，这是很清楚的。我想在整个 21 世纪，以中国这样发展来讲的话，其实虽说它是一个泱泱大国，但怎么样展现这个泱泱大国的风范，这个风范它不是军事的力量，军事力量很重要，有文事者必有武备。经济的力量很重要，政治力量很重要，接下来，文化的力量更重要。文化者，“观乎天文以察时变，观乎人文以化成天下”，文化是要有本有原的。《易经·贲卦》讲文明，“文明以止”，要知止，知止而后有“定”，之后，才能如其本性地、正常地生长①。

要怎样把经典的意义诠释出来，回到儒、回到道、回到佛，不能夸夸其谈。我常跟我的一些学生提到这个问题说，当你发现你读某人的思想，你读了可能觉得很愉快、很爽，这个爽有可能就是如同老子说的，爽者失也，“五味令人口爽”（《老子·十二章》），这个爽是失，爽约的爽，有可能错了，错了就有问题了，那就好好的去针对、去处理。

因为 21 世纪，以我们这个觉性为主的宗教，儒、道、佛三教，它正可以是疗愈一神论所引起的战争良药。两个一神论——伊斯兰教与基督宗教——的斗争，仍然持续着。如何去缔造良好的文化的氛围、良好宗教融通的氛围，是廿一世纪极为重要的目标②。无论如何，中国民族是带有这个使命的，因为儒、道、佛这三教在中国历史的流衍过程它们走的就是融通之路。我们要把儒道佛三教融通的境遇，提到人类的文明中，展开更多交谈和对话。因为唯有更多交谈和对话，人类文明才真正能迈向新的格局，才能免于目前的霸权格局，转而进到一崭新的王道格局。儒、道、佛的文化，基于儒、道、佛的经典，如何把经典讲习熟了，其实经典多吗？不多，《论语》只有一万六千多字，《孟子》多一点，三万五千多字，《大学》两千多字，《中庸》四千多字，《老子》五千字而已。

① 贲䷕（离下艮上）。《彖》曰：“贲：亨，柔来而文刚，故亨。分刚上而文柔，故小利有攸往。刚柔交错，天文也。文明以止，人文也。观乎天文，以察时变；观乎人文，以化成天下。”

② 参见林安梧：《论儒道佛三家思想之融通及其对现代化之后的可能贡献》《迎接新文明轴心时代之来临——从“文明的冲突”到“文明的对话”》，《儒道佛三家思想与廿一世纪的人类文明》，济南：山东人民出版社 2017 年，第 292—359 页。

谈儒学，总免不了要懂得《四书》《五经》，我们就说《四书》吧，真正好好把《四书》从头到尾读过的，深入去探索的，能够进到哲学诠释这个层次。他们如果真的读过，我想夸夸其言的东西，他们就能够被“驱破”了。现在可怕的就是夸夸其言的太多了，使得国内的学界弥漫在一不必要的纷争里面，对经典的功夫下得不深，对生命的体验也不足，对历史社会理解的也不够。只是凭着印象式的，加上自己一些才气，就说了一大套印象之谈，浮光掠影，全案不得实在。我以为一定要回到经典、生活、诠释，经典不离生活，生活不离诠释，诠释又不离经典，如此往复循环，思之思之，鬼神通之，用功久了，自能契于存有之源、入于心灵底蕴，也能广布到整个生活世界之中。生活、儒学、经典、诠释，彼此通达为不可分的整体。

八、以生命觉性通生死幽明，克服现代性工具性理性造成的异化

毕竟我们生活在现代性的世界里，有关现代性的反思是必要的，是不可避免的。现代性与世俗性紧密关联，世俗化的工具理性太高张了，它使得人们忽略了过去、现在、未来生命的延续性。我们基本上要怎么样从思想的层面，重要的是，要真正地把生命的意义彰显出来。须知：我们人的生命，因为人有其觉性，或者说自由意志，但这不同于西方哲学所说的自由意志，所以用觉性更为适当。我们因此能通生死幽明，从过去、现在、未来，生命有超越面、生命的意义层面，也有生活的具体经验层面，有接下去属于更基本的生存层面。这样的划分既能够在组织制度结构上，包括经济层面要把它建构出来，让人能够安身立命，而不能只是工具性的摆平安置，这一点是很重要的。

我这些年来一直呼吁，让三代人能住在至少同一个小区里面，所以应该出台一个政策，我呼吁过很多次了。建议的政策是这样的，只要是三代人在同一个小区买房子，祖辈、父辈、儿孙辈在同一个小区买房子，应该给予无息贷款。再来，就是家里要有一个神圣的祭祀空间，让人们充分地尊重这四个共同体(天地亲君师)。这神圣的空间，与你的生活，既有区隔，又能够连接在一块儿，你可以体会到，人的生命有过去、有现在、有未来，人就会想到不是只有此生

此世，人有过去现在未来。须得留意的是，现代性的、工具性的，理性极端发展之后，就会只是一个此生此世，他认为生命就是这样子而已。所以他不会想过去，也不想未来，他生命没有传承感，没有责任感。古人有云："不孝有三，无后为大。"① 这就是生命的传承感、责任感。这非常重要，儒学一定要把这些项目落实。

讲复兴文化、复兴儒学，我们在体制建构上没有这个东西，只讲形而上，在生活这个层面，组织制度结构这个层面上，你把它建构好，让人在那里能更好地落实，这样才能有接地气的体会，才能具体落实地生长。这个形而上，它不只是个形而上，它要回到这个道，回到这个存在本身，这样的话，才能够在生活中，真正把生命意义彰显出来，能够贯通，能够延续。基本的经典，其实不多，最基本的经典加起来才十多万字。再简化一点分几阶，五万字就可以了，所以基本经典很好读。怎么读呢？诵读，诵读以后有好的白话本、翻译，给它翻译诠释出来，但是一定要回到我们经典与生活世界，才能展开适当的诠释。

我这几年一直致力做经典翻译与诠释的工作，重新翻译，并作诠释，像《老子道德经新译》这很早就出版了，我去年又出版了《论语圣经译解：慧命与心法》，之所以特别要正名"论语圣经"，因为《论语》是圣贤经典②。佛教称呼它的经典叫"佛经"，道教称呼它的经典叫"真经"，当然儒教应正名其经典叫"圣经"。基督宗教的经典称呼为"圣经"，这并不恰当。我以为要如同伊斯兰教一样，用音译的方式，伊斯兰教的是"古兰经"，基督宗教的是"拜普经"③。基本上我认为儒学这个工作很基本，一定要做，朗读、诵读，甚至是吟诵，要"感其意味，体其意韵，明其意义"，这样的话就慢慢进入到文化精神底蕴脉络。我认为恢复三祭之礼是必要的，祭天地，祭先祖，祭圣贤，这样自然而然，这

---

① 语出《孟子·离娄上》。据汉代赵岐注："于礼有不孝者三事，谓阿意曲从，陷亲不义，一不孝也；家穷亲老，不为禄仕，二不孝也；不娶无子，绝先祖祀，三不孝也。三者之中，无后为大。"

② 林安梧：《论语圣经译解：慧命与心法》，台北：学生书局 2019 年，第 562 页。

③ 《圣经》（Bible，原意"书"）是犹太教与基督教（包括新教、天主教、东正教）的经典，包括《旧约全书》《新约全书》，汉字地区通常以"圣经"称之，本人以为这并不适当，应对等于其他宗教经典的翻译，回到原来的音译，称之为"拜普经"。

是生活，大家须要生活啊！生活必须有体认，体认出了意义，生命也就生生不息地传承下来。

当然，文化“慧命”的传承固然很重要，而自然“身命”的延续是极为重要的，因为它是文化慧命的载体。这方面，这些年来愈来愈严重，我在台湾清华大学担任通识教育中心主任的时候，约莫 1998 年，有一次听到一个台湾的人口学家谈到这个问题，我觉得很严重，我特地请他来演讲有关人口与文明递衍的论题。台湾人口出生率，我刚刚讲 20 多年前（大约上个世纪末）是 1.8，一对夫妻生养 1.8，20 多年后的现在，一对夫妻生养 1.2，这是多严重的事。香港更严峻，香港是 0.8。这个问题它有一个自然的趋势，但是人要参与这个自然，我们要挽救这个颓势，要不然这个世界真的会产生严重问题的。我个人觉得不能够任由这样，须知：大自然本身是可以否极泰来；但人类的文明人要参与；你要否极泰来是因为我们要深谋远虑地去面对问题。记得当时那位人口学家跟我说过了，一对夫妻至少要生养 2.15，这样才能够平衡过来。因为有一些要出家的，还有一些不结婚，还有一些接下来不愿意再生。台湾现在，本来是退到 1.1，现在回到 1.2，但是也很困难。所以这个问题真的是整体的制度的问题。我非常同意这是一个极为重要的问题。

九、提倡互联网公德，克服世俗化下堕，回归经典，诠释生活

再者，年轻人怎么样阅读经典、理解经典，怎么样才能有更好的理解？比如说，你在网上看到一些似是而非的论点，对经典的理解似乎有问题，你看了以后，得把传统的经典找出来读一读，有可能会了解到网上的种种论点，或者批评是非常单向度的，是要进一步再批评的。这样一来，慢慢地，网络上这个批评，如果你知道，你要去纠正它。我常说，这是面对真理应有的网民公德。譬如说：“无毒不丈夫。”这很清楚，你可在网上跟他说，你搞错了，“量小非君子，无度不丈夫”，是“无度不丈夫”，“无毒不丈夫”这传言是错的，而且错得

很严重[1]。再说“隐恶扬善”原来的意思说的是“扬其善性，消隐恶性”[2]，把善行善性彰显出来，善也就生长了，那恶也就自然消隐、隐退了，这不是很好吗？现在世俗所说“隐恶扬善”是不好的意思，那个扬善变成是什么？你隐匿了“恶”，然后假装善良，伪装的善拿出来，这与原来的意思简直相去天壤。我认为“经典意义”与“世俗意义”是有很大区别的，经典一落在世俗、流俗，多半错得离谱。你一遇到，这个时候，一有错位，要立马把它理清。

这其实是一个很严重的问题，我们一定要梳理清楚。当我们检讨为什么世俗意义会出现这一严重的问题，我们不能够把世俗意义当成经典意义。比如“明哲保身”，明哲保身原先的经典意义是很好的，大家都会提到这个问题。但是现在“明哲保身”变成是你缩起头来，管自己家的事，不管整个共同体的事，这不是经典的意义，这是错位的[3]。我建议当你在网上碰到这些的时候，你们就要上去发言。至少我今天讲的这几条，你可以在上面说。我不多说了，就先说到这里。

明显地，经典的意义必须经由理解、诠释，才能被彰显出来，才能参与到我们的生活世界之中，展开交谈对话。在交谈对话的过程中，我们的文明才能继续有本有源地往前生长。显然地，经典的生化或与活化，经典的生活化是极为重要的，若不去熟悉经典，经典的意义被禁锢在文字之中，而原先在生活世界使用的语句，则将因为世俗化而他化、外化、异化。这么一来，这些语句尽管与原先经典的语句是相同的，或者有关的，也可能被世俗的业力习气扭曲了、异化了，甚至完全背离。前面所举的例示，只是冰山之一角，这现象值得重视，

---

① 原先“量小非君子，无度不丈夫”说的是君子大丈夫要有度有量，后来民间话本小说将这意思改了，如元杂剧关汉卿《望江亭》原作第二折处写道：“恨小非君子，无毒不丈夫。”这说的是歹人的反话，结果后来在世俗上又混成了“量小非君子，无毒不丈夫”，成了民间格言，这问题就严重了。

② 语出《中庸》第六章：“子曰：‘舜其大知也与！舜好问而好察迩言，隐恶而扬善，执其两端，用其中于民。其斯以为舜乎！’”

③ “明哲保身”原出自《诗经·大雅·烝民》：“肃肃王命，仲山甫将之；邦国若否，仲山甫明之。既明且哲，以保其身。夙夜匪解，以事一人。”原来的“明哲保身”强调的是进退始终不失其道，致力于保家卫国；后来居然演变成了把自身利益得失置于最优先，为达目的，可以放弃原本该坚持的原则，真是谬以千里了。

也值得我们深入去发掘它、瓦解它，除其遮蔽，真理方得彰显。儒学不离生活，我们面对儒学要能生化、活化它，唯有生化活化的儒学才可能真正地复兴。

显然地，生活、经典、诠释，三端是连成一气的，这三者是循环不已的。我们得好好深入地去体认生活，理解经典，展开诠释；并在诠释中，深入生活，理解经典。简单地说，经典的诠释不离生活世界的体认，生活世界的体认不离经典的诠释。我们必须面对21世纪的现当代，在生活世界中仔细体认觉察，在经典诠释中转化创造，在现代化之后的儒学才有新生的可能①。

Return to the Classics，Interpret Life，Rebuild Confucianism：Reflections After Modernization ——2020 Minghu Conference："Confucianism，Classics，Interpretation" Keynote Speech

LIN Anwu

(Research Center of *The Book of Changes* and Chinese Ancient Philosophy，Shandong University，Jinan，250100，China)

Abstract：The paper aims to reveal that Confucianism is inseparable from classic interpretation and the world of life. The cultivation of Confucianism is inseparable from the four life communities of "Heaven，Earth，Parents，King and Master". Confucianism is a religion of consciousness and that is different from monotheism，which is a "religion of trust". We should solve the paradox of complete anti-traditionalism and face the problem of alienation after modernity. The way that Inner Sageliness opens New Outer Kingliness should turn

① 关于此，自上个世纪90年代初，我开始致力于"后新儒学"的阐扬，提出"存有三态论"。参见元亨书院主编：《后新儒家与现代之后：林安梧教授回甲志庆学术论集》，台北：学生书局2017年。

toward learning from New Outer Kingliness to adjust the New Inner Sageliness. It shows the construction of Chinese humanistic hermeneutics：Tao，meaning，image，structure，and language. In this way，“classical interpretation” and “life world” are blended into one. And on this basis，we could probe the origin of ontology in manner of philosophical hermeneutics. As the existence of life consciousness，the human being should understand thoroughly life and death，and be able to overcome the alienation of modern instrumental rationality. Finally，we should heighten the public morality of the Internet，overcome the fall of secularization，return to the classics，interpret life，and rebuild Confucianism.

Key words：consciousness；religion；humanity；trust interpretation；Inner Sageliness；Outer Kingliness；the Internet；alienation

儒家经典中的“四书”系统

景海峰[*]

（深圳大学　国学院，广东　深圳　518061）

摘要： 儒家的经典是在历史累积下形成的典籍集丛，包括前期所形成的“五经”（或“六经”）系统与后期所加入的“四书”系统。四书明显不同于五经，五经是母本，是思想的源泉，《论语》《孟子》《大学》《中庸》则本来属于传、记的范畴，是对五经的解释与发挥。然而，五经的解释力随着佛教义理的传入而受到根本性的挑战，作为五经传、记文本的四书成为应对挑战的思想资源。通过北宋理学的发挥与朱熹的编排，四书的地位发生根本性改变，并一跃而上升为经。以四书为根底所形成的宋明理学不同于以五经为基础的汉唐经学，其学问不仅在特点上重视生命体验，且是一种对传统儒学经典的创造性诠释，代表了儒学发展的新阶段。

关键词： 四书；五经；宋明理学；创造性诠释

儒家经典向来是复数，而不是单数，它是由多部书组合而成的一组典籍，是一个集丛，这就和世界其他各大文明的根本圣典之形制很不一样。儒家经典是在历史上累积形成的，有一个逐渐成型的过程，并且经历了长久的演变和发展，而并非是一次完成。战国时代的儒家经典是“六经”，秦汉以后实存五经，自宋以后又逐渐定型为“十三经”，从五经到十三经构成了儒学诠释发展的一条

* 景海峰（1957—），哲学博士，博士生导师，深圳大学国学院院长，研究领域为儒家哲学。

主线。由《诗》《书》《礼》《易》《春秋》到《周易》《尚书》《毛诗》“三礼”“三传”《论语》《孝经》《尔雅》《孟子》，这不只是数量上的增加和结构方面的改变，而且也容含了大量的经典解释方面的内容，可以说是由一条主线连带起了一个思想诠释的网络。在五经扩容的过程中，接纳了相当一部分战国至西汉时期才出现的文献，而这些典籍基本上是在解释或者发挥六经的思想内容，所以在诠释的层级上明显地与母本拉开了距离。如果说六经是三代文明的遗产，在经过整理和编排之后，成为诸子时代儒家学派的经典；那么相当多的补入文献，则是以百家争鸣作为背景，对六经做进一步阐释和发挥之后所得到的成果。所以，后出之经典都是解释六经的，也是创造性地发展儒家思想的，它们更能够体现出春秋战国以来的时代特色和问题意识。这些典籍的加入，慢慢地形成了一条副线，表现出与六经系统明显不同的时代色彩，是所谓“轴心期”思想文化的凝聚物。这条副线在经过了长时间的潜运默变之后，到了宋代才慢慢地呈现出某种主体色彩并得到了发扬光大，成为和传统的六经体系足可以比肩的另外一大阵形，这便是四书系统。在整个经学史上，除了“六经”之外，儒家最为重要的经典群组就当属“四书”了。在汉以后成熟的经学形态下，“六经”与“四书”构成了儒学经典的两大军团，分别代表和象征了儒家经典诠释史的两个时期：汉唐经学与宋明理学。从总体上说来，前期的经学史是以六经（五经）为中心，而后期的经典诠释则是以四书作为重点。

一、“四书”与“五经”

四书在宋代以后本来就已经加入到了“经”的行列，是儒家“十三经”里面的重要内容，只不过其原有的身份并不属于经，而是传、记。《论语》主要为孔门弟子的记言，《孟子》为孟子师徒共著，《大学》《中庸》是《礼记》中的两篇，为七十子后学的作品。这部分文献大多产生于战国之时，且入经较晚，在汉唐经学当中属于比较边缘的内容，完全不能和五经的主线地位相提并论。所以，四书是属于后出的文献，是儒家经典阵容之中的后起之秀，可以说是十三经里面的第二代经典。与五经的漫长生成史相比，四书材料的聚集时间要短得多，如果说五经的源头宛如闪烁的星海，恍惚难辨，那四书的脉流便像七星斗柄，灿然若炬。五经文献因为积攒的历史长、来源甚广、背景也很复杂，尽管经过了春秋战国时代儒家人物的精心挑选、有目的之整理与编排，但仍然保留了不少原始的色彩和原料的痕迹，所以具有原初性和质朴性的特点。而四书则是在诸子百家兴起的大背景下，儒家一方面要着力发掘与诠释古典的资源，同时又要有针对性地解决周礼崩坏之后的新的时代问题，需要建立起一套不同于以往的解释系统，所以它的思想创造性和逻辑自洽性就表现得十分鲜明。从历史根源性和经典起源的本义来讲，五经大多是由口传然后到书写，具有自发自然的色彩，后人只是收集和归纳之，故谓“述而不作”。而四书却是有所本的，是有目的、有针对性的“接着讲”，是一个思想系统的创制过程，这也就是儒家学派的建立。

从经典的来源和历史背景而言，四书明显地不同于五经，所以其经的身份能否成立，或者其地位能否与六经相提并论？便一直是一个争论不休的话题。虽然元代以后，随着科举制对四书地位的加持与强固，明代《四书大全》的纂修，以及《十三经注疏》的刊刻与普及，四书为“经”已经殆无异议了，但四书与五经的差别却是始终存在的，并且作为一种疑虑总是萦绕在一些人的心头。章学诚（1738—1801）《经解》谓：

> 后世著录之家，因文字之繁多，不尽关于纲纪，于是取先圣之微言，与群经之羽翼，皆称为经。如《论语》、《孟子》、《孝经》，与夫大小《戴记》之别于《礼》，《左氏》、《公》、《穀》之别于《春秋》，皆题为经，乃有九经、十经、十三、十四诸经，以为专部，盖尊经而并及经之支裔也。……然则今之所谓经，其强半皆古人之所谓传也。古之所谓经，乃三代盛时，典章法度，见于政教行事之实，而非圣人有意作为文字以传后世也。①

---

① 章学诚著，叶瑛校注：《文史通义校注》，北京：中华书局 1985 年（下同），第 94 页。

龚自珍（1792—1841）在《六经正名》一文中，对此问题做了更加详细的论辩。他指出：“孔子之未生，天下有六经久矣。……六经、六艺之名，由来久远，不可以臆增益。汉刘向之为《七略》也，班固仍之，造《艺文志》，序六艺为九种，有经、有传、有记、有群书。传则附于经，记则附于经，群书颇关经，则附于经。”[①] 这样，只有六经是具有源头意义的典籍，而传、记、群书皆是后起之作，都是解释经的，故只能附经而存在。后来，在六经的基础上又有不断的增扩，以至“世有七经、九经、十经、十二经、十三经、十四经之喋喋也”[②]。或以传为经，或以记为经，或以群书为经，造成了“经”之本意的丧失和经与非经之界线的混淆。他说：“后世又以《论语》、《孝经》为经，假使《论语》、《孝经》可名经，则（刘）向早名之，且曰序八经，不曰序六艺矣。”[③] 更有甚者，“然且以为未快意，于是乎又以子为经”，将《孟子》也列入了，这是“乱圣人之例，淆圣人之名实”。《尔雅》本为“经之舆儓”，是释经的工具，“乃使之与诗书抗，是尸祝舆儓之鬼，配食昊天上帝也”[④]。所以，龚自珍强调只有六经可以名之为“经”，而四书是不能作为“经”的。严明“经”意或者强化其身份之别，只是说明了四书不同于五经，但并没有解释何以四书也会被列入到“经”里面的道理。也就是说，作为十三经里面的“四书”，其意义究竟何在？

从典籍的性质上看，五经为古书，而四书为新创制的作品，在时序上明显地有别，一先一后。而在书写关系上，五经为母本，是思想的源泉，四书则是解释和发挥五经义理的，是经义的溢出与扩展，一源一流。从历史的演变来看，也是先确定了六经的经典身份，随着对经之解释的展开，才有了传、记、群书等，一主一辅。实际上，四书本不为经，四书入经甚晚，作为集群式整体加入经的行列就更晚了，这中间便包含了太多儒学发展的话题和经典诠释的秘密。

《论语》本来是传、记，《汉书·艺文志》著录群书，列之于“六艺略”的

---

① 龚自珍著、王佩诤校：《龚自珍全集》，上海：上海人民出版社 1975 年（下同），第 36—37 页。

② 龚自珍著，王佩诤校：《龚自珍全集》，第 37 页。

③ 龚自珍著，王佩诤校：《龚自珍全集》，第 38 页。

④ 龚自珍著，王佩诤校：《龚自珍全集》，第 38 页。

《春秋》类后面。《汉书》称鲁恭王于孔子故宅壁中得古文经传，所谓传者，即指《论语》。[①] 故《汉书·扬雄传》之赞曰："传莫大于《论语》，作《法言》。"[②]《后汉书·赵咨传》引记曰："丧与其易也宁戚。"[③] 这是《论语·八佾》中孔子答林放的话。是故这里又称《论语》为记。作为传、记的《论语》，大概收罗、蒐积和成编于两三代人之间，其资料来源和内容范围还是相当清楚的，主要反映的是孔子本人的思想。《汉书·艺文志》谓："《论语》者，孔子应答弟子时人及弟子相与言而接闻于夫子之语也。当时弟子各有所记。夫子既卒，门人相与辑而论纂，故谓之《论语》。"[④] 刘熙《释名·释艺典》曰："《论语》，记孔子与弟子所语之言也。……论，伦也，有伦理也。语，叙也，叙己所欲说也。"[⑤] 元代何异孙在《十一经问对》中说："此孔门师弟子讨论文义之言语也。有弟子记夫子之言者，有夫子答弟子之问者，有弟子自相答问者，又有时人相与言者，有臣对君之问者，有师弟子对大夫之问者，皆所以讨论文义，故谓之《论语》。"[⑥]《论语》作为典籍之名称，最早出现在《礼记·坊记》中，"《论语》曰：'三年无改于父之道，可谓孝矣'。"[⑦] 而在《孟子》《荀子》里，虽引用了孔子的话，但并没有出现《论语》的名称；甚至西汉初年陆贾《新语》、贾谊《新书》等引用《论语》的句子时，也没有提起过书名。之后的文献，或直称为"论"，或曰"语"，基本上将其看作是解释六经的"传""记"，与战国时期的诸子书并无太大分别。汉初，有关《论语》的资料分《齐论》《鲁论》和《古论》三系。成帝时，张禹主要依《鲁论》予以重编，称《张侯论》。汉人之《论语》注解，经何晏辑纂之后，成《论语集解》一书，为今存最早之《论语》文献。

《孟子》本是子书，"其书号为诸子"（赵岐语）。《汉书·艺文志》将之著录

---

① 班固：《汉书》（第八册），北京：中华书局 1962 年（下同），第 2414 页。

② 班固：《汉书》（第十一册），第 3583 页。

③ 范晔：《后汉书》（第五册），北京：中华书局 1965 年，第 1315 页。

④ 班固：《汉书》（第六册），第 1717 页。

⑤ 刘熙：《释名》，北京：中华书局 1985 年，第 100—101 页。

⑥ 何异孙：《十一经问对》卷一，四库全书本。

⑦ 陈戍国点校：《周易·仪礼·礼记》，长沙：岳麓书社 1989 年，第 490 页。

于“诸子略”，与《墨子》《庄子》《荀子》等同列。《史记·孟子荀卿列传》谓：“孟轲，驺人也。受业子思之门人。道既通，游事齐宣王，宣王不能用。适梁，梁惠王不果所言，则见以为迂远而阔于事情。当是之时，秦用商君，富国彊兵；楚、魏用吴起，战胜弱敌；齐威王、宣王用孙子、田忌之徒，而诸侯东面朝齐。天下方务于合从连衡，以攻伐为贤，而孟轲乃述唐、虞、三代之德，是以所如者不合。退而与万章之徒序诗书，述仲尼之意，作《孟子》七篇。”① 东汉赵岐为之章句，其《孟子题辞》云：“《论语》者，五经之錧鎋，六艺之喉衿也。《孟子》之书，则而象之。……儒家惟有《孟子》，闳远微妙，缊奥难见，宜在条理之科。”② 可见汉人又将《孟子》视为像《论语》一类的典籍。故王充《论衡·对作》曰：“杨、墨不乱传义，则孟子之传不造。”《汉书·刘向传》《后汉书·梁冀传》及许幹的《中论》等，在引用到《孟子》语时，皆为“传曰”。《孟子》在汉文帝时，曾经作为传记“首置博士”，但不久即遭罢。《孟子题辞》记：“汉兴，除秦虐禁，开延道德，孝文皇帝欲广游学之路，《论语》《孝经》《孟子》《尔雅》皆置博士。后罢传记博士，独立五经而已。”③ 这些都说明，《孟子》一书在汉代的地位仅次于《论语》，比一般的诸子都重要，是介于经与子之间，或比较地接近于传、记一类的典籍。汉儒在说经时，每引《孟子》为证，也有数家为之作注，但存留下来的只有赵岐的《孟子章句》。

而《大学》《中庸》，本来就是《礼记》当中的两篇，恰如章学诚所谓：“《论语》述夫子之言行，《尔雅》为群经之训诂，《孝经》则又再传门人之所述，与《缁衣》、《坊》、《表》诸记，相为出入者尔。”④《学》《庸》与《礼记》中的其他篇目的情况都很相似，是作为《礼》类文献被收集汇编在一起的，其身份本来就是传、记，但因为“三礼”分合的缘故，整体上进入到了经部。

由四书文献的书写背景和成编年代来看，它与五经的确不同，所以在宋代以前，尽管《论语》的地位很高，《孟子》也备受重视，但经与传、记的界线，

① 司马迁：《史记》（第七册），北京：中华书局 1959 年，第 2343 页。

② 焦循著，沈文倬校注：《孟子正义》，北京：中华书局 2017 年（下同），第 12、22 页。

③ 焦循著，沈文倬校注：《孟子正义》，第 14 页。

④ 章学诚著，叶瑛校注：《文史通义校注》，第 94 页。

还是很分明的，并且有着不能逾越的鸿沟。但随着理学的兴起，四书的地位开始发生根本性的改变，一跃而上升为经；特别是在经过了朱子的倾心打造之后，其整体性的意义开始突显出来，成为可以与五经相比论的另外一组经典。凌廷堪（1755—1809）谓：“《大学》、《中庸》，《小戴》之篇也，《论语》、《孟子》，传记之类也，而谓圣人之道在是焉，别取而注之，命以‘四书’之名，加诸六经之上。其于汉唐诸儒之说，视之若弁髦，弃之若土苴，天下靡然而从之，较汉魏之尊传注、隋唐之信义疏，殆又甚焉。”①《四库全书总目》亦指出：“《论语》、《孟子》旧各为帙，《大学》、《中庸》，旧《礼记》之二篇，其编为‘四书’，自宋淳熙始；其悬为令甲，则自元延祐复科举始。古来无是名也。”② 也就是说，如果没有朱子的精心编排和大力推举，就不可能有四书体系的诞生；如果没有朱子学地位的抬升和科举考试的特定背景，四书系统的强固化与影响日重，也是一件很难想象的事情。所以朱彝尊（1629—1709）就曾分析过：

> 朱子注《论语》，从《礼记》中摘出《中庸》、《大学》为之章句，配以《孟子》，题曰“四书”。谆谆诲人以读书之法，先从四子始。由是淳熙而后，诸家解释四书渐多于说经者矣。元皇庆二年，定为考试程序。凡汉人、南人，第一场试经疑二问，于《大学》、《论语》、《孟子》、《中庸》内出题，并用朱氏《章句集注》，经义一道各治一经。若蒙古、色目人，第一场试经问五条，以《大学》、《论语》、《孟子》、《中庸》内设问，亦用朱氏《章句集注》，则舍五经而专治四书矣。明代因之，学使者校士以及府、州、县试，专以四书发题，惟乡、会试，有经义四道，然亦先四书而后经。沿习既久，士子于经义仅涉略而已。至于习《礼》者，恒删去经文之大半。习《春秋》者，置《左氏传》不观，问以事之本末，茫然不知。经学于是乎日微。③

---

① 凌廷堪著，王文锦点校：《校礼堂文集》，北京：中华书局 1998 年，第 205 页。

② 永瑢等撰：《四库全书总目》（卷三十五），北京：中华书局 1965 年，第 289 页。

③ 朱彝尊：《曝书亭集》，上海：世界书局 1937 年，第 699 页。

实际上，在元朝至元年间，就已经将四书放在了五经的前面，规定：“凡读书，必先《孝经》、小学、《论语》、《孟子》、《大学》、《中庸》，次及《诗》、《书》、《礼记》、《周礼》、《春秋》、《易》。”① 这说明，在科考程式和应试教育的形态下，大多数士子所接纳的形式是四书系统，而不是传统的五经体系，这对于四书的传播力和影响力的放大都起到了直接的作用。尤其是到了明朝的永乐年间，胡广等人奉勅编纂《五经大全》、《四书大全》、《性理大全》等三部大书，用官颁的方式首次将四书和五经并列在一起，四书取得了与五经同等重要的名分。特别是随着科考体制的模块化及其影响的进一步深入，一般人对于四书的重视渐渐地超过了五经，四书越来越受到读书人的青睐，它的社会意义和普及化程度也就远远地大过了五经。

二、“四书”系统的建构

“四书”作为一个系统显然不是自然形成的状态，而是有意识地绾结与构筑的结果，如果没有一种相似的背景和共有的目标，没有一个外在形式的同一律和制度化的强固，“四书”能够成为一种经典体系便是不可想象的事情。《论语》多记夫子言，直接表达圣人意，自经学形成之后，便获得了崇高的地位，虽不为经，但实际地位已然不亚于经。而《孟子》为子书，《大学》《中庸》亦为七十子后学之著（或更晚），不但离经的地位相差甚远，就是与《论语》相比，也有时代之差距，重要性也明显地有所递减。将这些不同时段、不同性质和不同形式的文本集结在一起，形成一个统一体，显然是需要充分理由的，也需要不断的解释和说明。围绕着“四书”系统的建构，大致要解决三个方面的问题：一是“四书”和“五经”的关系，在六经系统之外，建立四书体系的必要性何在？四书的重要性需要反复地被阐明。二是四书文本本身的地位需要被拔高，以使之能够取得与经的身份相一致的效果，这就需要不断地从内涵方面来阐释其深刻的意义。三是为了获得系统内部的协调性和统一性，需要对四书文本的

① 宋濂撰：《元史》（第七册），北京：中华书局 1976 年，第 2029 页。

关系及其所扮演的角色进行精细的筹划和说明，以构成体系的完整性。

四书系统的缩结和逐渐清晰化，以及地位的进一步突显，显然是和儒学发展的时代要求联系在一起的。汉唐经学以五经为根本，在解释的层级性和丰富性上，形成了自身的一个完满系统，可以处理宇宙本体、社会治理与个人生命方面的问题。但随着唐以后佛教的逐渐普及、义理的深度融合与精神世界叙事的复杂化，儒家原有的经典系统左支右绌，已不能解释一大堆新产生的问题，难以应对佛教义理所带来的根本性挑战，所谓“儒门淡薄，收拾不住”，这便提出了建构新理论体系的要求。从周敦颐的“太极图说”到张载的“太虚即气”，再到二程的“理”世界构筑，这个工作在一步一步地展开，与之相适应的，便是对儒家经典系统的重新配置和调动。除了原有的五经体系之外，亟须寻找到一个新的思想动力源；这样，产生于“轴心时代”，对五经做思想阐释与发挥的传、记文本便脱颖而出，走到了前台。北宋诸儒大力托举传、记系统，着力发挥“四书”、包括《易传》里面的思想，就是其完成新儒学体系建构之必不可少的工作。张载说：“学者信书，且须信《论语》、《孟子》。《礼》虽杂出诸儒，亦若无害义处，如《中庸》、《大学》出于圣门，无可疑者。”① 程颐谓：“学者当以《论语》、《孟子》为本。《论语》、《孟子》既治，则六经可不治而明矣。读书者，当观圣人所以作经之意，与圣人所以用心，与圣人所以至圣人，而吾之所以未至者，所以未得者，句句而求之，昼诵而味之，中夜而思之，平其心，易其气，阙其疑，则圣人之意见矣。”② 又说：“学者先须读《论》、《孟》，穷得《语》、《孟》，自有要约处，以此观他经甚省力。《论》、《孟》如丈尺权衡相似，以此去量度事物，自然见得长短轻重。”③ 在一定程度上，四书所包含的内容是更为切近于当时之需要的，不论是对精神世界的说明，还是对个人身心的安顿，面对佛教所带来的前所未有的冲击，四书能够提供的理论资源要远远地大于五经。

取五经而代之，首先需要在文本的身份地位上有所改变，通过拔举四书，

---

① 张载：《张载集》，北京：中华书局 1978 年（下同），第 277 页。

② 程颢、程颐：《二程集》（第一册），北京：中华书局 1981 年（下同），第 322 页。

③ 朱熹、吕祖谦编撰，叶采集解，程水龙校注：《近思录集解》，北京：中华书局 2017 年，第 111 页。

使之取得能够与五经并驾齐驱的名分。《论语》自汉代以来，即为“附经”，身份比较特殊，列于经典，争议不大，而《孟子》就没有那么简单了。虽然在汉唐间，对《孟子》的看法时有起伏，有的时段它的地位比较高，也受到重视，但总的说来，其与经的身份还是有比较大的距离。尽管中唐以后，韩愈特别地推崇孟子，认为儒家之道，“轲之死，不得其传焉”（《原道》）；皮日休推举《孟子》为学科书，有升经之祈望。① 但这些运作都只是造成了一种烘托气氛的效果，而并没有完成一种入经的事实。到了北宋庆历年间，《孟子》一书中的内容成为科考之试题；而熙宁变法时，其更是与《论语》并列为“兼经”，取得了经书的资格。当时，李觏作《常语》，说“孟子者，五霸之罪人也”；郑厚叔在《艺圃折中》中，谓孟子“挟仲尼以欺天下”，均表示了激烈反对的态度。② 特别是站在王安石新学对立面的司马光写了《疑孟》一文，旗帜鲜明地抵制尊孟。后来针对司马光的诘难，胡宏（1102—1161）专门作《释疑孟》，谓：“司马文正之贤，天下莫不知，孰敢论其非者，然理之所在，务学以言可也。夫孟氏学乎孔圣，虽未能从容中道，迹其行事，质诸鬼神，亦可谓鳌中缕当矣。其道光大，如青天白日，而司马子疑之。愚窃惑焉，作《释疑孟》。有能宥其狂简而相切磋者，吾与之友矣。”③ 分成“性”“辨”“舜”“仲子”“责善”“仕”“霸”“德”“师”“伐燕”“理”“王”“卿”“学”等 14 个问题，对司马子的责难一一进行了反驳。在贬孟与尊孟的反复较量中，起了决定性作用的当属二程。朱熹在《孟子集注》一书的《序说》中，大致梳理了这一线索，其中引二程称赞孟子的话，就有六七条之多，差不多是视为一种定论。如“孟子有功于圣门，不可胜言”；“孟子有大功于世，以其言性善也”；“孟子大贤，亚圣之次也”；孟子“学已到圣处”，等等④。这样，到了朱子合注“四书”时，纳入《孟子》便已是

① 皮日休著有《请孟子为学科书》一文，谓“《孟子》之文，灿若经传”；“其文继乎六艺，光乎百氏，真圣人之微旨也”。（见皮日休著，萧涤非、郑庆笃整理：《皮子文薮》，上海：上海古籍出版社 2017 年，第 106 页。）

② 参见邱汉生著：《四书集注简论》，北京：中国社会科学出版社 1980 年，第 5 页。

③ 胡宏著，吴仁华点校：《胡宏集》，北京：中华书局 1987 年，第 318 页。

④ 引见朱熹：《四书章句集注》，北京：中华书局 1983 年，第 199 页。

水到渠成了。

和《孟子》入经相比，《大学》《中庸》要来得相对容易些，一则“三礼”已属于经部，没有身份认证的问题，二则《大学》《中庸》单列，由来已久，早有先例。① 宋儒所须做的工作就是进一步说明此二篇在圣学中的特殊地位，清晰其思想脉络，阐发其深刻内涵。周敦颐的《通书》特别喜欢讲“诚”，以《中庸》之诚阐发《大易》的天道性命之蕴。张载说：“某观《中庸》义二十年，每观每有义，已长得一格。”② 二程强调：“入德之门，无如《大学》。今之学者，赖有此一篇书存，其他莫如《论》、《孟》。”③ 又说：“修身，当学《大学》之序。《大学》，圣人之完书也，其间先后失序者，已正之矣。”④ 于《中庸》，二程则有“《中庸》之言，放之则弥六合，卷之则退藏于密”（《遗书》卷十一），“《中庸》之书，其味无穷，极索玩味”（《遗书》卷十八），“善读《中庸》者，只得此一卷书，终身用不尽也” （《遗书》卷十七）等赞誉的话。所以后来胡安国（1074—1138）说：“夫圣人之道，所以垂训万世，无非《中庸》，非有甚高难行之说，此诚不可易之至论也。然《中庸》之义，不明久矣。自颐兄弟始发明之，然后其义可思而得。不然，则或谓高明所以处己，中庸所以接物，本末上下，析为二途，而其义愈不明矣。”⑤ 另外，《自警编》也引了当时邹浩（1060—1111）的话说：“圣人之道备于六经，千门万户何从而入，大要在《中庸》一

---

① 《大学》为《礼记》中的第四十二篇，从宋仁宗开始便有“单行”之例，司马光更著有《大学广义》（《宋史·艺文志》）。《中庸》为《礼记》中的第三十一篇，“单行”更早，如果不算《汉志》所著录的《中庸说》二篇，六朝时便有戴颙的《礼记中庸传》、梁武帝的《中庸讲疏》，唐有李翱的《中庸说》，入宋之后就更多了。故皮锡瑞谓：“《礼记》非一人所撰，义之精者可以单行。《汉书·艺文志》于《礼记》百三十篇外，已别出《中庸》二篇。梁武帝作《礼记大义》十卷，又作《中庸讲疏》一卷。宋仁宗以《大学》赐及第者。表彰《中庸》《大学》，不始朱子。”（参见皮锡瑞著：《经学通论》，北京：中华书局 2017 年，第 354 页）

② 张载：《张载集》，第 277 页。

③ 程颢、程颐：《二程集》（第一册），第 277 页。

④ 程颢、程颐：《二程集》（第一册），第 311 页。

⑤ 胡安国：《奏状》，引见《二程遗书》附录。程颢、程颐：《二程集》（第一册），第 348—349 页。

篇，其要在谨独而已。但于十二时中，看自家一念从何处起，即防检不放过，便见工力。[①] 可见对《大学》《中庸》的推举，成为其时之一代风潮，它们确立为经，殆无异议。

将四书分说或者合举，已多散见于北宋文献中，但前后一般不连贯，或者排序也比较杂乱。如司马光在《书仪》中云：“《学记》、《大学》、《中庸》、《乐记》，为《礼记》之精要。”吕本中（1084—1145）谓：“学问当以《孝经》、《论语》、《中庸》、《大学》、《孟子》为本，熟味详究，然后通求之《诗》、《书》、《易》、《春秋》，必有得也。既自做得主张，则诸子百家长处皆为吾用矣。”[②] 两宋之交的李涂（耆卿）在《文章精义》中说：“《易》、《书》、《诗》、《春秋》、《仪礼》、《礼记》、《周礼》、《论语》、《大学》、《中庸》、《孟子》，皆圣贤明道经世之言，虽非为作文设，而千万代文章从是出焉。”[③] 而到了朱子的手里，则在前人掘发与拔举的基础上，将这些思想集中起来，合四书为一体，为其作章句、集注，完成了四书的系统化。朱子说：“读书，且从易晓易解处去读。如《大学》、《中庸》、《语》、《孟》四书，道理粲然。人只是不去看。若理会得此四书，何书不可读！何理不可究！何事不可处！”[④] 又谓：“《语》、《孟》、《中庸》、《大学》是熟饭，看其它经，是打禾为饭。”[⑤] “若未读彻《语》、《孟》、《中庸》、《大学》，便去看史，胸中无一个权衡，多为所惑。”[⑥] 朱子还对四书系统做了周密的考虑和安排，提出“学问须以《大学》为先，次《论语》，次《孟子》，次《中庸》”的顺序。[⑦] 他具体分析道：

> 某要人先读《大学》，以定其规模；次读《论语》，以立其根本；次读

---

① 赵善璙：《自警编》卷二，钦定四库全书本。

② 吕本中撰，韩酉山辑校：《吕本中全集》（第三册），北京：中华书局 2019 年，第 967 页。

③ 朱彝尊：《经义考》，卷二百九十六，四部备要本。

④ 黎靖德编，王星贤点校：《朱子语类》（第一册），北京：中华书局 1986 年（下同），第 249 页。

⑤ 黎靖德编，王星贤点校：《朱子语类》（第二册），第 429 页。

⑥ 黎靖德编，王星贤点校：《朱子语类》（第一册），第 195 页。

⑦ 黎靖德编，王星贤点校：《朱子语类》（第一册），第 249 页。

《孟子》，以观其发越；次读《中庸》，以求古人之微妙处。《大学》一篇有等级次第，总作一处，易晓，宜先看。《论语》却实，但言语散见，初看亦难。《孟子》有感激兴发人心处。《中庸》亦难读，看三书后，方宜读之。

先看《大学》，次《语》、《孟》，次《中庸》。果然下功夫，句句字字，涵泳切己，看得透彻，一生受用不尽。①

这一秩序安排，体现了朱子对四书内容的深刻理解，它是依据四书之义理系统来定的，有着非常严密的逻辑性，不论是从入门之阶的循序渐进，还是由思想学说的内在关联，都有极大的合理性，尤其是观照到了文本之间的整合性与系统的自洽性问题，是从一种统一性上来着眼的。

自从朱子作《四书章句集注》之后，四书成了一个整体，也成了在五经系统之外的另一个儒家经典群组，并且慢慢地形成了一门四书学，这是经学发展进入到一个新阶段的重要标志。到了南宋理宗淳祐元年（1241 年），诏曰："朕惟孔子之道，自孟轲后不得其传，至我朝周敦颐、张载、程颢、程颐，真见实践，深探圣域，千载绝学，始有指归。中兴以来，又得朱熹精思明辨，表里混融，使《大学》、《论》、《孟》、《中庸》之书，本末洞彻，孔子之道，益以大明于世。"② 至此，四书系统的经典地位大体已定，四书变得和五经同等之重要。所谓"自有四书，而后道学之门户正；自朱子四书立于学官，而后道学之壁垒坚"。③

三、"四书"的意义

朱子穷 40 年心力为四书作注，先有《论语精义》《孟子精义》和《中庸辑略》等对先儒之相关论述的蒐集，后著《四书或问》39 卷，最后方竣工《四书章句集注》这部集大成的伟构。另外，在《朱子语类》中，有 50 余卷是涉及四

---

① 黎靖德编，王星贤点校：《朱子语类》（第一册），第 249 页。

② 脱脱等撰：《宋史》（第三册），北京：中华书局 1985 年，第 821 页。

③ 马宗霍著：《中国经学史》，郑州：河南人民出版社 2016 年，第 114 页。

书内容的，可见诠解四书在其一生学术活动中所占有的分量。朱子花费了大量心血注解四书，建构四书学系统，《语类》有云：

> 前辈解说，恐后学难晓，故《集注》尽撮其要，已说尽了，不须更去注脚外又添一段说话。只把这个熟看，自然晓得，莫枉费心去外面思量。①

> 语吴仁父曰：“某《语孟集注》，添一字不得，减一字不得，公子细看。”又曰：“不多一个字，不少一个字。”
>
> 《论语集注》如称上称来无异，不高些，不低些。自是学者不肯用工看。如看得透，存养熟，可谓甚生气质。
>
> “某于《论》、《孟》，四十余年理会，中间逐字称等，不教偏些子。学者将注处，宜子细看。”又曰：“解说圣贤之言，要义理相接去，如水相接去，则水流不碍。”后又云：“《中庸解》每番看过，不甚有疑。《大学》则一面看，一面疑，未甚惬意，所以改削不已。”②

透过这些自信而剀切的话，我们不难体味到朱子一生心血之所寄，他的理论关切和思想中心是在四书，学问的关键与自得之处也是在四书。尽管于五经系统，朱子也曾着力过，下了一辈子功夫，先后著《周易本义》《诗集传》《仪礼经传通解》等，并由弟子蔡沈完成了《书集传》；但他的思想创造性并不表现在这些经学著作上，这之中有很多是修补性的，或是接着前人的话题在讲，缺乏整体的解释与创新。而其创作《四书章句集注》就不一样了，它是一个完整的系统，和汉唐经学的余音袅袅性质不同，四书之建构，是对儒学整体性的理解和创造性的诠释，明显地是另起炉灶，在经典体系上欲取五经而代之，成为另一个具有内在逻辑和思想典范意义的理论体系。所以，“四书”的成立于宋儒而言是一番全新的事业，从朱子之后的四书学，就不仅标志着儒家经学的新格局，而且

① 黎靖德编，王星贤点校：《朱子语类》（第二册），第438页。

② 黎靖德编，王星贤点校：《朱子语类》（第二册），第437页。

代表了儒学发展的新阶段。

就经典系统来讲，四书为传、记，是对六经的进一步理解与解释，它本身就容纳与涵化了六经的思想，并且在问题的深度和时代的切近点方面更有过之。在诠释经验和技术的累积上，宋儒的方法也更有进者，表现得更为深刻，所谓“虚心涵泳，切己体察”。同样面对文本，其理解的尺度和解释的方式突破了原有之浅表的规范与束缚，而进入到了思想义理的内层。这就像利科（Paul Ricoeur）所说的：“诠释概念和真理概念一样，都具有丰富的内涵；诠释概念恰恰代表了历史求真问题中的一个重要维度。就此而言，诠释存在于历史编纂活动的各个层面上，比如，在文献层面上，进行材料选择的过程之中；在解释—理解的层面上，诠释存在于在几种相互竞争的解释模式中进行选择的过程中，而在更为思辨的意义上来说，尺度变化的过程中也存在诠释。”① 宋儒在建构四书系统时，首先要处理四书和五经的关系，将四书的重要性建立在消化与融合五经义理的基础之上，而不是简单地摈弃之或替代之。朱子指出：“河南程夫子之教人，必先使之用力乎《大学》、《论语》、《中庸》、《孟子》之书，然后及乎六经。”② 又谓：“《诗》、《书》是隔一重两重说，《易》、《春秋》是隔三重四重说……。今欲直得圣人本意不差，未须理会经，先须于《论语》、《孟子》中专意看他，切不可忙，虚心观之，不须先自立见识，徐徐以俟之。”③ 明初刘三吾（1313—1400）说：“六经载道之书也，四书明理之书也。《易》以道阴阳，《书》以道政事，《诗》以咏性情，《春秋》以正名分，《礼》以谨节文，《乐》以宣功德，道无乎不在也。《大学》其入道之户庭乎，《中庸》其造道之阃奥乎，《论语》无非教人操存涵养之要，《孟子》无非教人体验扩充之功。故求道必自六经始，求六经必自四书始。”④ 以“载道”和“明理”来区分二者，六经明大道，而四书入其理，要想明白道，就必须懂得理，将四书置于五经之上，或放在五

---

① 保罗·利科著，李彦岑，陈颖译：《记忆，历史，遗忘》，上海：华东师范大学出版社 2018 年，第 315 页。

② 朱熹：《朱熹集》，成都：四川教育出版社 1996 年，第 4255 页。

③ 黎靖德编，王星贤点校：《朱子语类》（第七册），第 2614 页。

④ 刘三吾：《坦斋文集》卷一，四库全书存目丛书本。

经之先，便为经典诠释的必要性和合理性打开了更大的空间。这也就是朱子所说的“《语》、《孟》工夫少，得效多；六经工夫多，得效少”。① 这里所谓的“多少”，并不只是方法的简易与繁复，而是涉及了诠释的有效性问题。

先四书而后六经，是以学习和体会四书的内容作为主体，所谓“今学者不如且看《大学》、《语》、《孟》、《中庸》四书，且就见成道理精心细求，自应有得。待读此四书精透，然后去读他经，却易为力”。② 也就是以四书的义理来理解和解释六经，四书为本，六经为末，这个道理就像蒙文通（1894—1968）所说的：

> 六经为古文献，而汉人所言者为理想之新制度，乃旧文献与此新制度无抵触者，此非六经成于新儒家之手乎！正以新理想新制度之产生而六经始必有待于删定也。是则晚周之诸子入汉一变而为经学，经学固百家言之结论，六经其根底，而发展之精深卓绝乃在传记，经其表而传记为之里也。③

在西汉时期，传、记的内容适应了新时代的要求，是诸子百家思想的汇聚和精选，所以汉代的新制度要靠诠释性的传、记来解释；同样，在佛教的冲击之下，儒学要想获得新的发展，就必须要阐发四书里面所蕴含的深刻道理，以重新构筑起融会了三教义理的大系统。这个新的系统，虽说是以四书作为根底的，但又经过了创造性的诠释和思想义理的发挥，构成了一套新的学说，这便是理学（或曰道学）的形态。

理学以四书为掘发之重点，不同于汉唐经学的五经系统，在诠释方法上也不走训诂注疏的老路，而是重在思想义理的发挥。宋儒于四书内容重在切己体察，不拘泥于文字，而重在生命体验，强调进入、浸润和设身处地的境遇感。朱子谓：“人有言，理会得《论语》，便是孔子；理会得《七篇》，便是孟子。子

---

① 黎靖德编，王星贤点校：《朱子语类》（第二册），第428页。

② 黎靖德编，王星贤点校：《朱子语类》（第七册），第2778页。

③ 蒙文通：《经史抉原》，成都：巴蜀书社1995年，第153页。

细看，亦是如此。盖《论语》中言语，真能穷究极其纤悉，无不透彻，如从孔子肚里穿过，孔子肝肺尽知了，岂不是孔子！《七篇》中言语，真能穷究透彻无一不尽，如从孟子肚里穿过，孟子肝肺尽知了，岂不是孟子！”① 又说：“《论语》之书，无非操存、涵养之要；《七篇》之书，莫非体验、扩充之端。盖孔子大概使人优游餍饫，涵泳讽味；孟子大概是要人探索力讨，反己自求。”② 这种生命体验是一个不间断的过程，是生命实存的感受，没有不可体验的知识，也没有脱离体验之知的学问，生命本身就是无穷的体知。孔子讲“为己之学”，孟子说“良知”“良能”，均是对德性生命涵养的提点，宋儒倡扬“变化气质”，也是在本体意义上来讲体验之知的。朱子谓：

> 世间只是这个道理，譬如昼日当空，一念之间合着这道理，则皎然明白，更无纤毫窒碍，故曰“天命之谓性”。不只是这处有，处处皆有。只是寻时先从自家身上寻起，所以说“性者，道之形体也”，此一句最好。盖是天下道理寻讨将去，那里不可体验？只是就自家身上体验，一性之内，便是道之全体。千人万人，一切万物，无不是这道理。不特自家有，它也有；不特甲有，乙也有。天下事都恁地。③

这种实践工夫，从学问上来讲就是“知”，从修身入手处便是“德”。“知智、仁、勇之极致，又知好学、力行、知耻为近之，则凡修身之事，其有不知者乎？故曰：“知斯三者，则知所以修身。体验于己，推行于人，非有二事。”④ 故朱子讲《大学》之“格物”，强调的是“格物须是从切己处理会去”。“须穷极事物之理到尽处，便有一个是、一个非，是底便行，非底便不行。凡自家身心上，皆须体验得一个是非”⑤。只有经过体证之后，才能将书本知识转化为生命的内涵

---

① 黎靖德编，王星贤点校：《朱子语类》（第二册），第 432 页。

② 黎靖德编，王星贤点校：《朱子语类》（第二册），第 444—445 页。

③ 黎靖德编，王星贤点校：《朱子语类》（第七册），第 2787—2788 页。

④ 卫湜：《礼记集说》，钦定四库全书本，卷一百三十。

⑤ 黎靖德编，王星贤点校：《朱子语类》（第一册），第 284 页。

部分，这也就接近或者达到了圣人与经书所描绘的那般境地。

四书体系的建构不只是文本的简单挪动和组合，而是结构的调整与改变，除了程序上的精心编排之外，在义理的内在逻辑上也是颇费了苦心。这包括作者之间的关系、思想脉络的承接、问题掘发的系统性和连续性等，甚至不惜在文本上做手脚，从文字方面进行重组或者删改。我们仅以《大学》为例，如朱子所言：“《大学》是修身治人底规模。如人起屋相似，须先打个地盘。地盘既成，则可举而行之矣。”[①] 从一开始，理学家们便围绕着《大学》这个“地盘”大做文章，二程既是表彰《大学》最有力者，也开了改定文本之先河（见《程氏经说》）。从二程之后，《大学》改本风气便持续不绝，从来没有止息过，围绕着如何分章、三纲八目的排列、错简重释、经传相分，特别是朱子章句与古本的差别等，展开了一轮又一轮的攻错和辩难，历经几百年，此起彼伏，蔚为大观[②]。为什么对《大学》文本的解释能够引起那么多的疑问和那么大的波澜呢？就是因为通过不同的释读可以表达出不同的思想观念和学术立场，这恰恰表现了经典意涵的无限性和诠释之间的时代差别。熊十力（1885—1968）谓《大学》“自程朱表彰，阳明复依据之，盖六经之纲要，儒家之宝典也。……汝曹不悟六经宗要，读《大学》可悟其宗要；不得六经体系，读《大学》可得其体系；不识六经面目，读《大学》可识其面目；不会六经精神，读《大学》可会其精神。三纲领八条目，汉唐诸儒皆莫能解，程朱始发其覆，至阳明而阐其理要”[③]。唐君毅（1909—1978）也指出：“以吾人今日之眼光观之，朱子之论格物穷理，阳明之言致良知，以及顾、黄、王以降之言修、齐、治、平之道，虽皆恒自谓不过发明古人之遗意，实亦诸贤之谦德使然。就中朱子与阳明二家之释《大学》之争，若各还归于二家之思想以观，皆自有千古，而各在儒学史上，树立一新义，亦未尝不与《大学》之思想，有相衔接之处。然若视之为《大学》一文文义之直接注释，则皆不免于枘凿。而其思想与《大学》相衔接之处，亦

① 黎靖德编，王星贤点校：《朱子语类》（第一册），第250页。

② 这方面的研究文献非常多，涉及的问题也是五花八门，（可参见李纪祥：《两宋以来大学改本之研究》台北：台湾学生书局1988年。）

③ 熊十力：《熊十力全集》（第三卷），武汉：湖北教育出版社2001年，第673—674页。

皆不在《大学》之明文，而惟在其隐义。此隐义之提出，亦实一思想之发展，而非必即《大学》本文或《大学》著者之心中之所有，实不当徒视为其注释。”① 所以宋明以还，一直到当今，历代的儒家人物对于四书的诠释，从名义上来看是在讲古人或者还原古人的意思，而实际上所有的注解者都是在发其“隐义”，通过旧瓶在不断地装着新酒，在解释活动中推动着儒学的新开展。

The "*Four Books*" System in Confucian Classics

JING Haifeng

(Academy of Chinese Studies, Shenzhen University,

Shenzhen, 518000, China)

Abstract: Confucian classics are collections of classics formed under the accumulation of history, including the "*Five Classics*" (or "*Six Classics*") system formed in the early period and the "*Four Books*" system added in the later period. The *Four Books* are obviously different from the *Five Classics*. The *Five Classics* are the mother text and the source of thought, while the *Four Books* originally belongs to the categories of *zhuan* and *ji*, which are the interpretation and development of the *Five Classics*. However, the explanatory power of the *Five Classics* has been fundamentally challenged with the introduction of Buddhist doctrine, and the *Four Books* as the biography and memorial text of the *Five Classics* have become ideological resources to cope with the challenge. Through the development of Neo-Confucianism in the Northern Song Dynasty and Zhu Xi's arrangement, the status of the *Four Books* has been fundamentally changed, and they have risen into classics. The Neo-Confucianism based on the *Four Books* is different from the Confucianism

① 唐君毅：《中国哲学原论》（导论篇），北京：中国社会科学出版社 2005 年，第 183 页。

of Han and Tang, which is based on the *Five Classics*. Its scholarship not only emphasizes life experience in terms of characteristics, but also became a creative interpretation of traditional Confucian classics, representing a new stage of Confucian.

Key words: *Four Books*; *Five Classics*; Neo-Confucianism; creative interpretation

比较哲学

康德的伦理学其实不烂*

——对《康德的伦理学其实很烂》一文的回应

程志华**

（河北大学　哲学与社会学学院，河北　保定　071002）

摘要：《康德的伦理学其实很烂》（以下简称《很烂》）一文，以《道德形而上学原理》为蓝本，对康德伦理学基本方法、系列观点和认知根源进行批判，最后得出“康德的伦理学很烂”的结论。笔者反复研读了《很烂》一文，但最终并未被其观点和论证说服，故而不认可韩文的结论。从根本上讲，《很烂》一文的理路是以“大众道德哲学”批判“道德形而上学”，结果是将康德伦理学赋予人性的崇高和尊严拉回到世俗和平庸。当然，不是说不能讲“大众道德哲学”，而是说《很烂》一文对康德伦理学的批判不成立，欲以“人本伦理学”替代康德伦理学的愿望还不能实现。需要说明的是，“烂”或“不烂”本不是学术用语，更不应该出现在论文标题中，但鉴于本文是对《很烂》一文的回应，故不得不对应地使用“不烂”一词。

关键词：康德伦理学；《道德形而上学原理》；《康德的伦理学其实很烂》；回应

---

* 国家社会科学基金重点项目“王船山哲学研究”（20FZXA004）阶段性成果。

** 程志华（1965—），哲学博士，博士生导师，《河北大学学报》（哲学社会科学版）主编，河北大学哲学与社会学学院院长，国家“万人计划”哲学社会科学领军人才，研究领域为中西比较哲学、儒家哲学。

韩东屏教授在《江苏海洋大学学报》2020 年第 5 期发表《康德的伦理学其实很烂——〈道德形而上学原理〉批判》（以下简称韩文），以康德《道德形而上学原理》（以下简称《原理》）为蓝本，分析了其三个方面的错误：其一，“研究方法方面的错误”，指作为基本研究方法的形而上学不能成立，具体方法亦有错误。其二，“理论观点方面的错误”，指其系列观点几乎都是错误的，甚至没有实现“找到‘道德最高原则’的初衷”。其三，康德伦理学之所以“满是弊病”，主要原因在于“认知上存在四个根源性迷误”。基于三个方面的分析，作者得出结论——“康德的伦理学在学界广受推崇，但其实很烂”，以康德伦理学为对象的“不加批判和改造”的诠释也没有任何意义。笔者反复研读了韩文，并未被其观点和论证说服，反而发现韩文对康德伦理学方法、观点的分析存在诸多错漏，所谓“康德的伦理学其实很烂”的结论不成立。笔者的意思是，康德的伦理学不是不能批判，因为任何一种理论终将要走入历史，被崭新的理论所取代，但韩文没有能够颠覆康德的伦理学，故而欲以“人本伦理学”取代康德伦理学的愿望还不能实现。

为了说明笔者的上述观点，下面依着韩文的结构和顺序展开讨论。

一、关于方法性错误

韩文这一部分的核心观点是，康德作为伦理学方法的“单纯形式化的形而上学”是不存在的，他本人的研究亦未依此形而上学而开展。理由是：其一，康德认为，“逻辑学就是没有质料、特定对象和任何经验的理性知识”，“形而上学”作为“逻辑学的对象性应用”，以“自然”为对象者为“自然形而上学”，以“道德”为对象者为“道德形而上学”。显然，康德所谓的“道德形而上学”以“道德”为“特定对象”，为“有质料”。既然如此，就不可谓“道德形而上学”为“单纯形式化的形而上学”。其二，就“康德的实际做法”看，“康德研究道德和建构道德哲学的方法，同样是要从经验开始，并依赖经验才能过渡到道德形而上学的方法”。其依据是康德如下一段话：“它分析地从普通认识过渡到这种认识的最高原则的规定；再反过来综合地从这种原则的验证、从它的源泉回到它在那里得到应用的普通认识。”① 这段话的意思是，“先天的，不沾带一毫经验”的道德原则，“只能在纯粹理性中找到，而半点也不能在其他地方找到”。然而，实际上康德又主张“从属于经验的普通知识开始”，这不是矛盾吗！

吾人对上述理由逐条辨析如下：

其一，这样一种推导类似一个三段论，似乎很思辨、很严谨，其实中间“偷换”了概念：康德讲的是，逻辑学以“道德”作为对象乃“道德形而上学”；韩文讲的却是，形而上学以“道德”作为对象乃“道德形而上学”。康德的原文是：“人们可以把全部以经验为依据的哲学称为经验哲学，而把完全从先天原则来制订自己学说的哲学称为纯粹哲学。单纯是形式的纯粹哲学，称为逻辑学；当它限制在知性的一定对象上的时候，就称为形而上学。”② 很显然，康德的原意是指，“道德”作为“逻辑学”而不是“形而上学”的“特定对象”和“质料”，从而产生了“道德形而上学”。而且，逻辑学以“道德”为对象并不意味对作为“单纯形式化的形而上学”的“道德形而上学”的否定，因为“道德形而上学”与“单纯形式化的形而上学”并不存在逻辑矛盾。质言之，康德所谓“一个纯粹的，完全清除了一切经验、一切属于人学的东西的道德哲学”③ 是可能的。

其二，实际上，韩文误读了康德这段话。就康德的原文讲，上半句所谓由“普遍认识”到“最高原则”的“过渡”乃是基于对纯粹理性的“分析”而得出，并非基于对道德经验的“概括”“归纳”而得出。下半句的意思是，“最高的道德原则”“规定”出来以后，必须要从“源泉”“应用”到“普通认识”，即从“理性”到“经验”以“验证”和“应用”。在此，所谓“验证”只是“检验”“证真”之义，而没有“概括”“归纳”之义。质言之，“最高原则”所依赖的是理性，而绝非经验；理性是“最高原则”的来源，经验是“最高原则”的

① 康德著，苗力田译：《道德形而上学原理》，上海：上海人民出版社 1986 年（下同），第 41 页。

② 康德著，苗力田译：《道德形而上学原理》，第 36 页。

③ 康德著，苗力田译：《道德形而上学原理》，第 37 页。

应用。然而，韩文误读了康德“过渡”和“源泉”的含义，故而认为康德关于“道德形而上学”所论存在矛盾；实际上康德所论与“做法”是前后一致而不存在矛盾的。

既然如此，一个方面，韩文所说“那种所谓可以不依赖任何经验的形而上学研究方法并不存在，康德的《原理》同样是含有经验成分的非单纯形式的道德哲学”，便是未能证真的。另一个方面，“在方法上，它与之前的其他伦理学理论，并无任何实质性不同，顶多是给自己理论加上了几个唬人的华而不实的修饰词而已”，韩文如此这般的批评也就失去了依据。

依韩文的说法，上面的内容为对“道德形而上学”不成立的分析，接下来，他还从两个方面对“道德形而上学”进行了批判。

其一，“即便算它存在”，“也完全没有必要性”。关于此，韩文引用了康德的一段话。康德这段话的大意是：尽管有些“道德规则”可以产生合乎道德的行为，但如果这些规则不是出于“道德本身”的理由，实际上很难保证必然导致合乎道德的行为。因此，要实现必然导致合乎道德行为的目标，必须要“找到正确评价”道德的“最高标准”，作为道德哲学的出发点，而“最高标准”不可能从“既有道德”和“道德实践”中寻找或提炼①。很显然，这段话的用意是要说明“道德形而上学”的必要性。不过，韩文认为康德的说法存在问题，理由是：康德“还没有找到”“形而上学”这个“出发点”时，“道德实际上已经存在”，“最高标准和道德规律”应该从“既有道德和道德实践”中寻找或提炼，而不是去建构“道德的形而上学”，故而根本“谈不上”“必须是个出发点”，即，“道德形而上学”是没有必要的。

依吾人理解，韩文的说法存在逻辑矛盾——既然“道德”早出于“最高标准和道德规律”，那么“最高标准和道德规律”就应该从“已经存在”的“道德”去寻找或提炼——从上半句“既然”的内容并不能够必然地推出下半句“那么”的内容。可见，韩文错误地使用了“既然……那么……”这样一个表示因果关系的复句。然而，康德的本义却恰恰合乎逻辑——既然“道德”“实际上

① 参见康德著，苗力田译：《道德形而上学原理》，第 38 页。

已经存在”，而已有的“道德规则”无法解决必然导致合乎道德行为的问题，故而需要另寻出路，而这个出路便是“道德形而上学”的必要性。

其二，“道德形而上学”作为一种方法是“不可行”的，理由是：康德讲过，作为“定言命令”的“道德最高原则”即“自律性原则”不能通过“例证”“经验”来证明：“必须时时注意，不要通过例证，即通过经验，来证明在什么地方有这样一种命令式。”① 然而，至少有两个方面可以证明康德违背了自己的观点：第一个方面，康德采用了诸多“例证式”的论证，即由“例证”“经验”概括、归纳出“道德最高原则”。第二个方面，康德使用“我们知道”“众所周知”来表述相关内容，这种表述与“形而上学纯形式思维”的主张发生了矛盾——这些相关内容若是经由“形而上学纯形式思维”得知，便说明“道德形而上学”“早在人们心中”，“根本无须康德建构”；它们若不是经由“形而上学纯形式思维”得知，那么便只能是“凭自己的经验知道”的。

吾人认为，康德那句话的意思是，“道德最高原则”不由对“经验”概括、归纳得出，而只能由“纯形式思维”得出。然而，这并不意味“道德最高原则”不能与“例证”“经验”有任何瓜葛。康德明确地讲，“例证”“经验”虽不可“推出”这些原则，但它们可以作为这些原则的“例证”，而且还是这些原则的应用对象。即，“例证”“经验”虽不是“道德最高原则”的“来源”，但却可以是“道德最高原则”之存在和效果的“证明”。既然如此，韩文第一个方面的反证是不成立的。另外，在康德，“我们知道”“众所周知”等说法，并非指基于“经验”的观察或归纳，而是指基于纯粹理性分析所得出的“普遍性”。对此，韩文认为，如果这种“普遍性”基于纯粹理性分析而得出，那么便意味着“道德形而上学”的原则“早在人们心中”，“根本无须康德建构”。很显然，这是基于传统诠释学理论的说法——研究对象的“意义”是客观存在的，诠释的意义只在于“消除”对对象的误解。然而，依后起的哲学诠释学理论，研究对象的“意义”并非客观存在的，诠释是主体、客体互相作用的结果，甚至可以说诠释是“主体的诠释”。也就是说，“意义”不是“客观地”“摆在那里”，只须人去

---

① 康德著，苗力田译：《道德形而上学原理》，第 70 页。

“发现”而已；“意义”是人“建构”起来的。就此来讲，根本不存在所谓“道德形而上学”原则“早在人们心中”之说，亦不能说“根本无须康德建构”。而且，非常可怕的是，若依韩文的逻辑推论，不仅康德的道德形而上学研究，而且人类所有理论研究，其价值都可以一笔抹煞。

除了对作为“基本方法”的“道德形而上学”的批判之外，韩文还认为康德伦理学“存在一些具体方法的错误”，具体包括四个方面。

其一，缺少对“道德”的界定。康德要建构“道德形而上学”，且使用了大量与“道德”相关的概念，但唯独没有对“道德”下定义，“始终没有关于道德的本质性界定”，故不仅存在他所批评的“循环论证”之误，而且表明“康德还不知道德的本质”。

韩文这样一种批判似乎很有道理——在还没有定义“道德”时，就展开以“道德”为对象的研究，显然缺少一个逻辑环节。其实不然。吾人理解，“道德”就是存在于人们日常生活中的现象，而且前人已有广泛、深入的研究，要对这样一种现象进行研究没有必要先下定义。举个例子，是否所有数学著作都要先给“数学”下定义然后才能研究呢？否则是否就属于“循环论证”呢？对此，我们只能作否定的回答。更为重要的是，虽然康德没有给“道德”直接下定义，但他对“道德的本质性界定”有明确阐明，故说他“始终没有关于道德的本质性界定”并不正确。例如，他认为“道德”实乃人之为人的“唯一条件”。他说：“道德就是一个有理性东西能够作为自在目的而存在的唯一条件，因为只有通过道德，他才能成为目的王国的一个立法成员。”[①] 进而，康德还对道德本质进行了具体界说：“‘道德的第一个命题是：只有出于责任的行为才具有道德价值。’第二个命题是：一个出于责任的行为，其道德价值不取决于它所要实现的意图，而取决于它所被规定的准则。……第三个命题，作为以上两个命题的结论，我将这样表述：责任就是由于尊重（Achtung）规律而产生的行为必要性。”[②] 显而易见，这三个命题中“责任”“规律”“行为必要性”三个关键词就

① 康德著，苗力田译：《道德形而上学原理》，第 88 页。

② 康德著，苗力田译：《道德形而上学原理》，第 49—50 页。

是“道德的本质性界定”。既然有了“本质性界定”，那么不是自然而然就有了“道德”的定义吗？唯一不足的是，康德在此没有直接使用“×××是×××”的定义句式而已。

其二，“《原理》正文的开端有些莫名其妙”，即，“《原理》以探讨‘善良意志’为正文开端不合适”，具体理由有四点：第一，第一章的标题是“从普通的道德理性过渡到哲学的道德理性知识”，而康德却在没有“交代”任何“缘由”的情况下，在开头却先探讨了约10页的“善良意志”，显然已经偏离了标题内容。第二，“善良意志”为“此前没有人听说过的概念”，故不属于“普通的道德理性知识”。第三，“善良意志”既然为康德创造的概念，那么在它被创造之前，已然存在的“道德责任”是否体现“善良意志”呢？无论答案是否，康德的说法都存在困难——如果答案为“是”，那么“康德就不用再往下论述了”；如果答案为“否”，那么就意味着已然存在的“道德责任”不存在。第四，责任分为“道德责任”和“法律责任”，而康德却只将“全称”的“责任”概念归于“特称”的“道德责任”。

要判断韩文的观点是否恰当，应从具体理由开始分析。第一，《原理》第一章的自然顺序为：先探讨作为“哲学的道德理性知识”的“善良意志”，然后说明“普通的道德理性知识”需要“过渡”到“哲学的道德理性知识”。的确，关于“善良意志”的内容多了些，而且置于整章的开头部分，使得“善良意志”被凸显出来，而这恰恰是康德的“良苦用心”，故不可谓康德“正文开端”偏离了标题内容。第二，韩文的质疑已经表明其误读了康德，因为康德所谓“善良意志”不属于“普通的道德理性知识”，而属于“哲学的道德理性知识”。第三，“善良意志”在康德创造之前“道德责任”是否被体现的问题，与前述关于“道德形而上学”作为一种方法“不可行”的质疑，属同一思路。在韩文看来，在康德创造“善良意志”概念之前，“道德责任”是客观存在的，“人们显然也是知道责任并承担责任的”。实际上，这仍是传统诠释学的观点——“道德责任”是客观存在的，无论康德是否创造“善良意志”概念，并不影响它的“已然存在”。如前所述，后起的哲学诠释学已经否定了这种观点，而根据哲学诠释学，我们可以说，在康德提出“善良意志”问题之前，并不存在所谓的“道德责任”

的“客观存在”或“已然存在”的问题。质言之，“善良意志”因为康德的“建构”才成为“存在”，不是因为它“存在”才有康德的“建构”。第四，纵然可以说“全称责任”仅包括“道德责任”和“法律责任”，但因为康德此书名为《道德形而上学原理》，故只探讨“道德”而不涉及“法律”，在正文当中将“道德责任”省略为“责任”，无任何不妥。

其三，在论述“善良意志”时方法有误。理由如下：第一，“不先说明善是什么就大谈善良意志如何、如何”，即，若不先定义“善”，所谓“善良意志”及相关探讨都没有根基。第二，“能成为普遍性道德原则的行为准则就是善”，康德这样一种观点是犯了“由特殊推出一般”的错误——“按照逻辑常识，一般性的善恶概念不能从特殊性的善恶概念如善良意志中引申出来，因为特殊只是一般中的情况之一”。第三，康德对于“准则具有普遍性就可称为‘善良’”“没做任何解释”，而“普遍性”是“事实词”，“善良”却属于“价值词”，康德却说“普遍的就是善良的”，很明显犯了“‘是’等同于‘善’”的“自然主义谬误”。第四，如果说“普遍性的行为准则就是善良的”，“那就意味着”“非普遍性的行为准则必定是恶劣的”，而这个推论是不成立的，关于此可列举许多例证。第五，康德对“善良意志”的论述存在自相矛盾：一方面，“责任”是“善良意志”的体现；另一方面，“责任”是“善良意志”的条件。然而，“一个东西的体现”，“不可能同时又这是个东西的条件”。譬如，“黄色作为香蕉的体现，并不是导致香蕉出现的条件”。第六，康德认为，“善良意志”“为自然的健康理智本身所固有”，“故而不须教导”，“只要把它解释清楚就足够了”。① 韩文认为，这个观点“明显不对”，因为“凡是人本身固有的东西”，“不仅不须教导”，“并且不须解释”。例如，欲望、情感等为“人本身所固有”，但它们并非经过“解释”“才开始起作用”。因此，如果是需要“解释”的东西，那么只能证明它不为“人本身所固有”。实际上，“善良意志”“根本不是人的健康理智本身所固有的”，因为在康德对“善良意志”进行“解释”之前，并没有人“有过”或“用过”“善良意志”。

---

① 康德著，苗力田译：《道德形而上学原理》，第46页。

关于这样六点理由，吾人逐一辨析如下：第一，依康德的逻辑，所谓“善良意志”并非为“善”的下属概念，而是“意志”的下属概念。他给“意志”的定义是：“意志被认为是一种按照对一定规律的表象（Vorstellung）自身规定行为的能力，只有在有理性的东西中才能够找到这种能力。”① 也就是说，“善良意志”是由“意志自由”“推导”出来的，而不是相反。康德说：“如果设定了意志自由，通过对概念的分析，就可以从这一前提，把道德及其原则推导出来。”② 因此，是“意志”而非“善”方为“善良意志”的“根基”概念。正是因此，康德有“善良意志”与“被感性欲望作用的意志”之分，即“意志”有“善”与“不善”之分。他说：“除了被感性欲望作用的意志，另外还加上完全同一个意志的观念，其自身是纯粹的、实践的。”③ 第二，这个理由与第一点紧密相关，因为韩文误将“善良意志”归为“善”的下属概念，故而才有从“特殊的善”推导“普遍的善”的说法。实际上，在康德，“意志”是一般性概念，“善”则是特殊性概念；由一般性的“意志”概念推出特殊性的“善良意志”，是合于“逻辑常识”的。第三，就康德的原义讲，“具有普遍性的准则”是指“具有普遍性的道德准则”可称“善良”，而不是“道德”之外的任何“具有普遍性的准则”都是“善良”。因此，“准则”本身是“价值词”，纵使“普遍性”为“事实词”，但它为“规则”的从属概念，表达的是“价值词”的性质。由此来讲，不能将作为“事实词”的“普遍性”与作为“价值词”的“准则”并列来论。既然如此，便不能说康德犯了把“是”等同于“善”的“自然主义谬误”。第四，就康德的原文讲，若合乎逻辑地推导应是，普遍性的行为准则“必然”导致“善”，非普遍性的行为准则“不必然”导致“善”。很显然，韩文的“非普遍性的行为准则必定是恶劣的”在逻辑上不严密。既然如此，其所列举的数个例证便不具有反证意义了。第五，从字面来看，康德这样一种论述确实存在矛盾，但若就内涵讲，其实并不矛盾。康德的本意是指，“善良意志”只以“责任”为条件，不依赖任何其他条件；既然“责任”为“善良意志”的唯一条

---

① 康德著，苗力田译：《道德形而上学原理》，第 79 页。

② 康德著，苗力田译：《道德形而上学原理》，第 101 页。

③ 康德著，苗力田译：《道德形而上学原理》，第 109 页。

件，那么可以说两者实乃“二而一”；既然两者“二而一”，那么“责任”为“善良意志”的表现和条件便不存在矛盾了。然而，韩文以“黄色”与“香蕉”的关系来例证是不恰当的：“黄色”虽为“香蕉”的表现，但并不是“香蕉”的条件，更不是唯一的条件。第六，康德这段话的意思是，“善良意志”为人本身所固有，为人之内在秉赋，但对“内在的秉赋”人们未必能自觉，故而需要“解释”，以告诉人们“善良意志”为人所固有以及其内涵、原则和意义。所谓“不须教导”，是指“教导”往往是外在的，而外在的必然是“他律”，“他律”不能挺立人的尊严。为了挺立人的尊严，康德反对“善良意志”来自“教导”，而主张来自“人为自己立法”的“自律”。韩文的理路是“三段论”：凡是人本身固有的东西不需要“解释”，而康德认为“善良意志”需要“解释”，故“善良意志”不是人本身固有的。这样的理路看起来非常严谨，其实它的大前提存在错误——并非人本身固的东西不需要“解释”。拿韩文列举的“欲望”“情感”为例，虽然不是因为有了“解释”，它们“才开始起作用”，但不能说“解释”对它们发挥作用没有影响。其实，“解释”的作用恰恰是要对它们发挥作用。如果说否认“解释”的作用，那么会把奠基于“解释”之上的所有理论研究、文化建构完全否定，如前所述，这将是非常可怕的一种结论，因为它会把人类引向回归史前时代的道路。韩文还提出在康德“解释”“善良意志”之前没有人“有过”或“用过”“善良意志”，故而可以推论“善良意志”不是“人本身所固有的”的结论。这样一种推导没有任何理论说服力，因为它基于传统诠释学言说，以为“意义”是客观存在的，“诠释”的任务只是“消除误解”而已。实际上，哲学诠释学告诉我们，若没有“诠释”，怎么能知道之前没有人“有过”或“用过”“善良意志”呢？而且，韩文前后观点相互矛盾——“欲望”“情感”未经“解释”可以存在，“善良意志”未经“解释”就不可以存在，这不是自相矛盾吗？总之，韩文并未能颠覆康德“善良意志”为人身所固有的观点。

其四，康德以“意志自由”和“有理性的东西”为两大前提性设定，而这两大设定为“凭个人假设为前提弄出的理论观点”，“一点可靠性都没有”。理由如下：第一，“公设”成立的条件有二：一是逻辑证明；二是普遍承认。康德的设定不满足任何一个条件，故两大设定及所有推论都是没有根基或是错误的，因此康德最终不得不承认“不明了道德命令的无条件的实践必然性”。第二，康德“用有理性的东西作为论证道德普遍性的手段也很荒诞”，他认为“道德规律不能以人性为基础”，因为“人性”不能代表所有“有理性的东西”，故奠基于其上的道德规律不具有普遍性。康德说：“那些经验原则，不论在哪里，都不适于作道德规律的基础。因为，如果道德规律立足于人性的特殊结构，或者立足于人之所处的偶然环境，它们就不会有对一切有理性的东西都有效的普遍性，也不会有由此给予有理性的东西以实践必然性。”①

就上述两点理由，吾人辨析如下：第一，的确，两大设定均不能通过逻辑证明，但不能说它们不能在经验层面得到普遍承认。关于“意志自由”，康德将理性分为“理论理性”“实践理性”两种功能；依“理论理性”不能确立“意志自由”，即不能逻辑地来证明，但是依“实践理性”，无论是在理性层面，还是在经验层面，都是不可否认而只能肯认的。即，依“实践理性”，“意志自由”是“意志”的终极问题，不能再去追问为什么。而且，就经验层面看，有哪个人的“意志”不是自由的吗？关于“有理性的东西”，人作为“有理性的东西”是完全可以“在经验层面能得到普遍支持”的。正因为如此，古希腊哲学家亚里士多德将人定义为“有理性的动物”。而且，康德的这样两个设定，非常类似于孟子讲的人禽之别。孟子曰：“人之所以异于禽兽者几希，庶民去之，君子存之。舜明于庶物，察于人伦。由仁义行，非行仁义也。”② 孟子的意思是，凡是人就必然有“仁义”，否则便不是人。同样，康德的设定是，凡是人就必然有“意志自由”，就必然有“理性”，否则便不是人。正是在此意义下，康德才说：“我们确实并不明了道德命令的无条件的实践必然性。”③ 而且，韩文引用康德原文标注的页码并不准确，这段引文在《原理》的第120—121页，而不只是在第120页。总之，康德关于“意志自由”和“有理性的东西”这两个设定，“任何人都会认同”，“在哪里都有普遍经验的支持”。第二，仔细阅读康德的原文，他

---

① 康德著，苗力田译：《道德形而上学原理》，第95—96页。

② 赵岐注，孙奭疏，廖名春等整理，钱逊审定：《孟子注疏》，北京：北京大学出版社1999年(下同)，第223页。

③ 康德著，苗力田译：《道德形而上学原理》，第120—121页。

这段话的意思不是道德规律不能以“人性”为基础，而是不能“立足于人性的特殊结构”，而“人性的特殊结构”指道德的“经验原则”所依据的人的“感性”。质言之，道德规律只能以纯粹的人的“理性”为基础。可见，韩文误读了康德的原意，故而认为康德不是基于“人”而是基于外延更广的“有理性的东西”讲道德普遍性。既然如此，韩文的质疑便不攻自破了。

其五，康德“对概念的表述和使用相当混乱，且经常自相矛盾”。韩文列举了七个“证据”。

证据之一是，在康德那里，“有理性的东西”不仅指人，还包括某些非人的其他东西，可他又说：“有理性的东西，叫做人身。”① 很显然，这两种说法的外延不一致。

吾人认为，从字面即可以看出，“有理性的东西”不仅包括人，还包括人之外的对象，这在康德那里是有明确意识的。因此，他有诸多相关说法。例如：“‘你不应该撒谎’这条诫律（Gebot）并不只是对人类有效，而其他有理性的东西可以对此漠不关心，其余的真正道德规律也莫不如此。”② “自由必须被设定为一切有理性东西的意志所固有的性质。”③ 同时，他也确实有韩文所引的那样一样似乎不同的说法。但是，仔细阅读原文，康德讲韩文所引这句话的语境是：那些“只以自然的意志为依据的东西”，如果它们是“无理性的东西”，叫做“物件”；那些“以自身为目的”的东西，如果他们是“有理性的东西”，叫做“人身”。原文是：“那些其实存不以我们的意志为依据，而以自然的意志为依据的东西，如若它们是无理性的东西，就叫做物件（Sachen）。与此相反，有理性的东西，叫做人身（Personen），因为，他们的本性表明自身自在地就是目的，是种不可被当作手段使用的东西，从而限制了一切任性，并且是一个受尊重的对象。”④ 显而易见，韩文将其中“有理性的东西，叫做人身”半句话抽出来作别解，为离开语境的断章取义之举，故而导致对康德原意的误读甚至曲解。就

---

① 康德著，苗力田译：《道德形而上学原理》，第 80 页。

② 康德著，苗力田译：《道德形而上学原理》，第 37 页。

③ 康德著，苗力田译：《道德形而上学原理》，第 102 页。

④ 康德著，苗力田译：《道德形而上学原理》，第 80 页。

康德对“有理性东西”概念的使用看，他的目的在于对“普遍性”的强调，意即——凡是与人一样具有理性的东西，均会如何如何——而不是指他真的发现了“某此非人的其他东西”。如果依康德“一切有理性的东西”推论除了人之外还有其他有理性的东西，只是具有逻辑意义，而没有任何实际意义。因此，韩文以“有理性的东西”与“人身”外延不一致来批评康德实无必要。

证据之二是，康德一边把用于谋求幸福的手段称为“机智命令”，一边又说还有“使自己有德行的机智”①，可是他的有德和有福又是互不包含的东西。

韩文此处引文标注页码为第 96 页不完整，因为康德《原理》讨论相关内容在第 69—96 页，而不仅仅在第 96 页。而且，引文将“德行”错引为“德性”，而无论是康德还是韩东屏教授，均认为两个概念含义是不同的——前者为“道德行为”的简称，后者为“道德性质”的简称。另外，韩文此段话的意思语焉不详，没有点出“混乱”或“自相矛盾”所在。依吾人理解，其意可能是指，“机智”均属人，康德将其区分为两种不恰当或存在矛盾。实际上，在康德，“机智”分为两种：一为谋求幸福的“机智”，二为谋求德行的“机智”；两者之区分不是指人有两种“机智”，而是指“机智”有两种功能。犹如他将理性区分为“理论理性”与“实践理性”一样，其本义是指“理性”有两种功能，而不是指人有两种理性。因此，依两种“机智”而设计的“有德”和“有福”之关系便亦明了了——它们虽有别，但终究应是一致的。显而易见，若这样来理解，便不会有康德使用“机智”概念“混乱”或“自相矛盾”的质疑了，也不会因此而质疑其与论述“有德”与“有福”的“混乱”或“自相矛盾”了。

证据之三是，康德讲，“约束性根据”不能从“人类本性”中寻找，而应从“纯粹理性”中寻找，在他处又说“理性也是人的本性”，两处的说法存在矛盾。康德的这两处说法的原文是：“约束性的根据既不能在人类本性中寻找，也不能在他所处的世界环境中寻找，而是完全要先天地在纯粹理性的概念中去寻找。”②“人性，一般说来，作为每人行为最高界限的理性本性是自在目的这一原则，不

① 康德著，苗力田译：《道德形而上学原理》，第 69—96 页。

② 康德著，苗力田译：《道德形而上学原理》，第 37 页。

是从经验取得的。”[①]

其实，对这两段引文的语境稍加分析便可知道，前句话中的“人类本性”指“感性”，因为在这句话之后他又讲：“全部实践知识、道德规律及其原则和其余带有经验成分的知识有着本质区别，道德哲学是完全以其纯粹部分为依据的。在应用于人的时候，它一点也不须借用关于人的知识（人学），而是把他当作有理性的东西，先天地赋予以规律。”[②] 在此，“人学”指基于经验的伦理学即“大众道德哲学”或“实践人学”。在上述引文之前，康德说：“伦理学也是这样，不过经验部分特别称为实践人学，把理性部分本身称之为道德学。”[③] 既然如此，康德在两句话中均主张“约束性根据”应从“理性”中寻找，故无韩文所谓存在矛盾之说。

证据之四是，康德“十分确定”地讲了“幸福”的定义：“需要和爱好的全部满足，则被总括地称之为幸福。”[④] 同时，他又说“幸福是个很不确定的概念”，人们常常不能确定“他所想望的到底是什么”。[⑤] 可见，康德关于“幸福”前后的说法存在矛盾。既然“幸福”就是“需要和爱好的全部满足”，那么，人的“每一次、每一种的需要和爱好的满足”，“就一定都是对幸福的某种程度的实现”，这是非常“确定”的事情，“这里又有什么不能确定的”呢？

查看康德的原文，他关于韩文所引“幸福”定义之完整的表述是：“人们在需要和爱好身上感到了一种和责任诫条完全相反对的强烈要求，这种诫条是理性向他们提出并要求高度尊重，而需要和爱好的全部满足，则被总括地称之为幸福。”[⑥] 很显然，“幸福”的这个定义是基于经验而有的，而不是基于理性的“责任诫条”而有的，而且它是与“责任诫条”“完全相反对”的。进而，正是因为它基于经验而有，故“幸福是个很不确定的概念”，因为经验性的归纳永远

① 康德著，苗力田译：《道德形而上学原理》，第 83 页。

② 康德著，苗力田译：《道德形而上学原理》，第 37—38 页。

③ 康德著，苗力田译：《道德形而上学原理》，第 36 页。

④ 康德著，苗力田译：《道德形而上学原理》，第 55 页。

⑤ 康德著，苗力田译：《道德形而上学原理》，第 69 页。

⑥ 康德著，苗力田译：《道德形而上学原理》，第 55 页。

无法达到“全部满足”所包含的“绝对全体”和“最高程度”的要求。他说：“这种情况发生的原因在于：幸福概念所包含的因素全部都是经验的，它们必须从经验借来。同时，只有我们现在和将来幸福状况的绝对全体和最高程度才能构成幸福概念。所以，就是一个洞察一切、无所不能然而有限的东西，也不能从自己的当下愿望里造出一个确定的概念来。”① 他还说：“幸福并不是个理性概念，而是想象的产物。只以经验为依据，人们是不能期待经验的根据会规定一个行为，因为这需要一个实际上是无限的因果系列的全体。”② 可见，康德的意思是，通常人们认为“幸福”概念“十分确定”，但实际上“幸福”是个“很不确定”的概念。康德否定“幸福”概念“十分确定”，而韩文却误读了康德的原文和本意。

另，关于韩文提到的人的“每一次、每一种的需要和爱好的满足”，“就一定都是对幸福的某种程度的实现”，这是非常“确定”的事情，这样一种说法不仅误读了康德的原意，而且与自己关于“归纳”的说法存在矛盾。如，韩文在批评康德关于“责任议题”的“观点性错误”时说：“因为一个有效的普遍性命题，只能是来自于对所有与之相关的经验事实的完全归纳，而不可能仅来自于其中的几个经验事实。”依此来讲，“每一次”“每一种”无论如何也达不到“绝对全体”“最高程度”。至于韩文说的“每一次”“每一种”自身的“确定”，不仅被康德所否定，而且亦为人们的普遍经验所否定。康德举例说：“他想要财富吗？这将给他带来多少烦恼、忌妒和危险哪！他想要博学和深思吗？这可能只是使眼光更加锐利起来，以致那些直到如今还没看见但却无法避免的恶邪，引起更大的恐惧，并且把更多的要求加到本已使他备受折磨的欲望之上。他想长寿吗？谁能向他保证，这不会变成长期的痛苦呢。也许健康总是无害的罢？然而虚弱的身体却可以避免一个完全健康的人所易于陷入的放纵，这样的例子还可以举出很多。简而言之，他不可能找到一个使他真正幸福的、万无一失的原则。因为，只有无所不知才能做到这一点。”③ 关于这样一种情况，王国维也认

① 康德著，苗力田译：《道德形而上学原理》，第 69 页。

② 康德著，苗力田译：《道德形而上学原理》，第 70 页。

③ 康德著，苗力田译：《道德形而上学原理》，第 69 页。

为，生活的本质是“欲望”，“欲望”的本质是不满足，不满足会导致痛苦；即使一时之“欲望”得到了满足，它亦会产生“厌倦”的痛苦。因此，生活、欲望和痛苦三者是“三而一”的关系。他说：“生活之本质何？‘欲’而已矣。欲之为性无厌，而其原生于不足。不足之状态，苦痛是也。……一欲既终，他欲随之。故究竟之慰藉，终不可得也。即使吾人之欲悉偿，而更无所欲之对象，倦厌之情即起而乘之。……故欲与生活、与苦痛，三者一而矣。”① 之所以会出现康德和王国维所分析的情况，原因在于基于经验而有的“幸福”是“不确定”的概念。总之，韩文所谓“每一次”“每一种”实际上并非是“确定”的“幸福”，故而也就无所谓对“幸福”的“某种程度的实现”之说了。

证据之五是，康德将“意志”分为“善良意志”与“被欲望作用的意志”，而在行文时“总是”将“意志”等同“善良意志”。韩文还引用了康德的一句话为例证：“意志被认为是一种按照对一定规律的表象自身规定行为的能力。”②

韩文的这个批评似乎“证据性”不强，原因如下：第一，韩文所引用的例证不符合将“意志”等同“善良意志”，因为康德这句话为给“意志”下的定义，而非仅指“善良意志”，它亦包括“被欲望作用的意志”，尽管这两种“意志”不是位于相同层面的并列关系，而是位于不同层面的排斥关系。因此，这句话还有下半句：“只有在有理性的东西中才能找到这种能力。”③ 第二，退一步讲，“善良意志”属于“意志”之一种，从行文或表述上讲，在特定语境下，在确保上下文不发生误解的前提下，将“善良意志”省略为“意志”不会被认为“混乱”。第三，在《原理》当中，康德使用“意志”及相关概念近300次，多数情况下是区分“意志”“善良意志”“被欲望作用的意志”的，故说其“总是”将“意志”等同“善良意志”没有根据。

证据之六是，康德基于现象与物自身的区分，创造了若干个相关概念，诸如“感性世界”“知性世界”“感觉世界”“理智世界”“意会世界”，但并未对应地使用这些概念，对其关系把握混乱不清。而且，康德虽提出“意会世界”概

---

① 姚淦铭、王燕编：《王国维文集》（第一卷），北京：中国文史出版社1997年，第2页。

② 康德著，苗力田译：《道德形而上学原理》，第79页。

③ 康德著，苗力田译：《道德形而上学原理》，第79页。

念，但“不给任何解释”。康德使用这些概念，不仅“奇怪”，而且“离谱”。

的确，康德基于现象与物自身的区分创造了上述概念，但这些概念的内涵及关系是非常明确的，不存在混乱不清的情况。依康德的原文，其一，他先界定了“感觉世界”与“理智世界”；前者是就“感受性”讲，后者是就“能动性”讲。他说：“就自身仅是知觉，就感觉的感受性而言，人属于感觉世界；就不经过感觉直接达到意识，就他的纯粹能动性而言，人属于理智世界。”① 其二，然后，他将这两个世界分别名为“感性世界”与“知性世界”；前者是从“受约束”角度讲，后者是从“自由”角度讲。他说：“在我们把自己想成自由的时候，就是把自身置于知性世界中……在我们把自己想成是受约束的时候，就把自身置于感性世界中。”② 其三，康德还使用了“理智世界”“意会世界”这对概念；前者是就其“能动性”的角度讲，后者是就其“不可知”的角度讲。即，虽然“理智世界”由人的能动性建立，但它终究属于“物自身界”；人虽有“充足理由”确定它的存在，但由于理性限制而不可“知悉”这个世界，故“理智世界”实为一种“意会世界”。康德说：“我可以陶醉在尚为我保留的意会世界，或理智的世界里；不过，虽然我对这个世界有一个理由充足的观念，但没有一点点知识，而不管我如何竭尽自己的理性自然能力，永远也不能得到这种知识。”③ 实际上，从康德的原文看，“理智世界”与“意会世界”为同一个西文单词，是译者苗力田先生根据康德原意将其“意译”为两个单词。这不能不说是苗力田先生的高明之处，令人深深佩服。而且，虽然康德因为“意会世界”不可知而不能给“意会世界”下定义，但在提出“意会世界”概念后，接下来两段及“一切实践哲学的最后界限”整节共10页内容都是对“意会世界”的解释。因此，说康德对“意会世界”“不给任何解释”是没有根据的。④ 总之，从康德原文来看，即使康德没有对应地使用它们，也不会使我们产生“奇怪”“离谱”的认识。

---

① 康德著，苗力田译：《道德形而上学原理》，第106页。

② 康德著，苗力田译：《道德形而上学原理》，第108页。

③ 康德著，苗力田译：《道德形而上学原理》，第118页。

④ 康德著，苗力田译：《道德形而上学原理》，第109—119页。

证据之七是，康德一方面说“关切是他律的”，“是对情感的依赖”，而情感属于要被理性摆脱的东西；另一方面却又肯定“道德感”和“对道德感到关切”；两种说法都为“关切”，故明显存在矛盾。可见，康德此说为“随心所欲地使用概念”，甚至表现出“只许州官放火，不许百姓点灯”的“学术霸道”。

韩文标引这一个“证据”引文的页码有误，不是118—119页，而是116—119页。就康德的相关论述看，首先，他区分了两种关切：一种是基于感性的经验的“间接关切”，一种是基于理性的纯粹的“直接关切”；前者是需要摆脱的，后者是需要保持的。康德在脚注中解释道：“只有通过关切或兴趣（Interesse）理性才成为实践的，成为规定意志的原因。……如若人们准则的普遍有效性是规定意志的充足理由，那么对行为的直接关切只能为理性所有。只有这样的关切才是纯粹的。如果理性只有通过另外的欲望对象，或者以主体特殊感觉为条件才能规定意志，那么它对行为只有间接关切。因为离开经验，理性自身既不能发现意志的对象，也不能发现背后的特殊感觉，所以间接关切只能是经验的，而不是纯粹理性的。”① 也就是说，两者虽然都为“关切”，但“直接关切”为“理性”之对自身的“关切”；但这种“关切”需要“间接关切”提供“意志对象”和“特殊感觉”；“间接关切”虽然亦有其作用，但它不能成为“规定意志的原因”。其次，康德认为，尽管有上述区分，也不能以“关切”作为“道德感”的原因，因为“关切是他律的”，“是对情感的依赖”，而“道德感”的真正原因是“实践理性”。质言之，应该由“实践理性”出发思考“道德感”的“关切”，而不能由“道德感”的“关切”出发思考“实践理性”。总之，康德这样一种论说，不仅是其行文顺序，而且是其内容逻辑；不仅行文顺序和内容逻辑非常严谨，而且与其“纯粹理性”的思考高度一致。因此，将康德视为“随心所欲地使用概念”，甚至以“只许州官放火，不许百姓点灯”的“学术霸道”相称，既缺乏文献依据，亦缺乏学术理据，甚至有失学术论文用语应有的文雅。

基于上述七个“证据”，韩文认为，康德著作“晦涩难懂”的原因并非“理论高深”，重要原因是“表述含混”“逻辑相悖”“概念混杂”“违背同一律”。不

---

① 康德著，苗力田译：《道德形而上学原理》，第116页。

过，吾人基于对七个“证据”的逐一辨析，未能得出与韩文一致的结论。

二、关于观点性错误

韩文这一部分的核心观点是，与方法方面的错误相比，康德“《原理》在理论观点方面的错误更多”。不过，因为“限于篇幅”，他只能“择其大者”，揭露9个“议题”的问题。

1. 规律议题。关于“规律”，康德在《原理》中有如下一段话：“自然哲学须给作为经验对象的自然界规定自己的规律；道德哲学则须给在自然影响下的人类意志规定自己的规律。”① 韩文认为，康德认为“自然规律”“自由规律”“都是人的规定”，“明显不对”，理由如下：其一，“自然规律”是客观存在的，具有“因果必然性”，不是由人“规定”的，人的作用只是“研究”“揭示”“描述”。例如，“物体受热膨胀”“在还没有人类之前”就已经存在了。其二，“自由规律”只有具有“必然性”才能称为规律，而作为“自由规律”的“普遍规律”“需选择”，那就“意味着”“并没有必然性”，故不可称为“规律”。例如，有暴力做后盾的法律规范都会有人违犯，何况没有暴力做后盾的道德原则？进而，“自由规律”由康德首先提出，故“至少在他之前”不具有“必然性”，亦“不可能是人们的实践规律，可见康德理论自身存在矛盾”。

吾人认为，上文所引康德原文是其“人为自然立法”和“人为道德立法”的对应表述。关于“立法”，康德说：“人类理性之立法（哲学），有二大目标，即自然与自由，因而不仅包含自然法则，且亦包含道德法则。”② 关于这两个“立法”，康德总的论证是：知识始于“经验”，但完成于“知识能力”；前者指“所受之于印象者”，为知识形成提供“质料”，后者指“知识能力”，为知识形成提供“形式”；两者共同作用才能形成知识。他说：“吾人之一切知识虽以经验始，但并不因之即以为一切知识皆自经验发生。盖即吾人之经验的知识，亦

① 康德著，苗力田译：《道德形而上学原理》，第35—36页。

② 康德著，蓝公武译：《纯粹理性批判》，北京：商务印书馆1960年（下同），第575页。

殆由吾人所受之于印象者及吾人之知识能力（感性印象仅为其机缘）自身所赋与者二者所成。”① 因此，无论是关于自然界的知识，还是关于道德界的知识，均是主体、客体共同作用才能完成。在此意义下，为了强调主体所发挥的“形式”的能动作用，康德提出著名的“人为自然立法”“人为道德立法”的观点。也正是在此意义下，康德认为“自然规律”“自由规律”“它们都是人的规定”。很显然，康德这样一种观点有极强的理据，乃不容否定者。

关于韩文提到的“明显不对”的两个理由，吾人逐一辨析如下：

其一，关于“自然规律”的客观存在和“因果必然性”，依康德上述“人之立法”的论证，若没有人的“知识能力”，能有所谓“客观存在”和“因果必然性”这样的说法吗？怎么能说它不是由人“规定”的呢？而且，后来的哲学诠释学也给康德的理论提供了支持：诠释是主客体共同作用的结果，在“诠释”之前“意义”是不存在的。即，在“研究”“揭示”“描述”之前，所谓“客观存在”“因果必然性”本是不存在的。然而，韩文的基点仍是早出的传统诠释学，认为“自然规律”是客观存在即“摆在那里”，人所需要做的工作只是“研究”“揭示”“描述”。其实，所谓“研究”“揭示”“描述”，不恰恰就是康德的“立法”吗？不恰恰就是哲学诠释学的“诠释”吗？因此，所谓“物体受热膨胀”“在还没有人类之前”就已经存在，这不过是一种“循环论证”——在科学家基于“人为自然立法”、经过“诠释”阐明这个规律之后，人们又把它作为预设前提来思考相同问题；假如去掉这个“预设前提”，谁能说它“在还没有人类之前”就已经存在呢？质言之，包括“物体受热膨胀”在内的“自然规律”，不过是基于“人为自然立法”而对自然界的“诠释”而已。另外，当代量子力学发展及量子卫星成功发射也证明，传统的物质决定意识观念及传统诠释学理论正在走入历史。总之，韩文认为康德关于“自然规律”的观点“明显不对”并不成立。

其二，在康德看来，“道德原则”包括两种：一种是不能同时具有普遍性的主观原则，一种是能够同时具有普遍性的客观原则；前者因为依赖经验条件、

---

① 康德著，蓝公武译：《纯粹理性批判》，第 29 页。

为“他律”，故不具有“必然性”，不为“必然性约束”，后者因为依赖理性自身、为“自律”，故具有“必然性”，为“必然性约束”。就此区别来看，前种“道德原则”不可称为“道德规律”，后种“道德原则”方可称为“道德规律”。①基于此，康德主张在两种“道德原则”中“选择”为“必然性约束”的“道德规律”。他说：“在同一意愿中，除非所选择的准则同时也能被理解为普遍规律，就不要做出选择。”② 很显然，康德虽然认为需要对两种“道德原则”进行选择，但对“道德规律”是没有“选择余地”的，因为“道德规律”是为“必然性约束”的“定言命令”。“这一实践规则是个命令式，也就是说，任何有理性的东西的意志，都必然地受到它的约束。……经过解剖就会发现，道德原则必定是个定言命令。”③ 由此来看，韩文未准确把握康德的意思，属于对康德原文的误读。进而，韩文以法律规范为例证实则偏离了论题本身——论题讲的是道德原则有没有“必然性”，而例证讲的是道德原则的遵守与否；“必然性”与“遵守与否”显然是两个问题。退一步讲，即便可以拿法律规范做例证，法律规范不也有遵守与否的问题吗？进而，韩文提出，“自由规律”由康德首先提出，故以前不具有“必然性”，“不可能是人们的实践规律”，与其关于“必然性”的主张存在矛盾。很显然，韩文这样一种观点是站在传统诠释学立场，将“自由规律”视为“客观存在”，仅为康德的“研究”“揭示”“描述”，而不是“立法”“诠释”。实际上，若依康德“人为自由立法”和哲学诠释学理论来讲，“自由规律”在康德提出之前，确实没有“必然性”，也“不可能是人们的实践规律”，这是合乎逻辑的正确的推论，根本不能形成对康德关于“自由规律”理论的反证。由上述可见，韩文对康德关于“自由规律”的质疑亦不成立。

2. 必然性议题。关于此议题，韩文认为康德存在三点错误：其一，康德把“普遍性”当作“必然性”，并引用了康德的一段话：“一条规律被认为是道德的，也就是作为约束的根据，它自身一定要具有绝对的必然性。”④ 其二，康德

---

① 康德著，苗力田译：《道德形而上学原理》，第 72 页。

② 康德著，苗力田译：《道德形而上学原理》，第 94 页。

③ 康德著，苗力田译：《道德形而上学原理》，第 94 页。

④ 康德著，苗力田译：《道德形而上学原理》，第 37 页。

“把客观等同于必然”，例如《原理》中有“先天地、必然地、不过是客观地”①的说法。然而，“这个逻辑能成立吗”？例如，偷盗行为虽具有“客观性”，但是没有“必然性”。其三，康德将“普遍性”等同于“客观性”，把没有“普遍性”等同于“主观性”。

吾人对这三点逐一辨析如下：其一，非常明显的是，韩文所引康德这段话根本未涉及“普遍性”内容，其意思是指，唯有具有“绝对必然性”的原则才能成为“道德规律”，或者说，真正的“道德规律”一定具有“绝对必然性”。遗憾的是，韩文却“从这段话可以看出”，康德把“普遍性”当作了“必然性”，还质问“这二者是一回事吗”，进而得出结论：“普遍性”“根本”“与必然性无关”。很显然，这是韩文不应出现的一个“硬伤”。其二，经核对康德原文，韩文所引内容不完整，完整的内容是，康德在解释“定言命令”作为“先天综合命题”时，在脚注处注释了如下一段话：“我不以任何来自爱好的条件为前提，先天地、必然地、不过是客观地，也就是在一个对一切主观动因具有充分威力的理性观念之下，把活动和意志联系起来。”② 其意思是，“活动”和“意志”之结合是通过理性的“综合”而实现的。显而易见，“先天地、必然地、不过是客观地”几个词是并列关系，共同修饰“活动”与“意志”之“综合”，并不存在“把客观等同于必然”的情况。既然如此，依此来批评康德便没有了文本依据，偷盗行为之“客观性”没有“必然性”的例证也就失去了意义。其三，康德的确认为，“普遍性”即是“客观性”，即，所有人都认同者即是所谓的“客观”，非所有人都认同者便是所谓的“主观”。这样一种对“客观”的解释，明显比“不依人的精神存在”的传统观念要周延：一个方面，它基于主体与客体发生关系进行解释；传统观念则回避了主体与客体发生关系，而实际上若无主客体发生关系，怎么会有所谓“客观”之说呢？另一个方面，它避免了传统观念的“循环论证”——“不依人的精神存在”，既是思考和解释“客观”的结论，同时又是思考和解释“客观”的预设。关于此，贝克莱的说法可作为参考：“您这

① 康德著，苗力田译：《道德形而上学原理》，第 72 页。

② 康德著，苗力田译：《道德形而上学原理》，第 72 页。

种说法只足以表明您能在自己心中构成各种观念；可是它们并不曾表明，您能够设想您的思想的对象可以在心外存在。要想证明这一点，则您必须想象它们是不被设想而能存在的，那就分明是一个矛盾了。"① 再一个方面，康德的"客观"定义可包含传统定义，因为"所有人都认同"可包含"不依人的精神存在"。总之，韩文否定康德"必然性议题"的观点是站不住脚的。

3. 理性议题。韩文关于此的核心问题是，康德提出"理性"以"在自身产生善良意志为使命"有错误，而错误主要表现在三个方面：其一，康德认为，"幸福"由"本能"来规定比由"理性"来规定更加适宜。这样一种说法，实际上等于认为"只有本能的动物和理性极不发达的原始人""有比现代人类更舒适的生活"。然而，实际情况并非如此，故康德的说法有误。其二，康德将"假言命令"分为"机智命令"和"技艺性命令"，这两种命令均可为谋求"幸福"的手段，但它们均非以"善良意志"为使命，却又都属于"理性"，故所谓"理性"以"在自身产生善良意志为使命"有错误。就此来讲，"理性"的真正使命不是"产生善良意志"，而是"产生"两种假言命令。其三，所谓"使命"乃"自始至终都存在的任务"，而"在自身产生善良意志"直至康德才提出，故而"善良意志""不是理性的使命"。

关于上述三个方面，吾人逐一辨析如下：其一，如前所述，康德的确说过，"幸福"为基于经验而有的概念，指"需要和爱好的全部满足"，因此，由"本能"规定"幸福"比由"理性"规定"幸福"更加适宜。不过，这种说法只是康德一种"阶段性"观点，因为在此所谓"理性"意指"理论理性"而非"实践理性"。但是，在"理论理性"下，"幸福"之筹划"难以得到真正的满足"，唯有在"实践理性"下，"德福一致"被作为"至善"的内容规定下来，"幸福"才能真正实现。质言之，康德不认为基于"本能"的"幸福"为真正的"幸福"，而唯有与"道德"一致者方为"真正幸福"或"足值幸福"。即，"道德"是实现"真正幸福"的条件。他说："幸福就其自身而言，在吾人之理性视之远非完全之善。理性除幸福与足值幸福（即道德的行为）联结以外，并不称许幸

---

① 贝克莱著，关文运译：《人类知识原理》，北京：商务印书馆 1973 年，第 30 页。

福（不问个人倾问，如何愿望幸福）……在实践的理念中，道德与幸福两种要素本质上联结一致，至其联结之形相，则为道德性情乃参与幸福之条件及使之可能者，而非相反的，幸福之展望使道德性情可能者。”① 而且，康德所谓“幸福”只就人讲，动物并不在讨论范围内。他说：“幸福乃满足吾人所有一切愿望之谓。”② 因此，韩文以动物来比人并不符康德原意。由前述可见，依康德关于“本能”与“幸福”之说批评属于断章取义式批评。其二，关于“定言命令”“假言命令”与“幸福”的关系，康德完整的意思是，“机智命令”“技艺性命令”虽均可为“幸福”提供条件，但它们不能保证“幸福”的必然性及“真正幸福”的实现。质言之，康德既否定“机智命令”，因为它不能确保“幸福”之“绝对全体”和“最高程度”的实现；亦否定“技艺性命令”，因为它缺少“价值判断”，不能保证“幸福”之为“真正幸福”。关于“机智命令”的否定，他说：“严格地说，机智命令不可能饬令去做使人幸福的事情，因为幸福并不是个理性观念，而是想象的产物。只以经验为依据，人们是不能期待经验的根据会规定一个行为，因为这需要一个实际上是无限的因果系列的全体。”③ 关于“技艺性命令”的否定，他则说：“这些为达到某种目的而作出的指示，一般地叫做技艺性（Geschicklihkeit）命令。至于目的是否合理、是否善良的问题这里并不涉及，而只是为了达到目的，人们必须这样做。……他们竟普遍地忽略了，对所选为目的的事物的价值加以判断，和怎样校正这一判断。”④ 正是基于此，康德提出“定言命令”以避免“假言命令”的缺陷，从而保证“幸福”之为“真正幸福”。因此，韩文说“理性”的使命为“产生假言命令”，显然亦属于断章取义式批判。其三，韩文以“使命”乃“自始至终都存在的任务”，而“在自身产生善良意志”直至康德才提出，故而“善良意志”“不是理性的使命”。这样一种分析，显然仍是基于传统诠释学的理解——“使命”是客观存在的，康德只是“发现”了它。实际上，若依哲学诠释学来理解——“使命”是康德的理

① 康德著，蓝公武译：《纯粹理性批判》，第 559 页。

② 康德著，蓝公武译：《纯粹理性批判》，第 554 页。

③ 康德著，苗力田译：《道德形而上学原理》，第 70 页。

④ 康德著，苗力田译：《道德形而上学原理》，第 66 页。

论建构，在康德之前它是不存在的。此内容前文已有论及，在此不再赘述。

4. 道德价值议题。关于此，韩文的要点是：康德所谓“道德价值”只指“出于责任的行为”，即唯有“动机”为“责任”或“道德”的行为才具有“道德价值”，因为“这种准则不具有道德内容”。除此以外，“其他任何动机的行为”，“哪怕”“表象上合乎责任或道德的行为”，都不具有“道德价值”。对此，韩文提出多个质疑：其一，“出于责任的行为”怎能说“不具有道德内容”？其二，如果说出于其他动机而合乎责任或道德的行为不具有“道德价值”，难道说它与无关道德甚至违背道德的“恶”一样？实际情况是，这样的行为“所具有的道德价值”没有“那么纯、那么大”，“而不是完全没有”。否则，康德自己怎么会说“幸而是……合乎责任”的“对荣誉的爱好”“应当受到称赞、鼓励，却不得高度推崇”？其三，康德在论述意志原则时把“符合性”当作决定因素：“只有行为对规律自身的普遍符合性，只有这种符合性才应该充当意志的原则。”① 同时，他又认为，“合乎道德”的行为不具有“道德价值”。这就出现了自相矛盾：同样是符合道德，为何一种有道德价值，一种完全没有？

关于上述质疑，吾人逐一辨析如下：

其一，就这个内容，康德的意思是，具有“道德价值”的行为所遵循的“准则”“不具有道德内容”，而不是指“道德行为”“不具有道德内容”。原文是：“这种准则不具有道德内容，道德行为不能出于爱好，而只能出于责任。”② 然而，韩文以“出于责任的行为”不能说“不具有道德内容”来质疑康德，以“行为”替换了“准则”，乃对康德原文的误读。在康德，所谓“不具有道德内容”，指只是出于“责任”“道德”本身，而不能有任何“具体”的道德内容。

其二，关于道德价值，康德的意思是，只有“出于责任”同时又“直接爱好”的行为才有道德价值。除此以外，尽管“合乎道德”但却是“间接爱好”的行为，并不具有“真正”的道德价值。康德区分了“出于责任”与“合乎道德”——前者从“动机”角度讲合乎道德，后者从“后果”角度讲合乎道德；

① 康德著，苗力田译：《道德形而上学原理》，第 51 页。

② 康德著，苗力田译：《道德形而上学原理》，第 48 页。

也区分了“直接爱好”与“间接爱好”——前者即指“出于责任”，后者则指“出于其他目的”。因此，尽管某种行为的结果“合乎道德”，但对“责任”却是“间接爱好”，亦不能称具有“真正的道德价值”。例如，商人的公平交易虽“合乎道德”，但其对“责任”属“间接爱好”，其“直接爱好”是“自利”。再如，通常意义下的“保存生命”不具有道德价值，因为它虽“合乎道德”，但不是“出于责任”；唯有身处逆境甚至绝境而依顽强意志“保存生命”的行为才是“出于责任”，才具有道德价值。再如，出于同情心尽可能对人做好事，其目的是对“荣誉”的“直接爱好”，而不是完全“出于责任”，不是对“责任”的“直接爱好”，亦不具有“真正”的道德价值。总之，“他的行为不受任何爱好的影响，完全出于责任，只有在这种情况下，他的行为才具有真正的道德价值。”①需要注意的是，康德所讲的“真正的道德价值”，不是通常意义的“道德价值”。如果韩文能够如此理解，便不会说康德无视出于其他动机而合乎责任或道德的行为的“道德价值”，更不会说它可能与无关道德甚至违背道德的“恶”一样了。而且，康德亦讲到，韩文亦引到，“出于责任”的行为具有“真正”的“道德价值”，“值得高度推崇”；“合乎道德”的行为具有一般意义的“道德价值”，也值得一般地“推崇”。可见，韩文的质疑没有理据。

其三，韩文在此处引康德的话有点令人莫名其妙，因为它并不能对韩文的观点形成支持。就康德原文来看，所讲虽为“符合”，但它所指为意志应符合“普遍规律”，而不应“符合”“特殊规律”。质言之，尽管“规律”是就“道德”讲的，但“符合”是对普遍性“规律”的符合，而不是对特殊性“道德”的符合。但是，韩文没有看到这种区分，却说“同样是符合道德”，进而质疑康德对“道德价值”的辨析，属于偷换概念而产生的误读。康德这段话完整的原文是：“意志完全不具备由于遵循某一特殊规律而来的动力，那么，所剩下来的就只有行为对规律自身的普遍符合性，只有这种符合性才应该充当意志的原则。这就是，除非我愿意自己的准则也变为普遍规律，我不应行动。”② 实际上，引用这

① 康德著，苗力田译：《道德形而上学原理》，第 48 页。

② 康德著，苗力田译：《道德形而上学原理》，第 51 页。

段话不仅未能对韩文的观点形成支持，反而进一步强化了对康德观点的支持——关于“道德价值”，康德主张“准则不应具有道德内容”；关于“道德规律”，康德主张“意志不应符合特殊规律”；两个主张的立场是一致的，均为超越特殊性而在普遍层面的言说。

5. 最高善议题。韩文引用了康德原文：“善良意志”“虽然不是唯一的善、完全的善，但却定然是最高的善，它是一切其余东西的条件，甚至是对幸福要求的条件。”① 基于引文，韩文提出了如下批评：其一，“最高的善”居然不是“完全的善”，“最高”与“完全”之间有抵触。其二，“最高的善”不是“幸福”，那怎么能称为“最高的善”？其三，善良意志“是一切其余东西的条件”缺乏判断的依据，因为“善良意志”作为“最高的善”而不是“完全的善”，不能“统摄”所有的善，故只能是“被它统摄的善的条件”，而肯定不是“未被统摄的善”的条件。基于这样三点可见，“康德的最高善的观点是错的”。

下面，吾人对韩文的三点批评逐一辨析如下：其一，“最高的善”不是“完全的善”的观点无误，因为除了“最高的善”之外，还有其他不属于“最高”的善。如，康德区分了“出于责任”与“合乎道德”的善；前者可归之于“最高的善”，后者仅可归之于“完全的善”。其二，“最高的善”作为“善良意志”，其内容乃“德福一致”，在此意义下，“最高的善”不直接是“幸福”，而是“幸福要求的条件”。质言之，以“道德”为条件的幸福才是真正的“幸福”。康德说：“最完善之道德意志与最高福祉在其中联结之一种智力之理念，乃世界中一切幸福之原因，在幸福与道德（即足值幸福）有精密关系之限度内，我名之为最高善之理想。故理性仅在本源的最高善之理想中，能发见引申的最高善之二要素（按即道德与幸福）间之联结根据（此种联结自实践的观点言之，乃必然的）——此种根据乃直悟的即道德的世界之根据。”② 可见，康德所说“最高的善”是“幸福”的条件不为错。其三，因为“最高的善”不是“完全的善”，就推断出“最高的善”不能“统摄”所有的善，不能是所有善“之所以为善”的

① 康德著，苗力田译：《道德形而上学原理》，第 45 页。

② 康德著，蓝公武译：《纯粹理性批判》，第 557 页。

根据。韩文这样一种说法，犹如说树根不是树干、树枝，故不能为树干、树枝的根据一样，是没有理据的论说。因此，虽然“最高的善”不是“完全的善”，并不影响它“统摄”所有的善，为所有的善“之所以为善”的条件。

6. 责任议题。韩文认为，康德关于“责任”的定义为错，“关于责任的各种说法都经不起推敲”，“在责任后面出现且以责任为直接前提或间接前提的那些观点”“全都变得不可靠”，理由为如下几点：其一，“责任”为“通过概括几个责任实证的分析所得”，这种“经验性论证”不是对所有经验事实的完全归纳，故不具有普遍有效性。而且，“经验性论证”也是康德所反对者。其二，“责任”的定义不应是“由于尊重规律而产生的行为必要性”，而应是“责任应该就是按规则行事”，“事实上，这也正是责任的要义”。其三，“责任的普遍命令”即“道德律令”之“普遍性”的要求只是一种“境界”，而不是“责任的本质性说明”。

关于这样三点，吾人逐一辨析如下：其一，查看康德的原文可以发现，康德并不是由“保存生命”“对他人作好事”“保证自己幸福”等来“归纳”“责任”的定义，而是通过上述事例面来“例证”“责任”的定义。康德反复地讲，“责任”乃基于纯粹的理性而得出，不可经由经验而论证。他说：“十分清楚，决不可把经验作为依据，来推导这些必真规律的可能性。如若这些规律都是经验的，没有充分先天地，在纯粹而又实践的理性中获得它们的泉源，那么我们有什么权力让那也许在偶然的条件下只适用于人类的东西，当作对每一有理性东西都适用的普通规范，而无限制地予以恪守呢?”① 质言之，与其行文顺序相反，康德的思考逻辑是，先定义“责任”，然后进行例证。这也正是谈到“保存生命”“对他人作好事”“保证自己幸福”时用“例如”这个词来说明的用意。可见，康德采用的不是“经验性论证”，而是“经验性例证”。其二，韩文将“责任”定义为“按规则行事”，却显然是基于“经验性论证”而得出的结论，而“经验性论证”也是被韩文所否定者，因为它不能得出“普遍性结论”。其三，“责任的普遍命令”归结为“境界”本身不为错，关键是“境界”的本质是

① 康德著，苗力田译：《道德形而上学原理》，第 58 页。

什么：韩文将其从效果即“合乎道德”的角度言说，而康德则将其从“出于责任”的角度言说，两者言说角度明显不同。就此来讲，韩文以自己的角度攻讦康德的角度无可厚非，但康德对于韩文的角度已有排斥性说明，因为“合乎道德”不能保证普遍必然性，不能保证对“伪善”的避免，甚至可能导致“危险”的后果。康德说：“为了求谋道德法则在意志上发生影响起见，我们就不当找寻可以使人抛弃道德法则自身的任何别的动机（因为那只能产生种种伪善，无法自圆其说）；而且人们只要允许别的动机（如利益动机）与道德法则通力合作，那还是有危险的。”① 很明显，康德的这种分析已经反驳了韩文的观点。基于这样三点辨析可见，韩文说康德“关于责任的各种说法都经不起推敲”，“在责任后面出现且以责任为直接前提或间接前提的那些观点”“全都变得不可靠”的结论并不成立。

7. 定言命令议题。韩文的批评可概括为如下几个要点：其一，康德提出“定言命令”“假言命令”虽为新创，但“独创的意义不大”，因为它“只不过陈述了一个向来如此的事实而已”。其二，康德关于“定言命令”的四个实例均是“有条件”的，并不真正的“无条件”的定言命令，故其所谓“定言命令”“无条件”存在自相矛盾。其三，康德通过“不要骗人”“保持生命”“发展才能”“帮助有难者”四个实例推出四种责任的“定言命令”，进而得出“责任应该是一切行为的实践必然性”② 结论，“其中的逻辑不能成立”。例如，康德每天下午五点钟准时散步，这“属于对自己的责任”，但“这个准则”就不是“普遍性的定言命令”。其四，康德区分责任为多种不同的责任类型，诸如“完全责任”“不完全责任”，“必然责任”“偶然责任”等，而对应这些不同责任类型的“定言命令”无论是否“一样”，都存在逻辑矛盾，故所谓“定言命令”的说法不成立，“责任”“对我们的行动实际上起着立法作用”也不成立。其五，既然康德关于“定言命令”存在这么多“极其严重”的错误，故《原理》“后面论述的主要内容”即“定言命令如何可能”及相关论述“都是无用和多余的”。

---

① 康德著，关文运译：《实践理性批判》，北京：商务印书馆 1960 年，第 73 页。

② 康德著，苗力田译：《道德形而上学原理》，第 77 页。

关于这几点批评，吾人逐一辨析如下：其一，实际上，“陈述了一个向来如此的事实”恰恰就是康德的贡献，因为康德之前 1500 年竟然没有人能够“陈述”这个“事实”。从哲学史来看，康德的“陈述”就是“理论创造”，这个“理论创造”“告诉”我们“存在”“定言命令”“假言命令”，恰恰就是康德的理论贡献。若否认之，从小的方面讲，等于无视康德伦理学的理论价值；从大的方面讲，会导致抹杀包括韩文在内的所有理论研究价值的结论。其二，就康德的论述看，他对四个实例的论证逻辑是：“如果不当成普遍的自然规律，就会出现矛盾”，然后分别列出所可能出现的“矛盾”。很显然，不可将康德假设或“虚拟”的“如果不”视为“普遍的自然规律”的条件，因为“如果不”讲的不是“条件”，而恰是讲的“无条件”。可见，康德关于“定言命令”“无条件”之说并不存在自相矛盾。其三，在康德，“不要骗人”等四个实例只是“定言命令”的“例证”，因为“定言命令”由纯粹理性确立，并非由这四个实例“推出”。如前所引，康德明确区分了“以经验为依据”的“经验哲学”与“从先天原则来制订”的“纯粹哲学”：“人们可以把全部以经验为依据的哲学称为经验哲学，而把完全从先天原则来制订自己学说的哲学称为纯粹哲学。”① 进而，“责任应该是一切行为的实践必然性”是四个实证相关四种责任的“原因”，而不是作为其“结果”。韩文所引康德这句话的完整原文是：“为了证明上述种种，最重要的事情就是注意，千万不要从人的本性的个别性质，把这样原则的实在性引申出来。因为，责任应该是一切行为的实践必然性。”② 而且，康德原文还在“人的本性的个别”下面加上着重号，以强调不能从“个别”推出“一般”。另外，康德讲“定言命令”是以“道德”为语境来讲，韩文以“康德每天下午五点钟准时散步”作为例证反驳，已经超出“道德”语境，故反驳根本无力。其四，其实，要回答这个问题非常简单，因为它仅仅是“一般与个别”（或“普遍与特殊”“共性与个性”“理一分殊”）的关系；韩文割裂了“一般”与“个别”的关系，将康德四个实证所论及的四种责任完全脱离作为“一般”的“定言命

---

① 康德著，苗力田译：《道德形而上学原理》，第 36 页。

② 康德著，苗力田译：《道德形而上学原理》，第 77 页。

令”讨论，故而有上述结论。但是，“一般”与“个别”是不容割裂的——“定言命令”为“一般”层面，而诸种不同的责任类型为“特殊”层面，它们之间乃对立统一关系，并不存在所谓的“逻辑矛盾”。其五，说《原理》“后面论述的主要内容”即“定言命令如何可能”为“无用和多余”，恰恰说明韩文没有理会康德的思维逻辑——韩文所批评的内容为康德关于“定言命令”的结论，被认为“无用的多余”的内容则是康德对“定言命令如何可能”的论证——在还没有研究其论证时，就依据其结论而否定其论证，这种情况至少在逻辑上不严谨，故难免会“不明真相”，甚至得出错误的判断。

8. 目的议题。这个议题的核心是康德“人只能是目的，而不能是手段”的道德律令。康德的原文是：“你的行动，要把你自己人身中的人性，和其他人身中的人性，在任何时候都同样看作是目的，永远不能只看作手段。”① 据此，韩文认为，康德所论实际是“把理性视为真正目的”，而“人作为目的只是沾理性的光”，“仍然不过是手段”。他说：“这就表明，理性才是真正具有绝对价值的自在目的，而人只不过是理性的载体，这才有幸也跟着理性成为目的。”因此，“学界普遍”将康德“把人视为目的”视为一个“伟大的洞见”的评价“要打折扣”。

很明显，韩文这样一种思考，前提是将“人”与“人性”绝对分开；前者指“载体”，后者指“理性”。但吾人的问题是，“人”与“人性”能分开吗？尽管“人”与“人性”是两个概念，但“人性”指“人”的“性质”，康德将其本质规定为“理性”，对此我们只能在思维中将其分开，而实际上它们是不可分开的。因此，所谓“以理性为目的”就是指“以人为目的”。如下文，康德明确讲，作为“有理性的东西”的“人”，“任何时候都必须被当作目的”。他说：“人，一般说来，每个有理性的东西，都自在地作为目的而实存着，他不单纯是这个或那个意志所随意使用的工具。在他的一切行为中，不论对于自己还是对其他有理性的东西，任何时候都必须被当作目的。”② 既然如此，那么所谓康德

① 康德著，苗力田译：《道德形而上学原理》，第 81 页。

② 康德著，苗力田译：《道德形而上学原理》，第 80 页。

“把理性视为真正目的”，“人作为目的只是沾理性的光”，“仍然不过是手段”，并不符合康德的原义，进而否认康德之说为一个“伟大的洞见”“要打折扣”便也失去了根据。

9. 自由议题。韩文认为康德此议题的错误有三个方面。第一，康德在探讨“意志自由”时，区分了“消极自由”与“积极自由”——前者指“不受外来原因限制”而“独立地起作用”，后者指“自由意志和服从道德规律的意志，完全是一个东西”。基于此，康德以“积极自由”为意志自由的本质。康德的原文是：“意志是有生命东西的一种因果性，如若这些东西是有理性的，那么，自由就是这种因果性所固有的性质，它不受外来原因的限制，而独立地起作用。……以上对自由的消极阐明，因此不会很有成效地去深入到自由的本质。不过，从这里却引申出了自由的积极概念，……这一原则也就是……自由意志和服从道德规律的意志，完全是一个东西。”① 韩文认为，康德“在逻辑上”应有一个“既涵括消极自由也涵括积极自由的全称自由概念”，但康德缺少这一步，故而将“积极自由”认定为“意志自由”的本质的依据不足。第二，既然康德区分“善良意志”与“被欲望作用的意志”，同时又区分“消极自由”与“积极自由”，那么其所谓“意志自由”便只是“积极自由”的表现，即只是“善良意志自由”，而不是整个的“意志自由”。很明显，这样一种论说存在逻辑矛盾。第三，康德区分“感觉世界”与“知性世界”，并认为后者是前者的依据，故而人应该按照理性规律或道德规律行动，这些观点都是错误的，理由如下：“感觉世界”对应的是事物的“千差万别”的现象，而这“千差万别”的现象不能有“自然规律”，因为“规律”“理应属于现象背后的东西”。另外，人的“知性”晚出于“感觉”，而“知性”的功能仅是认识“感觉世界”而已，不能作为“感觉世界”的依据。

对于上述批评，吾人逐一辨析如下：第一，依吾人之见，依康德“消极自由”与“积极自由”之区分，不能逻辑地推导出必然要有一个“全称自由概念”，因为这两种自由不是位于相同层面的并列关系，而是位于不同层面的排斥

---

① 康德著，苗力田译：《道德形而上学原理》，第100—101页。

关系，即，“消极自由”是要被否定的，“积极自由”是要被肯定的。既然如此，康德将“积极自由”认定为“意志自由”的本质便没有了逻辑障碍。第二，如前所述，“消极自由”与“积极自由”不是并列关系，“善良意志”与“被欲望作用的意志”亦不是并列关系，它们均是不同层面的排斥关系。因此，只就“积极自由”和“善良意志”讨论，无所谓整个的“意志自由”之说，“意志自由”仅指“善良意志自由”，康德这些观点根本无所谓逻辑矛盾之说。第三，韩文认为“感觉世界”不能有“自然规律”这样一个说法，是康德的两段话混淆在一起讲所得之结论。在《原理》的第106页，康德说：“感性世界……由于感觉之不同，所以在不同的对世界的观察者中，是千差万别的。”在该书的第109页，他说：“知性世界是感觉世界的依据，从而也是它的规律的依据。”很显然，前一句话讲的是对于“感觉世界”，因主体不同而有“千差万别”的感觉，而“千差万别”的感觉自然不会有“自然规律”。后一句话讲的是“感觉世界”本身，而这个“感觉世界”本身即是自然界，只不过康德认为人的理性有限制而不能完全认识它故而将它定义为“现象界”。虽然为“现象界”，并不能说它不可有“自然规律”。然而，韩文误读了康德的“现象”，代之以自己所理解的“现象”，以致认为“感觉世界”只有现象而不能有“自然规律”。另外，在康德，如前所述，知识的来源不仅包括“感觉”，而且还包括“知性”；前者提供“质料”，后者提供“形式”；知识始于“感觉”，而完成于“知性”。因此，基于“感觉”而有的“感觉世界”不仅低于基于“知性”而有的“知性世界”，而且“知性世界”是“感觉世界”的依据。而且，韩文所讲“知性”与“感觉”之别为人的生理意义顺序，而康德所谓的“知性”与“感觉”之别乃功能层次顺序，两种说法“不在同一个频道”。因此，韩文批评康德关于人“只能按理性规律行事的结论”是不成立的。

10. 行为动机议题。韩文的批评是，康德“仅以道德为行为动机”“太过乌托邦”，没有“任何现实可能性”。理由有三点：其一，因为“欲望”和“感性诱惑”是必需的，它们既包括维持生命的“先天欲望”，又包括发展才能的“后天欲望”，“欲望”的满足实际上乃“自己的责任”，故不能“限制感性动机”。其二，在现实生活中，“仅以道德准则为动机而发起的行为甚少”。而且，即便这是“甚少”的行为“也是为了需求”即“欲望”。因此，所谓“仅以道德为动机”实际上是不存在的。例如，在公交车上让座和扶贫济困，便是为了“满足人们和谐相处的需求”。其三，具体道德准则“非常之多”，如果说“只以道德为行为动机”，那么在日常生活中应该以“哪一个道德准则”为动因呢？确定的“标准”或“理由”是什么？这些问题康德“都不可能”有“好的回答”。

针对上述批评，吾人一一辨析如下：其一，康德并不否认，人要生存，就需要满足“先天欲望”；要发展自己，亦需要满足“后天欲望”。但是，他认识到，无论是“先天欲望”还是“后天欲望”，它们均可能引发“恶”，也可能引发“合乎道德”的“伪善”。为了克服“恶”和“伪善”，他基于“实践理性”之思想，在“动机”层面提出“善良意志”问题，以为解决这些问题的根据。可见，不是否定“欲望”而是解决“欲望”所带来的问题，方是康德的问题意识。然而，韩文误读了这样一种“问题意识”，将“欲望”引发的问题等同于“欲望”本身。而且，依韩文对“欲望”的完全肯定看，应该可以推出其亦肯定“恶”和“伪善”，而这种肯定显然有悖于伦理学基本观点。其二，在康德，正是因为“仅以道德准则为动机而发起的行为甚少”，才足以显示以“动机”为出发点解决现实问题的深刻，即，“动机”为“因”，现实践履为“果”；在“因”层面来解决“果”的问题，毋庸置疑比其他理论要更为根本。至于韩文说即使这“甚少”的所谓“仅以道德准则为动机而发起的行为”，实际上也是“为了需求”即“欲望”，这样一种说法并没有事实根据。例如，孟子早在2500年前就讲过，“不忍人之心”乃人所固有，而“不忍人之心”便不是韩文所讲的“需求”。孟子说：“人皆有不忍人之心。……所以谓人皆有不忍人之心者，今人乍见孺子将入于井，皆有怵惕恻隐之心，非所以内交于孺子之父母也，非所以要誉于乡党朋友也，非恶其声而然也。”① 很显然，“不忍人之心”便不是韩文所讲的“需求”或“欲望”，而是“仅以道德准则”的“动机”。因此，不可以说“仅以道德为动机”实际上是不存在的。另外，如果在公交车上让座和扶贫济困是出于“需求”或“欲望”，那么它不仅不是孟子的“不忍人之心”，亦不是康

① 赵岐注，孙奭疏，廖名春等整理，钱逊审定：《孟子注疏》，第93—94页。

德的“仅以道德为动机”。质言之，如果依上述康德的说法，这种行为虽然值得一般地“推崇”，但不值得“高度推崇”，因为它虽“符合道德”，但却不是“真正的道德”；因为它不能够保证避免“恶”或“伪善”的发生，因为它不能够保证让座和扶贫济困行为背后没有其他动机。其三，韩文的质疑是多余的，因为康德已然给出了答案，即韩文在文中多次提及的“道德律令”。也就是说，若遵循“道德律令”，不论具体道德准则如何繁多，均可依“道德律令”而确定。当然，韩文否定了康德“道德律令”的必然性，而恰恰是因为其否定了“道德律令”，才导致了诸如“这里又是否有什么标准或理由来加以确定”的质问。总之，否定康德“动机”层面的“善良意志”，说其“没有任何现实可能性”，乃是过于绝对且未能证真的观点。

三、关于总体评析

此部分为韩文在总体上对康德伦理学的评析，要点有如下几个方面：其一，他认为，一套理论，如果方法是错误的，基本观点也几乎是错误的，那么“就只能说它是一套很烂的理论”，康德的伦理学“就是一个这样的理论”，因为“它的研究方法和各个主要观点”，“没有一个可以直接得到肯定”。因此，康德《原理》“整个写作目的最终是失败的”。其二，“其中最致命的错误”，是通过几个实例推出普遍性的“意志的原则”，进而“以它为前提的所有论点也不可能正确”。其三，康德的《原理》“最多”只是具有“启发”意义，而“启发”意义是指为了“拯救”康德伦理学，将康德三条“道德律令”予以“改造”或“重释”：第一条为“普遍性原则”：“你的行动，应该把行为准则通过你的意志变为普遍的自然规律。”① 此条原则应该“改造”或“重释”为“向善的意志”，而不必强调它为“普遍规律”。第二条为“目的性原则”：“你的行动，要把你自己人身中的人性，和其他人身中的人性，在任何时候都同样看作是目的，永远不能

① 康德著，苗力田译：《道德形而上学原理》，第 73 页。

只看作是手段。”① 此条原则应该“改造”或“重释”为“人直接就是目的”，而不是“跟着理性才成为目的”。第三条为“自律性原则”，为康德的“道德最高原则”：“在同一意愿中，除非所选择的准则同时也能被理解为普遍规律，就不要做出选择。”② 此条原则应该“改造”或“重释”为“自律原则”仅是制定、选择、评价规则的“方法之一”，而不是“人所有行动的原则”。

对于上述总体评析，吾人逐一辨析如下：其一，基于前述辨析，吾人不认为康德的研究方法和基本观点是错误的，更不认可“它的研究方法和各个主要观点”“没有一个可以直接得到肯定”的说法，故不能认可“它是一套很烂的理论”的观点，亦不认可《原理》“整个写作目的最终失败”的观点。其二，如前所述，韩文在此为断章取义或有意曲解康德原意，因为康德的原文是讲普遍性的“意志的原则”是“原因”，而不是“结论”。或者说，普遍性的“意志的原则”不是由这几个实例推出来的，而是由纯粹的实践理性推出来的；这几个实例的作用仅仅是“例证”，而不能被理解为“根据”。然而，韩文却把这几个实证作为“根据”，将普遍性的“意志的原则”作为“结论”。如果说韩文认为康德就此犯了“最致命的错误”，那么韩文在此却真正犯了“最致命的错误”。既然韩文存在这样的“初始性错误”，那么“以它为前提的所有论点也不可能正确”这一对康德的批判也失去了前提。其三，关于这样一种“拯救”，因为韩文关于“意志的原则”问题上犯了“初始性错误”，故其对于三条“道德律令”的“改造”或“重释”便失去了根据，成为画蛇添足之举，毋庸吾人再去讨论。而且，韩文关于康德“自律原则”的引文不准确。在康德，三条道德律令虽然分别表述，但它们是互相满足的，任何一条律令都同时满足三条律令。也就是说，任何一条道德律令都同时具备“普遍性”“目的性”“自律性”。然而，韩文所引康德“在同一意愿中，除非所选择的准则同时也能被理解为普遍规律，就不要做出选择”，这句话讲的不是“自律性原则”，而是指“普遍性”的道德律令亦具有“自律性”。韩文之所以会误引，可能是因为康德在这句话前有“所以自律

---

① 康德著，苗力田译：《道德形而上学原理》，第 81 页。

② 康德著，苗力田译：《道德形而上学原理》，第 94 页。

原则就是”① 的说法。若是如此，则显然是望文生义。在《原理》中，康德对于“自律原则”的准确表述是：“作为自己和全部普遍实践理性相协调的最高条件，每个有理性东西的意志的观念都是普遍立法意志的观念。”②

进而，韩文认为，康德伦理学之所以“满是弊病”“乏善可陈”，源于“四个根源性迷误”。其一，“独断”地区分了现象与物自身，“凡遇”说不清的问题就“心安理得”地归于此，从而丧失了理论的“彻底性”。康德依凭感觉的限制提出“物自身”进而认为其不可知的理由并不充分，根本点在于：“倘若物自身真的不可认知，康德就不知道它存在”。实际上，所谓“物自身”并非不可知，因为它即是“本质”，为一物区别于他物的“独特性”。其二，割裂了人的“感性”与“理性”的联系。人的本性主要指“感性”，“感性”本身没有善恶，只是在现实选择时才产生善恶，因此，“根本无须理会”道德的“普遍性要求”，因为“理性”“道德”“是为人的本性服务的”，“属于人的工具”。具体来讲，人性本“无所谓善恶”，只有当选择“自利”方式时，“才有善恶出现”——损人的自利方式为恶；利人的自利方式为善；既没损人也没利人的方式非善非恶即正当。因此，有如下道德的“实际指导”足矣：“禁止损人行为，提供利人行为，允许正当行为。”其三，忽略了“理解”“既有道德”的必要性，“完全没有对它的思考”，即，“康德没有关于在他之前已然存在数千年的道德的研究，根本不知道实际道德的起源与本质”，而这“也是从古至今的西方伦理学家的通病”。之所以如此，原因有四：1. 韩东屏教授所著《人本伦理学》指出，“道德”“是在一定社会群体中约定俗成的受社会舆论和内在信念直接维系和推动的行为规范与品质规范的总和，负责为人提供善的为人处事方式，以满足人处理人际关系和实现自我的需求”③，而康德和所有西方伦理学家对此“根本不知道”。2. 因为上述原因，康德不应该“排斥”人的“欲望”“本性”以及“来自实践的经验”。3. 道德的“普遍性”来自“人们共同约定俗成”，这是“道德规范”“本来就有”的“事实”，“故根本不需要费那么大劲儿去推论”“道德准则”及其“普

---

① 康德著，苗力田译：《道德形而上学原理》，第 94 页。

② 康德著，苗力田译：《道德形而上学原理》，第 83 页。

③ 韩东屏：《人本伦理学》，武汉：华中科技大学出版社 2012 年，第 45 页。

遍性”，“只需指出道德规范具有普遍性的事实即可”。4. 道德不仅指导人“做事”，也指导人“做人”；前者对应“行为”，为“德行伦理学”，后者对应“品行”，为“德性伦理学”；康德伦理学只讲前者，故“注定是一个片面的伦理学”。既然康德的伦理“片面”，故其所谓的“道德最高原则”并非“道德最高原则”，“顶多是行为的最高原则”，即便如此，“但不幸它还是错的”。其四，错误地“坚信”“为道德而道德”为“最有价值”“最有尊严”的“最高理想”。理由如下：1. 人们的一切行为“最终”是为了“满足自己的需求”，故“为道德而道德”是不可能的“空想”。既然如此，人类生活只需守住道德底线即可，只需服从道德规范即可。2. 人生的目的根本“不是道德”，而是“使自己活得更好”，故“道德”只有“工具”价值，即，不是“人服从道德”，而是“道德服从人”。因此，履行道德义务只是“使人类活得更好”的条件，而不是“直接让人们活得更好”，故不是“最值得称赞”和“最有尊严”的事情。

就“四个根源性迷误”，吾人逐一辨析如下：

其一，康德关于“现象”与“物自身”的区分在自身能够自圆其说，因为它奠基于所不可否认的四个“二律背反”。而且，由这种区分所包含的“人的理性有限制”理念产生了极强的现实意义——无论是对反人类中心主义，还是对反专制独裁政治，都发挥了极其重要的根据作用。当然，这种区分及基于此的不可知问题甫一提出便引发质疑不断，后来黑格尔以“绝对精神”的自我发展、马克思以唯物的反映论，均对康德理论提出了挑战。实际上，直至今日，相关争论并未停息。既然如此，韩文不认可现象与物自身的区分无可厚非，但主张以“本质”替换“物自身”，以“可知”替换“不可知”，如此观点完全出于经验常识，但问题是，历史上经验常识经常被推翻。例如，“地心说”被推翻而代之以“日心说”，物质决定意识被量子力学所挑战，等等。韩文还提出，“倘若物自身真的不可认知，康德就不知道它存在”，实际上这是混淆了“存在”与“可知”的概念。关于“物自身”的“存在”，康德不仅有四个“二律背反”作为支持，而且他明确区分了“存在”与“认知”概念——虽然我们不能“认知”它是什么，但我们可以思考它的“存在”。他说：“吾人进一步之论议，自亦当切记在心，即吾人虽不能认知‘所视为物自身之对象’，但吾人自必亦能思维此等‘视为物自身之对象’。”[①] 鉴于上述，尽管围绕现象与物自身区分有诸多争论，但于康德深刻、周密、严谨的论证不顾，说其“独断”，“凡遇”说不清的问题就“心安理得”地归于此，从而丧失理论“彻底性”，这样的说法却明显表现出“独断”。

其二，韩文认为康德“割裂”了人的“感性”与“理性”的联系不准确，因为康德并非认为“感性”就是“恶”，而是认为“感性”“可能”引发“恶”，即，并非认为“自利就是恶”，而是认为“自利”“可能”引发“恶”。这里，需要注意的是，“可能”与“是”的含义是不同的。正是基于这种“可能”，故而需要由“理性”来指导“感性”，从而避免“可能”引发“恶”；这样一种理路，不仅未显现“理性”“感性”的“割裂”，反而显现的是二者的“联系”。进而，韩文认为“人性”“无所谓善恶”，只是在选择“自利”方式时“才有善恶出现”，故“根本无须理会”道德的“普遍性要求”，只需将“理性”置于“感性”之下，使“感性”有“实际指导”即可。稍加分析，这样一种说法存在严重理论困境：将“感性”置于“理性”之上，“理性”仅仅具有“工具”地位，仅仅依靠“禁止损人行为，提倡利人行为，允许正当行为”的“实际指导”，能保证“恶”和“伪善”的避免吗？它是将导致“趋善避恶”的结果，还是将导致“情识而肆”的后果？吾人不敢想象！康德说：“一个有理性的东西必须把自己看作是理智，而不是从低级力量方面，把自己看作是属于感性世界。”[②] 另外，韩文将“禁止损人行为，提倡利人行为，允许正当行为”三句话视为普遍有效的“实际指导”，吾人亦绝不敢苟同。一个方面，先不说这三句话只是一些“道德箴言”，虽闪耀着大众生活智慧，但无论如何不具有康德“道德律令”的深刻和理论魅力，且说在韩文所主张的“感性”层面之落实——如何判断“自利”前提下的“损人”“利人”“既没损人也没利人”？因为不同的人、在不同的情境、不同的时间下，所谓“损人”“利人”“既没损人也没利人”的标准可能是不同甚至相反的。另一个更为关键的方面，这样几个“实际指导”是经验性归纳，

---

① 康德著，蓝公武译：《纯粹理性批判》，第 19 页。

② 康德著，苗力田译：《道德形而上学原理》，第 107 页。

为对“各民族”道德状况观察、分析基础上的概括，然而如前所述，韩文坚决反对通过经验性归纳得出普遍性结论，还曾依此“强烈”批评康德。韩文有言：“一个有效的普遍性命题，只能是来自于对所有与之相关的经验事实的完全归纳，而不可能仅来自于其中的几个经验事实。”依此来衡量，“实际指导”是对所有民族、全人类的“完全归纳”？还是“仅来自于其中的几个经验事实”？显而易见，韩文在此以自己的矛攻了自己的盾。

其三，吾人先具体辨析四个原因如下。①韩文在论文“具体方法错误”部分提出，康德从来没有给“道德”下定义，在此处又提到康德“根本不知道实际道德的起源与本质”，似乎康德是一个江湖中人，“忽悠”了学界数百年。其实，如吾人前面所述，康德虽然没有直接给“道德”下定义，但对“道德的本质”却有明确的阐明，于此视而不见而批评康德，可能不会让人信服。而且，韩文给“道德”下的定义完全是经验性论说；既是经验性的论说，便不会有普遍性，故亦难以让读者信服。②韩文所谓康德不应该“排斥”人的“欲望”“本性”以及“来自实践的经验”，如前所述，这是对康德的误解，因为康德认为“欲望”“感性”“实践经验”可能引发“恶”“伪善”，故而需要通过“理性”对其进行“约束”“规范”，而不是“排斥”。③将道德的“普遍性”归为“人们共同约定俗成”，认为“只需指出道德规范具有普遍性的事实即可”，这不仅曲解了“普遍性”概念的含义，而且否定了康德伦理学的价值，进而否定了所有伦理学研究的价值。这的确是很有气魄的说法，但关键是这个“气魄”没有根基。一个方面，道德的“普遍性”源自“约定俗成”正确吗？基于经验概括、归纳出来的这样一种观点正确吗？另一个方面，能肯定“道德规范本来就具有普遍性”吗？实际情况是，不同民族、不同文化甚至不同地域，道德规范的差异性非常明显。④将伦理学依“做事”与“做人”或“行为”与“品质”区分为“德行伦理学”与“德性伦理学”确有新意，可能是韩东屏教授的理论新创。如果依这一理论新创来衡量，康德的确侧重讲“行为”，而不侧重讲“品质”，由此可以将其伦理学归为“德行伦理学”。不过，如果说康德“只讲”“行为”而“不讲”“品质”，似乎缺少文献依据，因为康德有诸多关于“品质”的论述。例如，“道德”“善”“善良”是什么？它不是指“品质”吗？如此等等，不胜枚举。而且，学界通常将伦理学分为“义务论”“目的论”，后来又出现“美德伦理”；这种区分只是指明其角度不同，而根本没有两者或三者合在一起为“全面伦理学”、每一类只为“片面伦理学”的说法。如果硬要这样讲，估计任何一类都不会同意的。因此，将康德伦理学说为“片面”并不妥当。既然如此，进而否定康德的“道德最高原则”便没有了根据。由上述对四个原因的辨析以及前述相关内容可见，所谓康德忽略了“理解”“既有道德”的必要性，“完全没有对它的思考”，“康德没有关于在他之前已然存在数千年的道德的研究，根本不知道实际道德的起源与本质”，以及这“也是从古至今的西方伦理学家的通病”，这些说法乃无稽之谈。

其四，韩文这样一种观点颇值得商榷。就其理由来讲，①的确，人类一切行为“最终”是为了“满足自己的需求”，但“道德”不是人类“自己的需求”吗？显然，韩文将“需求”与“道德”对立起来，并将“道德”排除在“需求”之外了。正是此处之误，从而误将“为道德而道德”视为不可能的“空想”。进而，“只需守住道德底线即可”“只需服从道德规范即可”，但事实果真如此吗？一个方面，从理论上讲，所有伦理学内容都包括“道德底线”“道德规范”的要求，但均并未实现韩文“即可”的目标。另一方面，从现实上讲，周、孔所奠立的德治和儒学在中国实践几千年，核心就是推行“道德底线”“道德规范”，但是结果呢？理论和现实两个方面均表明，“只需守住道德底线”“只需服从道德规范”似乎并非“即可”。②依韩文，人生的根本目的不是“道德”，而是“使自己活得更好”。然而，何谓“使自己活得更好”？仅仅是感性、经验层面“需要和爱好的满足”吗？许多哲学家、伦理学家对此进行探究，康德以“德福一致”为真正的“使自己活得更好”。显而易见，就“使人类活得更好”看，与视“道德”仅仅具有“工具”价值、不是“人服从道德”而是“道德服从人”相比，“德福一致”不仅可给予人类以理想，而且可赋予人类以尊严。于此不顾而简单地否定之，于情、于理都讲不过去。既然韩文的两条理由不成立，那么便不可否定康德“为道德而道德”为“最有价值”“最有尊严”的“最高理想”。

基于“四个根源性迷误”，韩文得出了如下结论：其一，康德的伦理学“不可能不是错误不断”，“运用康德伦理学”的研究也“不可能得到正确的结论”，对康德伦理学进行的“诠释”也没有什么意义。其二，对于包括康德在内的“以往的伦理思想史”“没有让人满意的回答”的两个问题，即，“人的最高理想”和“道德最高原则”，韩东屏教授的“人本伦理学”给出了“很可能不一样”的回答：前者的答案是以“人的全面而自由的发展”取代“至善”，因为它同时满足了“至善”四个特征，即“普适性”“综合性”“现实性”“永恒性”；而且，“它意味着人的需求的全面性满足和提高”，故而“也就是个人幸福所在”。后者的答案是：以“以人的全面自由发展为至善，以每个人的全面自由发展为一切人全面自由发展的条件”取代康德的“道德律令”，因为它同时满足了“合理性道德原则”的六个条件，即“唯一的一级原则”“以人为本”“与至善一致”“个人目标与社会目标统一”“能够同时提供为人处事的品质规范与行为规范”“能够为社会提供善的为人处事方式”。其三，道德与幸福是统一的，其关系是：“道德是人追求幸福或满足自己需求的一种工具。”

下面，吾人逐一辨析如下：

其一，吾人基于前述之逐一辨析，不赞同康德的伦理学“不可能不是错误不断”，“运用康德伦理学”的研究也“不可能得到正确的结论”，对康德伦理学进行的“诠释”也没有什么意义。相反，韩文当中却是方法、观点“错误不断”。其二，韩文以“人的全面而自由的发展”为“人的最高理想”，“以人的全面自由发展为至善，以每个人的全面自由发展为一切人全面自由发展的条件”为“道德最高原则”，两个观点很难有说服力。就前者看，“全面而自由的发展”只是条件，不能是目的，犹如“春风得意马蹄疾”只是条件、“一日看尽长安花”才是目的一样。如果将“全面而自由的发展”视作“最高理想”，便属于对“条件”“目的”的错置。而且，所谓“至善”的四个特征，不过是一些经验性概括而已，而且它们非依相同标准而划分，故而内涵、外延均有交叉错杂。可见，依如此之特征概括出来的“最高理想”难以成为真正的“至善”。就后者看，其中的逻辑不过是“小河没水大河干”式的经验观念；若将其视为“道德最高原则”，不仅过于浅显、没有理论魅力，而且基本上没有操作性。之所以说其没有操作性，在于它的逻辑是一种“循环论证”，即在“问题”与“答案”之间循环——“问题”是“如何实现全面自由发展”，“答案”是“实现全面自由发展”；“人的全面而自由发展”不就是“每个人的全面自由发展”吗！所不同者只是，前者指“人”而后者指“每个人”，两者在概念上有所不同。进而，关于“合理性道德原则”的六个条件亦非常值得商榷：从内容上看，不过为经验性概括，非常像道德教化式的“应景性”归纳；从形式上看，它们非依相同标准而划分，内涵、外延多有交叉错杂。这样两个方面表明，所谓“道德最高原则”完全没有康德“道德律令”尤其是“自律性原则”的内容深度和形式魅力。其三，“德福一致”是康德对于“至善”的理解，乃其伦理学探究的“最高目的”“终极目的”。韩文虽然认可“至善”概念，但内涵已与康德的观点不同，认为“至善即幸福”，“至善”“也就是个人幸福所在”，进而认为“德福一致”的含义乃“道德是人追求幸福的一种工具”。吾人认为，这样的“德福一致”存在严重的伦理悖论：道德是追求崇高，还是寻求卑劣？韩文所谓的“幸福”乃就感性、经验层面言说，指“需要和爱好的全部满足”，而“道德”则是追求满足这种“需要”“爱好”的工具。很难想象这样一种理论的实践前景会是什么，至少可以讲，它不能高扬人性的崇高和尊严，而可能使人性归于世俗和平庸。

我们知道，对康德思想影响较大的有三个人：一是牛顿，他给予康德以科学的严谨性；二是休谟，他给予康德以理性的怀疑精神；三是卢梭，他给予康德以自由的信念。就其理论建构来讲，尽管必须以严谨性为基础，也必须以怀疑精神审视一切，但自由信念却是康德预定的目标。正是基于这个目标，高扬人性的崇高和尊严成为康德伦理学的重要内容。例如，关于道德原则的“自律性”，他说：“他之所以崇高，并不由于服从道德规律，而是由于他是这规律的立法者，并且正因为这样，他才服从这一规律。”① 这是我们研究康德伦理学时不可忽视的一点，但遗憾的是，韩文忽视了这一点。

对于“人的最高理想”和“道德最高原则”这两个重要问题，“以往伦理思想史”“没有让人满意的回答”，是韩文批评康德伦理学“很烂”的主要根据。韩文意识到这个说法可能会引发质疑，遂提出“请读了笔者的《人本伦理学》后再看是否还能提出质疑”。关于此，笔者没有遵从韩文的意见去读《人本伦理

① 康德著，苗力田译：《道德形而上学原理》，第93页。

学》，因为韩文此文对康德伦理学的批评并不成立，故与不成立的批评相一致的“人本伦理学”便不必去读了。

在全文结尾外，韩文再次申明坚持“已对康德伦理学作出的‘很烂’的总评”。其实，在论文开始处作者已直接点题：“康德的伦理学和他的其他哲学著述一样，都有大批满怀敬佩之情的追随者。可在笔者看来，康德的伦理学其实非常糟糕，错误甚多，并且有不少是基本性的大错误。”作为对韩文“总评”的回应，吾人在此论文结尾处亦申明：我不认为康德伦理学不可颠覆，因为任何一种理论都是应该发展的，但韩文没能完成“颠覆”康德伦理学这个任务。至少截至目前吾人还认为，康德的伦理学“其实不烂”，“其实不糟糕”，康德依然让人“满怀敬佩之情”！同时，也期待着学界尤其是中国学界出现能够颠覆康德伦理学的成果问世。

综上所述，吾人认为，韩文之所以批评康德伦理学不成功，概括前文来讲，主要有如下几方面原因：其一，用康德的理论讲，韩文的基本立场为“大众道德哲学”，属于“经验哲学”，康德的基本立场为道德形而上学，属于“纯粹哲学”；“大众道德哲学”为基于“机智命令”设计的“理性的劝导”，而“理性的劝导”不可能“一劳永逸”地解决“至善”问题。① 康德说：“机智命令，严格地说，并不限定什么，并不把行为看做是客观的，实践上必然的；它们与其说是理性诫命，还不如说是理性的劝导；完全不可能一劳永逸地，规定什么样的行为是有理性的东西得到幸福所普遍必需的。”② 正是由于“大众道德哲学”有这样的局限性，故仅有“大众道德哲学”是远远不够的，需要提升到“道德形而上学”，在人性中寻找道德哲学基础。显而易见，基于“大众道德哲学”来“颠覆”“道德形而上学”，是不可能取得成功的。③ 这是韩文之所以不成功的根本原因。其二，韩文未充分汲取学术发展新成果。例如，传统诠释学已经走入历史，哲学诠释学已经被学界广泛接受；物质决定意识也受到量子力学的挑战。但韩文的基本观点仍是传统诠释学，仍是传统的物质决定意识，仍是“客观存

---

① 参见康德著，苗力田译：《道德形而上学原理》，第 36 页。

② 康德著，苗力田译：《道德形而上学原理》，第 70 页。

③ 参见邓晓芒：《康德道德哲学详解》，《西安交通大学学报》（社会科学版）2005 年第 2 期。

在”“不依人的意志为转移”等传统观念。显而易见，若依此来解构、批评已经超越这些传统观念的康德，必然会因“力不从心”而发生不成功的结果。其三，韩文还存在较多的“技术层面”的问题。例如，引用康德原文有误，有的为断章取义或故意曲解，这些情况吾人在前文已经分别说明。再如，有些论断过于绝对故而显得“独断”，诸如完全否定康德伦理学、完全否定依康德伦理学所开展的研究、完全否定从古至今所有西方伦理学家、完全否定“人本伦理学”之外的他人之研究，这样的说法因缺乏理据通常不被人采用。再如，尽管新文化运动之后，文言文被白话文所取代，但学术论文通常有学术用语的规范，而不使用过于通俗的“白话”。例如，“很烂”这样的词通常不会出现在学术论文当中。

以上内容，为笔者对《康德的伦理学其实很烂》一文的回应，敬请《很烂》一文的作者和学界同仁批评指正。

Kant's Ethics Is Not Terribly Poor
——Response to the Treatise *Kant's Ethics Is Terribly Poor*

CHENG Zhihua
(School of Philosophy and Sociology, Hebei University,
Baoding, 071002, China)

Abstract: *Kant's Ethics Is Terribly Poor* (hereinafter referred to as *Terribly Poor*), based on Kant's *Groundwork for the Metaphysics of Morals*, criticizes the basic methods, series of viewpoints and cognitive roots of Kant's ethics, and finally comes to the conclusion that "Kant's ethics is terribly poor". I repeatedly studied *Terribly Poor* but was not convinced by it, so I don't agree with the conclusion of *Terribly Poor*. Fundamentally speaking, the logic of *Terribly Poor* is to criticize "moral metaphysics" by "public moral philosophy", therefore the loftiness and dignity of human nature given by

Kant's ethics will be pulled back to the secular and mediocre. Of course, it's not that "public moral philosophy" is meaningless, but that the criticism of Kant's ethics in *Terribly Poor* is not tenable, and the desire to replace Kant's ethics with "humanistic ethics" can't be realized. It should be noted that "terribly poor" or "not terribly poor" are not academic terms, and should not appear in the title of the paper. However, in view of this article's response to the *Terribly Poor*, I have to use the words "not terribly poor " correspondingly.

Key words: Kant's ethics; *Groundwork for the Metaphysics of Morals*; *Kant's Ethics Is Terribly Poor*; response